Bevölkerungsprobleme

und

Berufsgliederung in Frankreich.

Von

Dr. J. Goldstein,

Privatdozent der Statistik und Wirtschaftspolitik an der Universität Zürich.

Berlin 1900.

J. Guttentag, Verlagsbuchhandlung.

G. m. b. H.

Vorwort.

Die vorliegende Schrift bildet die Fortsetzung der Studien des Verfassers über Berufsgliederung und Reichtum und ihren Einfluss auf die politische und wirtschaftliche Machtstellung des Staates.

Während eine vor 3 Jahren erschienene Arbeit die Entwickelung der Berufsgliederung und des Reichtums in England behandelte, sollte ein zweiter Band dieselben Probleme hinsichtlich Frankreichs untersuchen. Es war die Absicht des Verf. ihn bald der ersten Schrift folgen zu lassen. Wie manchem anderen Wunsche, so erging es auch diesem. Zunächst hat Häufung von Berufsarbeiten der Vollendung des Werkes Schwierigkeiten in den Weg gelegt. Dann aber verzögerte sich die Arbeit dadurch, dass der Verf. bei der Verarbeitung des gesammelten Materials auf eine Reihe von Fragen stiess, die mit der Frage der Berufsgliederung in so engem Zusammenhang stehen, dass er bei Behandlung dieser nicht kurzweg über sie hinweggehen zu dürfen glaubte.

Es galt daher, auch betreffs dieser Fragen vorliegendes Material genauer zu untersuchen, zumal einige von ihnen gerade jetzt im Vordergrunde des öffentlichen Interesses stehen und namentlich von der französischen Litteratur seit Jahren mit grosser Aufmerksamkeit verfolgt werden. Ihre Hineinziehung nötigte alsdann dazu, auch den Titel des Werkes abzuändern. Denn nunmehr nahmen das Bevölkerungsproblem und die damit zusammenhängenden Fragen die erste Stelle ein.

Über seine generelle Stellung zu ihnen hat sich Verfasser bereits zum Teil vor 2 Jahren in einem in der Münchner volkswirtschaftlichen Gesellschaft gehaltenen Vortrage über die vermeintlichen und die wirklichen Ursachen des Bevölkerungsstillstandes in Frankreich geäussert, welcher Vortrag Anlass zu lebhaftem Meinungsaustausch gab.

Was damals aber grösstenteils nur angedeutet werden konnte, da meine Studien noch nicht weit genug fortgeschritten waren, wird in der vorliegenden Schrift mit zahlreichen Belegen versehen dargelegt. Ich hoffe daher, dass es mir gelingen wird, auch diejenigen, die meiner Auffassung über die Ursachen des Bevölkerungsstillstandes in Frankreich bisher nur mit Einschränkung zustimmten, nunmehr zu erneuter Prüfung ihrer Ansichten zu bewegen.

Ich benutze diese Gelegenheit, allen denen, die durch freundliche und wohlgemeinte wissenschaftliche Kritik oder Überlassung von Büchern die Abfassung des Werkes förderten, meinen aufrichtigsten Dank auszusprechen. Insbesondere bin ich in letzterer Hinsicht Herrn Jean Dupuy, Minister der Landwirtschaft, Herrn Alexandre Millerand, Minister für Industrie, Handel, Post- und Telegraphenwesen, sowie den Vorständen der statistischen Bureaus in Belgien und Bayern verbunden.

Paris, Januar 1900.

Inhaltsverzeichnis.

Kein grösserer Schmerz,
Als sich erinnern glücklich heitrer Zeit
im Unglück.

Dante.

I.

In die Welt hinaus! Ausser dem Haus
Ist immer das beste Leben.
Wem's zu Haus gefällt, nicht für die Welt
Mag er leben!

Goethe.

Der Bevölkerungsstillstand und die öffentliche Meinung. Ursachen des Umschwungs in den Ansichten. Verteilung der Bevölkerung Frankreichs auf Stadt und Land zu Beginn des 18. Jahrhunderts und die seitdem in dieser Verteilung eingetretenen Veränderungen. Einwanderung und Auswanderung. Verdoppelungsperioden. Industrielle und landwirtschaftliche Departements. Ihre Bevölkerungsdichte und Bevölkerungsvermehrung. Die vermeintlichen Ursachen des Bevölkerungsstillstandes. Die Flucht vom Lande in die Städte. Ursachen der Landflucht. Die Bevölkerung der Grossstädte und des platten Landes in der Gegenwart. Bevölkerungsverteilung nach Alter in Stadt und Land. Veränderungen in der Berufsgliederung.

Schon lange nimmt der stetige Rückgang der Zuwachsrate der Bevölkerung Frankreichs die Aufmerksamkeit der Gelehrtenwelt in Anspruch, und unter dem Einfluss dieser Thatsache haben sich in den letzten Jahrzehnten zahlreiche Statistiker, Nationalökonomen, Soziologen, Mediziner und Mathematiker der Untersuchung der Frage gewidmet, durch welche Mittel und Wege Frankreich seinen Bevölkerungszuwachs erhöhen könnte. Bei Durchblätterung der umfangreichen Litteratur, die sich mit diesem Problem beschäftigt, begegnet man denn auch vielen Reformvorschlägen, deren teils sehr radikaler Charakter schon an und für sich genügendes Zeugnis für die Bedeutung ablegt, die man diesem Gegenstand gegenwärtig in Frankreich beimisst.

Und doch ist es eigentlich nur eine ganz kurze Spanne Zeit, die uns von jener Epoche trennt, in der die bedeutendsten Schriftsteller Frankreichs die Malthusschen Lehren als eine der grössten Errungenschaften der Wissenschaft feierten.

Die Bevölkerung zeigt die Tendenz, lehrte am Ende des XVIII. Jahrhunderts Malthus, sich bedeutend rascher zu vermehren als die Lebensmittel. Zu diesem seinem Gesetze kam er durch Beobachtung der Verhältnisse in den nordamerikanischen Staaten, deren Bevölkerung sich angeblich im Laufe der 1 1/2 Jahrhunderte alle 25 Jahre verdoppelte. Malthus nahm daher an, dass jedes Volk aus eigener Kraft seine Zahl alle 25 Jahre verdoppeln würde, wenn weder Mangel an Subsistenzmitteln, noch andere Hindernisse ihm in den Weg treten würden. Er suchte dann das Verhältnis der möglichen Steigerung der Erträge der Produktion zu berechnen und kam zum Schluss, dass die grösste Anstrengung kaum ausreichen würde, um die Lebensmittelvermehrung in arithmetischer Progression fortführen zu können, wobei noch ein Zeitpunkt eintreten müsste, in dem jede weitere Steigerung der Produktion unmöglich werde. Daraus zog er den Schluss, dass eine Bevölkerung, die sich unvorsichtig vermehren würde, durch die Macht der Thatsachen auf das Niveau der vorhandenen Lebensmittel zurückgedrängt werde. Von dieser Idee durchdrungen, sah Malthus überall in der Geschichte eine Bestätigung seiner Auffassung. Wilde und civilisierte Völker, mochte die Regierungsform, das Klima, der wirtschaftliche Charakter des Landes u. s. w. noch so verschieden gewesen sein, schienen ihm Beispiele dafür zu liefern, dass überall die Masse der Bevölkerung sich rascher zu vermehren strebe, als die ihr zur Verfügung stehenden Lebensmittel. Um das Gleichgewicht wieder herzustellen, haben dann Hunger, Mangel an Obdach und Kleidung, Krankheiten, Laster, Kriege u. s. w. einen Teil der Bevölkerung dezimiert. Die wichtigste praktische Schlussfolgerung, die Malthus daraus zog, war die, dass es unmöglich sei, durch Wohlthätigkeit die Übel wirksam zu bekämpfen, die aus einer zu raschen Vermehrung der proletarischen Volksschichten hervorgehen. Von diesem, auf der Grundlage mangelhafter statistischer Beobachtungen konstruiertem Gesetze ausgehend — die Statistik steckte ja damals noch in Kinderschuhen — gelangte Malthus zu dem Postulat, dass die unbemittelten Klassen, sofern sie nicht ins Elend geraten wollen, das Heiraten und die Kinderzeugung bedeutend einschränken müssten.

Von den besitzenden Klassen Englands, die sich mit ihrer Hilfe von den drückenden Armenlasten zu befreien hofften, mit Jubel begrüsst, wurde diese Theorie bald darauf nach dem

Kontinent verpflanzt, wo sie sich unter den hervorragendsten Gelehrten und Politikern aller Länder zahlreiche Anhänger erwarb. Eine besondere Pflege wurde ihr aber in Frankreich zu teil, wo grosse Bevölkerungsschichten, die vielleicht nie den Namen von Malthus gehört haben, die von ihm empfohlene Einschränkung der Kinderzahl in grossem Umfange praktisch bethätigten.

Die Beurteilung, die der grösste Teil der Gelehrtenwelt Frankreichs dieser Theorie bis in die 60er Jahre unseres Jahrhunderts hinein angedeihen liess, kann mit genügender Klarheit durch Wiedergabe folgender Citate charakterisiert werden. Der bekannte Nationalökonom J. B. Say führte aus, dass Institutionen, die das Glück der Menschheit am meisten fördern, jene sind, die das Anwachsen des Kapitals begünstigen. Es gelte daher, seiner Ansicht nach, die Menschen mehr zum Sparen, als zur Kinderzeugung anzufeuern.[1])

Ähnlich erklärte Josef Garnier, Mitglied des „Institut de France“, dass das Übermass an Bevölkerung eine der Hauptursachen des Elends sei. „Die Gedankenrichtung der höheren Klassen,“ fügt er hinzu, „übt einen grossen Einfluss auf die anderen aus ... Bald wird sich unter den Lohnarbeitern die Überzeugung festsetzen, dass die Moral und ihr eigenes Wohlbefinden eine freiwillige präventive Beschränkung der Bevölkerung dringend notwendig machen. Bald wird man dann immer grössere Schichten sehen, die sich diese Überzeugung aneignen. Und bald wird auch der Tag kommen, da Schande die Menschen bedecken wird, die unvorsichtigerweise, ohne sich um die Zukunft ihres Dorfes und ihrer Familie zu kümmern, mehr Kinder auf die Welt setzen, als sie zu ernähren imstande sind.“[2])

Ähnlich äussert sich Garnier schon im Vorwort zur 1. Auflage seiner Schrift, im März 1857: „Es kann vorkommen, dass der Durchschnitt für das ganze Land auf ein status quo hinweist und dass nichtsdestoweniger in manchen Teilen des Landes als Folge der Ungewissenhaftigkeit, Unüberlegtheit und des Elends sich eine Übervölkerung ausbildet; dort kommt demnach eine energische Wirkung der repressiven Ursachen zum Vorschein, die man durch präventive zu ersetzen bestrebt sein muss.“

Und ein anderer Schriftsteller, Giresse, schrieb in seinem 1867 erschienenen Essai sur la Population: „Die Geburtenfrequenz

---

1) Citiert nach Nitti, La population etc. S. 90.

2) Vgl. J. Garnier, Du principe de population, II. Auflage, Paris 1885, S. 208, 224 ff.

verminderte sich seit Ende des XVIII. Jahrhunderts um ein ganzes Drittel; wenn also unglücklicherweise das Gebot: wachset und vermehret euch, bis in unsere Tage mit demselben Eifer und demselben Unverstand wie 1777 befolgt würde, dann hätten wir in Frankreich ca. 1 330 000 Geburten, d. h. um ca. 330000 mehr, als wir thatsächlich zu verzeichnen haben. Um die Unermesslichkeit des Fortschrittes zu kennzeichnen, genügt es wohl zu konstatieren, dass er der Menschheit die Mühen und Qualen von 330 000 Geburten, den Tod einer grossen Anzahl von Frauen und ca. 15 000 Totgeburten erspart. Man erzittert, wenn man des Elendes, der Leiden und Erschütterungen gedenkt, welche durch diese 330 000 Mehrgeburten in unserer sozialen Organisation hervorgerufen würden." Der gleichen Ansicht huldigte 1860 auch Léonce de Lavergne, der sich dahin äusserte, dass man der Bevölkerung der Normandie zu ihrer langsamen Vermehrung nur gratulieren könne.[1])

Man begnügte sich aber in Frankreich nicht damit, die Einschränkung der Kinderzahl nur theoretisch zu empfehlen. Hier und da ging man sogar so weit, Prämien darauf zu setzen. So berichtet z. B. der bereits citierte Josef Garnier unter besonderer Anempfehlung dieser Massnahme, der Munizipalrat von Versailles habe im Jahre 1852 einen Temperenzpreis von 1000 Francs gestiftet, bei dessen Zuerkennung den Kandidaten eine mässige Kinderzahl zur Empfehlung gereichen sollte.[2]) Sehr bezeichnend ist ferner in dieser Hinsicht auch ein Cirkular des Präfekten vom Departement Allier aus dem Jahre 1833, worin er der Einwohnerschaft die Einschränkung der Kinderzahl als das beste Mittel zur Hebung des Wohlstandes empfahl.[3])

Eine Zeitlang gehörte es unter den französischen Gelehrten und Politikern, man könnte sagen zum guten Ton, sich als ungeschminkter Anhänger der Malthusschen Theorie zu empfehlen und die Verlangsamung des Bevölkerungszuwachses als Zeichen der hohen Kultur des französischen Volkes zu deuten. Unter dem Einfluss dieser Stimmung schrieb denn auch im Jahre 1867 der Chef der französischen amtlichen Statistik Legoyt: „Von diesem Gesichtspunkte aus kann vor allen Dingen von Frankreich behauptet werden, dass es ein fertiges Land ist, ein Land,

[1]) Vgl. Léonce de Lavergne, Economie rurale de la France, Paris 1860 S. 100.

[2]) Vgl. a. o. a. O. S. 224.

[3]) Vgl. Arthur Chervin, Histoire de la population française, S. 46.

das zur vollen Reife gelangte. Alle Gewohnheiten sind dementsprechend reguliert und alle Einflüsse — ob gut oder schlecht —, die als Bedingungen des materiellen und sittlichen Fortschrittes gelten können, stellen bei uns so zu sagen die Resultante eines Organismus dar, der sich vollständig entwickelt hat." Und bald darauf glaubte Legoyt noch die Versicherung abgeben zu können, dass es kaum zu erwarten sei, dass Frankreich je eine Bevölkerungsabnahme ausweisen werde.[1]) Der gleichen Ansicht, dass die Verminderung der Geburtenzahl ein Zeichen hoher Kultur sei, war ferner Levasseur, der noch im Jahre 1892 erklärte, dass auch andere dicht bevölkerten Länder hinsichtlich der Bevölkerungszunahme sich dem stationären Zustande nähern werden.[2])

Unter dem Einfluss des immer geringer werdenden Geburtenüberschusses, dem sich sogar in neuester Zeit einige Jahre hindurch ein Überschuss der Sterbefälle über die Geburten gesellte, ist nun in Frankreich im Laufe der letzten Jahrzehnte ein bedeutender Umschwung eingetreten, indem ein grosser Teil ehemals begeisterter Anhänger von Malthus allmählich die alten Ansichten abschwor. Der bekannte Finanzschriftsteller Wolowski, der noch 1849 die Massen zur Befolgung der Ratschläge von Malthus aufforderte, hat sogar schon im Jahre 1862 in einer Versammlung der Pariser volkswirtschaftlichen Gesellschaft den Bevölkerungszuwachs als die Quelle, das Ziel und das Zeichen des Fortschrittes proklamiert. In ähnlicher Weise modifizierte seine Ansichten auch Léonce de Lavergne, der sich noch 1865 über die Verminderung der Geburtenfrequenz freute, 1876 dagegen darzuthun suchte, dass die Erfahrung wohl lehre, dass ein Bevölkerungszuwachs ganz gut mit einer Zunahme des Wohlstandes Hand in Hand gehen könne.[3]) An die Stelle wehmütiger Klagen über den Bevölkerungsstillstand treten in neuester Zeit leidenschaftliche Verzweiflungsrufe. „Das Übel macht rasche Fortschritte," ruft Cheysson aus. „Unsere Pflicht ist daher, alle, die vom guten Willen beseelt sind, unaufhörlich auf dasselbe aufmerksam zu machen. Handelt es sich doch um die Grösse unseres Vaterlandes! Gab es denn je einen günstigeren Boden, um sich zu verständigen und ohne Unterschied der Partei und der Religion sich die

---

[1]) Vgl. Des conditions d'accroissement de la population, J. de la Soc. de Stat. 1867, S. 179, 226 ff.

[2]) Vgl. La population française, J. de la Soc. de Stat. 1892, S. 314 ff.

[3]) Vgl. Schöne, Histoire de la population française, S. 340, 341, 350 ff.

Hand zu reichen."[1]) Und einige Zeilen vorher schreibt er: „In der sozialen Ökonomie giebt es keine Frage, die wichtiger wäre als das Bevölkerungsproblem. Die Bevölkerungsfrage beeinflusst von irgend welcher Seite alle vitalen Interessen der Gesellschaft. Sie berührt die Armee, die Rekrutierungen und dadurch also die Grösse und die Sicherheit der Nation; sie beeinflusst die Gestaltung der Agrikultur und der Industrie, das Wohlbefinden der Arbeiterklasse, die Höhe der Löhne, das Gleichgewicht zwischen der Produktion und dem Konsum; sie berührt die Fragen der politischen Stabilität, der ökonomischen Prosperität, der inneren und äusseren Wanderungen, der Kolonisation und der Ausbreitung des Mutterlandes; sie berührt sogar die Gestaltung des Familienlebens und der öffentlichen Moral, mit e. W. alle Probleme, mit denen sich die Moralisten, die Philosophen und die Staatsmänner mit Vorliebe beschäftigen. Nichts kann ihr entgehen und alles widerhallt darin."[2])

Die Momente, denen dieser Umschwung zu verdanken ist, lassen sich am besten klarlegen, wenn man den Entwickelungsgang Frankreichs mit dem anderer Länder, insbesondere von England, vergleicht und die sich dabei ergebenden Unterschiede hervorhebt.

England war noch am Ende des 17. Jahrhunderts ein vorwiegend Landwirtschaft treibender Staat.[3]) Von der Gesamtbevölkerung des Landes, die damals auf ca. $5\,^1/_2$ Millionen berechnet wurde, entfiel etwa ein Fünftel auf die Städte und Marktflecken, während der Rest auf dem platten Lande wohnte. Demgegenüber lässt sich für die Gegenwart feststellen, dass von der Gesamtbevölkerung von England u. W., die im Jahre 1891 etwa 29 Mill. betragen hat, ca. 21 Millionen, d. h. beinahe $^3/_4$ in den städtischen Distrikten wohnten.

Als eine der wichtigsten Erscheinungen der englischen Entwickelung muss dabei die Thatsache genannt werden, dass

---

[1]) Cheysson, La Question de la population en France et à l'Étranger, J. de la Soc. de Stat. 1883, S. 435 ff.

[2]) Diese Ausführungen erinnern lebhaft an die Behandlung der Bevölkerungsfrage im XVI., XVII. und XVIII. Jahrhundert, d. h. zur Zeit, in der man einen raschen Bevölkerungszuwachs als den Hauptzweck der Regierungsthätigkeit betrachtete. Sehr scharf hat dieses Moment Mirabeau in seinem „L'ami des hommes" hervorgehoben. „Es ist nötig," schrieb er, „dass die Politik auf das einzige Objekt zurückgreift, dem sich jede Regierung, die sich nicht den Fluch Gottes und der Menschen zuziehen will, widmen muss; ich meine damit die Bevölkerung." Ähnliche Ansichten findet man bei fast allen Physiokraten.

[3]) Vgl. Berufsgliederung und Reichtum, Cottas Verlag, Stuttgart 1897 S. 1—43.

insbesondere in den letzten Jahrzehnten fast der gesamte Bevölkerungszuwachs sich auf die industriellen Distrikte konzentrierte, während die Landwirtschaft treibenden Teile des Landes entweder eine ganz unbedeutende Bevölkerungszunahme oder gar eine Bevölkerungsabnahme zu verzeichnen hatten. Dies geht deutlich genug hervor, wenn man die Grafschaften Englands — nach der Vertretung der Landwirtschaft treibenden Bevölkerung geordnet — in drei Gruppen mit annähernd gleicher Fläche verteilt, wie das in nachstehender Übersicht geschehen ist.

	im Jahre 1801	1831	1861	1891	Bevölker.-Zunahme 1801—91
1. Gruppe[1]) . . in w. v. je 1000 Erwerbsthät. 410 bis 220 in der Landw. thätig waren.	2118000	2981000	3503000	3757000	**1,6** Mill.
2. Gruppe[2]) . . (mit 188 bis 114)	2135000	3119000	3986000	5426000	**3,3** Mill.
3. Gruppe[3]) . . in w. v. je 1000 Erwerbsthät. wenig. als 105 i. d. Landw. thätig waren.	4096000	6988000	11465000	18300000	**14,2** Mill.

Bevölkerungszunahme in %.

	1801—31	1831—61	1861—91	1801—91
1. Gruppe[1])	41 %	18 %	7 %	**77 %**
2. Gruppe[2])	46 %	28 %	36 %	**154 %**
3. Gruppe[3])	71 %	64 %	63 %	**347 %**

Die Entwickelungstendenzen treten aber noch klarer hervor, wenn man statt ganzer Grafschaften nur ländliche Distrikte derselben ins Auge fast. In diesem Fall ergeben sich folgende Zahlen:

	Bevölkerung ländlicher Distrikte 1871	1891	Bevölker.-Abnahme absolut	in %
1. Gruppe	2388000	2220000	168000	7,1
2. Gruppe	1454000	1360000	94000	6,5
3. Gruppe[4])	552000	523000	29000	5,3

[1]) Die erste Gruppe umfasst die Grafschaften: Huntingdon, Cambridge, Hereford, Rutland, Lincoln, Suffolk, Norfolk, Wilts, Oxford, Bucks, Shropshire, Dorset, Westmorland, Hertford, Cornwall, Bedford, Berks. Die Gesamtfläche dieser Grafschaften belief sich auf ca. **11,2** Millionen Acres.

[2]) Die zweite Gruppe umfasst: Somerset, York N. R., Devon, Sussex, Essex, Northampton, Cumberland, York E. R., Hants, Worcester, Gloucester. Die Gesamtfläche betrug ca. **10,7** Millionen Acres.

[3]) Die dritte Gruppe umfasst: Kent, Leicester, Surrey, Chester, Notts, Northumberland, Derby, Monmouth, Warwick, Middlesex, Stafford, York W. R., Durham, Lancaster. Die Gesamtfläche beziffert sich auf ca. **10,6** Millionen Acres.

[4]) Die Zahlen für Middlesex und Surrey sind bei Longstaff, dessen Untersuchungen über die Bevölkerung ländlicher Distrikte die Grundlage für diese Übersicht geliefert haben, nicht angeführt.

Ähnlich lauten die Angaben des letzten englischen Census. Den dort widergegebenen Mitteilungen zufolge bezifferte sich die Bevölkerung von 137 sog. „Registration"-Distrikten, die noch im Jahre 1891 einen ausgeprägt ländlichen Charakter hatten, d. h. auch nicht einen Teil eiher Stadt umfassten, auf:

Jahr	Bevölkerung	Prozentuelle Zu- oder Abnahme
1801	1 181 000	
1811	1 273 000	+ 7,73
1821	1 457 000	+ 14,48
1831	1 559 000	+ 7,02
1841	1 660 000	+ 6,45
1851	1 694 000	+ 2,08
1861	1 712 000	+ 1,07
1871	1 724 000	+ 0,72
1881	1 717 000	— 0,41
1891	1 718 000	+ 0,05

In gleicher Weise lässt sich für England feststellen, dass die veränderte Lage des Weltmarktes und die zunehmende Bevölkerungsagglomeration auf die landwirtschaftliche Kultur Englands einen Einfluss in der Richtung ausgeübt haben, dass der Weizen- und Gerstenbau durch die permanente Weide und die Gärtnerei allmählich verdrängt werden. Die Gesetzmässigkeit, mit welcher dieser Prozess vor sich geht, wird durch nachstehende Übersicht klargelegt:

	Fläche unter Weizen u. Gerste in % der gesamten kultivierten Fläche im Jahre 1895	Fläche unter permanenter Weide in % der gesamten kultivierten Fläche im Jahre 1895	Die in der Gärtnerei beschäft. Personen in % der Gesamtzahl der in der Landw., Fischerei, Gärt. u.s.w. Erwerbsthät. i. J. 1891	Bevölker.-dichtigkeit im Jahre 1891 (per 1000 Acres)
1. Gruppe	20,0 %	43 %	8,3 %	**334**
2. Gruppe	11,4 %	53 %	13,5 %	**509**
3. Gruppe	6,9 %	66 %	21,2 %	**1720**

Die Grafschaften mit der grössten Bevölkerungsdichtigkeit weisen demnach auch den grössten Prozentsatz an permanenten Weiden und Gärtnereien auf.

Wenn wir nach Konstatierung dieser Regelmässigkeiten und Gesetzmässigkeiten, die der Entwickelungsgang Englands offenbart, uns nunmehr Frankreich zuwenden, so können wir fast auf allen diesen Gebieten bedeutende Unterschiede bemerken. In erster Linie tritt diese Divergenz der Entwickelung in dem langsamen Bevölkerungszuwachs Frankreichs zu Tage. Für das Ende des 17. Jahrhunderts hat man die Bevölkerung Frankreichs auf ca. 19 bis 20 Millionen berechnet,[1]) gegen ca. 5 1/2 Millionen in England und Wales, ca. 12 bis 13 Millionen in Österreich und etwa 2 Millionen im damaligen Preussen. Um die Mitte des 18. Jahrhunderts schätzte Voltaire im Anschluss an Vauban und die Mitteilungen der Intendanten die Bevölkerung Frankreichs wiederum nur auf 20 Millionen, was angesichts der vorangegangenen unaufhörlichen Kriege, der öfters herrschenden Hungersnöte, der Verfolgungen der Hugenotten u. d. m. nicht ganz unwahrscheinlich ist. Die Ursachen dieser Stagnation lassen sich mit genügender Klarheit aus den Schilderungen ersehen, die Vührer in der Histoire de la dette publique en France von dem Zustande des Landes zu Anfang des 18. Jahrhunderts giebt. „Das war der kritischste Zeitpunkt des spanischen Erbfolgekrieges. Frankreich, dessen Armeen in allen Schlachten zurückgeworfen wurden, stand vor der Invasion der siegreichen Heere Malboroughs und Eugens. Toulon ward bereits von den Koalierten belagert. Das Elend des Volkes kannte keine Grenzen, und in den entvölkerten Dörfern fand man nicht Hände genug, um der Erde die Lebensmittel für Greise, Frauen und Kinder abzugewinnen, die der Krieg in den Dörfern allein gelassen hatte. Der Handel und die Industrie stockten, die Handelsflotte war ruiniert, die Kriegsflotte, so gross unter Colbert, ward vernichtet; die Heere, ohne Lebensmittel und Bekleidung, fanden nur im Plündern und Stehlen Hilfe gegen den Hunger. Die Staatskasse war leer, und der Finanzminister Chamillart hatte schon im Februar, dem Zeitpunkt seines Rücktrittes, nicht nur die Einnahmen des ganzen Jahres, sondern auch die wichtigsten Einnahmen der folgenden Jahre verbraucht.“[2]) Voltaire bestand übrigens nicht besonders auf der Richtigkeit seiner Angaben, indem er einen möglichen Irrtum von 4 Millionen zugab.

Für 1789 beziffert man die Bevölkerung Frankreichs auf ca. 26 Millionen,[3]) Österreichs auf ca. 18, Englands auf 8, Preussens auf ca. 5 Millionen.[4]) Schon im Laufe des 18. Jahr-

[1]) Frankreich soll diese Bevölkerung schon um die Mitte des XIV. Jahrhunderts gehabt haben. Die zahlreichen Kriege der späteren Jahrhunderte wirkten aber so dezimierend, dass diese Ziffer auch am Ende des XVI. und XVII. Jahrhunderts nicht überschritten wurde. Vgl. darüber Schöne a. a. O. S. 128 ff.

[2]) Vgl. A. Vührer, Histoire de la lette publique en France, Paris 1886, S. 128.

[3]) Für 1762 wurde die Bevölkerung auf Grund spezieller Ermittelungen auf ca. 21,8 Mill. berechnet. Vgl. darüber Statistique de la France. Paris, 1837, S. 154 ff.

[4]) Vgl. Levasseur, Annales de Démographie internationale 1879, S. 309 ff.

hunderts scheint demnach die Bevölkerung Frankreichs einen verhältnismässig langsameren Zuwachs gehabt zu haben als die Bevölkerung der oben genannten andern Länder. Auf diese Thatsache wurde bereits vor mehr als 120 Jahren von Moheau hingewiesen, der im Jahre 1778 über die Abnahme der Geburtenfrequenz klagte. Schon zu damaliger Zeit sollen nach seinen Angaben Familien mit vielen Kindern sehr selten gewesen sein, was von ihm hauptsächlich der Zunahme des Luxus und der Genussucht zugeschrieben wurde. Diese Laster wirkten in zweifacher Weise. Sie veranlassten die Reichen, die Geburten zu hintertreiben, und schufen eine zahlreiche Bedientenklasse, die nur selten in der Lage war, eine Ehe zu schliessen.

Hinsichtlich der damaligen Verteilung der Bevölkerung Frankreichs auf Stadt und Land sind wir ebenso wie für England auf Schätzungen angewiesen, die nicht immer ganz übereinstimmen. Wird als Grundlage für die Berechnungen die Angabe von des Pommelles angenommen, der gegen Ende der 80er Jahre des vorigen Jahrhunderts das Verhältnis der Zahl der Eheschliessungen in den Städten zu der Zahl der Ehen auf dem Lande auf 1000 : 4200 berechnete, so kann mit ziemlicher Sicherheit behauptet werden, dass die Bevölkerung des platten Landes um jene Zeit etwa 4 bis $4^1/_2$ Mal grösser war als die der Städte. Ähnlich äussert sich darüber auch Arthur Young im II. Bande seines Werkes Voyages en France. Er schätzt die Bevölkerung Frankreichs im Jahre 1790 auf ca. 26,4 Millionen, darunter etwa 5,7 Millionen in den Städten.[1]) Alle diese Angaben lassen die Schlussfolgerung als ziemlich berechtigt erscheinen, dass am Ende des 18. Jahrhunderts die Verteilung der Bevölkerung Frankreichs auf Stadt und Land annähernd die gleiche war, wie am Ende des 17. Jahrhunderts in England. Schon damals scheint demnach Frankreich in dieser Hinsicht ein rückständiges Land gewesen zu sein.

Im übrigen giebt es auch Schätzungen, die weit von den erwähnten abweichen. Lavoisier berechnete z. B. die Bevölkerung der Städte auf ca. 8 Millionen, gegen ca. 16,7 Millionen auf dem platten Lande. Nach seinen Angaben sollte demnach die Bevölkerung der Städte ein ganzes Drittel der Gesamtbevölkerung ausgemacht haben. Die Ergebnisse der späteren Volkszählungen

---

[1]) Diese Zahl ist von ihm den Ergebnissen der Ermittelungen entnommen, die von der konstituierenden Versammlung veranstaltet wurden.

deuten aber darauf hin, dass der grosse Gelehrte in diesem Fall sich bedeutend verrechnet hat. Denn die Bevölkerung der Kommunen mit über 2000 Einwohnern belief sich noch im Jahre 1846 — trotz der raschen Zunahme der Grosstädte — nur auf 8,6 Millionen, gegen ca. 26,8 Millionen in den Kommunen mit unter 2000 Einwohnern. Das Verhältnis der städtischen Bevölkerung zur Gesamtbevölkerung des Landes war demnach noch um die Mitte des XIX. Jahrhunderts wie etwa 1 zu 4. Das von Lavoisier für Ende des XVIII. Jahrhunderts berechnete Verhältnis von 1 zu 3 wurde dagegen erst 1876 erreicht, wo man bei einer Gesamtbevölkerung von ca. 36,9 Millionen etwa 12 Millionen Personen ermittelte, die in Gemeinden mit über 2000 Einwohnern wohnten.

Frägt man nach der Bevölkerungsdichte und nach der Geburtenhäufigkeit in den einzelnen Teilen Frankreichs in jener Zeit, so lassen sich darüber dem Werke von des Pommelles[1]) folgende Angaben entnehmen:

Bezirke (généralités)	Bevölkerungsdichte per Quadratmeile	Zahl der Geburten pro Ehe		
		Städte	Plattes Land	zusammen
Lille, Valenciennes, Caen, Rouen, Amiens, Soissons, Metz. . .	1155	4,4	4,0	4,1
Rennes, Alençon, Paris (Stadt Paris ausgeschl.), Châlons, Nancy, Strassbourg, Tours, Orléans, Dijon, Besançon .	968	4,2	4,2	4,2
Poitiers, Bourges, Moulins, La Rochelle, Limoges, Riom, Lyon	866	4,2	4,0	4,0
Bordeaux et Bayonne, Montauban, Montpellier, Grenoble, Auch et Pau, Aix. . . .	748	4,7	4,3	4,4
Perpignan	639	4,7	4,8	4,8
Frankreich	905	4,4	4,1	4,2

Aus dieser Tabelle scheint hervorzugehen, dass im damaligen Frankreich die Zahl der Geburten pro Ehe in den Städten erheblich grösser war als auf dem Lande, wo auf eine Ehe nur ca. 4,2 Geburten trafen, gegen ca. 4,4 in den Städten. Den Angaben von des Pommelles lässt sich ferner entnehmen, dass schon damals die Bevölkerungsdichtigkeit am grössten im Norden

---

[1]) Vgl. des Pommeles, Tableau de la population des toutes les provinces de France, Paris 1789.

war, der nicht nur den fruchtbarsten Boden hatte, sondern auch eine entwickelte Industrie besass. Das geht am deutlichsten aus folgender Übersicht hervor, in der die Bezirke nach ihrer Bevölkerungsdichte geordnet sind:[1])

Bezirke (géneralités).	Provinzen, aus welchen sie formiert wurden.	Bevölkerung 1700 (nach den Ermitttelungen der Intendanten).	Bevölkerung 1784 (auf Grund d. durchschn. Geburtenhaufigkeit).	Bevölkerungsdichte pro Quadratmeile 1700	Bevölkerungsdichte pro Quadratmeile 1784
Corse	Corse	—[2])	124 000	—	280
Perpignan	Roussillon, Foix	80 000	189 000	206	484
Châlons	Champagne	693 000	813 000	447	524
Moulins	Bourbonnais, Nivernais	324 000	564 000	334	581
Montauban	Rouergue, Quercy	789 000	530 000	942	**633**
Grenoble	Dauphiné	544 000	665 000	531	649
Auch et Pau	Béarn, Navarre	641 000	813 000	529	671
Poitiers	Poitou	613 000	690 000	602	679
Orléans	Orléanais	607 000	709 000	591	691
Aix	Provence	640 000	754 000	594	700
Bourges	Berry	291 000	513 000	402	707
Montpellier	Languedoc	1 545 000	1 699 000	742	812
Dijon	Bourgogne	1 266 000	1 087 000	963	**827**
Amiens	Picardie	520 000	533 000	810	830
Bordeaux, Bayonne	Guyenne, Gascogne	1 082 000	1 439 000	629	837
Besançon	Franche-Comté	341 000	679 000	429	855
Limoges	Limousin	585 000	647 000	773	855
Nancy	Lorraine	—[2])	835 000	—	971
Riom	Auvergne	557 000	682 000	793	971
Tours	Anjou, Touraine	1 066 000	1 336 000	813	1019
Metz	Trois-Évechés	351 000	349 000	1218	**1213**
Rouen, Caen, Alençon	Normandie	1 540 000	1 913 000	1001	1244
Rennes	Bretagne	1 655 000	2 276 000	963	1325
Soissons	Ile de France	347 000	437 000	1071	1350
La Rochelle	Saintonge, Angoumois, Aunis	360 000	480 000	1029	1370
Strassbourg	Alsace	257 000	624 000	663	1609
Lyon	Forez	704 000	639 000	—	**1617**
Valenciennes	Hainaut	201 000	265 000	1264	1668
Paris (ohne St. Paris)	Ile de France	857 000	1 162 000	1416	1920
Lille	Flandre, Artois	493 000	735 000	1307	1948
Paris (Stadt)	Ile de France	720 000	620 000	—	—
		19 669 000	24 801 000	740	936

[1]) Vgl. Statistique de la France, publiée par le ministère des Travaux publics, de l'Agriculture et du Commerce, Paris 1837, S. 154 ff.

[2]) Dieser Bezirk gehörte damals noch nicht zu Frankreich.

Die in Norden liegenden Provinzen Flandre, Artois und Hainaut, die schon im 18. Jahrhundert zu der Hauptzentren der französischen Tuch- und Leinenindustrie gehörten, hatten demnach zusammen mit der Umgebung von Paris die grösste Bevölkerungsdichte in Frankreich aufzuweisen. Ihnen folgten die Bezirke von Lyon und Strassburg, in denen zum Teil die Seiden-, zum Teil die Tuchindustrie stark entwickelt waren. Diese Berechnungen scheinen ferner darauf hinzuweisen, dass die Bevölkerung einiger Bezirke im fraglichen Zeitraum bedeutend zurückgegangen ist; besonders stark trat diese Erscheinung in der Umgebung von Dijon und Montauban hervor. In beiden Fällen waren es neben den Kriegen noch die Hugenottenverfolgungen nach dem Widerruf des Ediktes von Nantes, die zu einer so bedeutenden Bevölkerungsabnahme Anlass gegeben hatten. Nicht weniger interessant sind die Angaben hinsichtlich der Normandie. Diese Provinz, die in den letzten Jahrzehnten infolge einer überaus starken Verminderung der Geburtenfrequenz fast regelmässig einen Überschuss der Sterbefälle über die Geburtenzahl aufweist, hatte im 18. Jahrhundert noch einen sehr grossen Bevölkerungszuwachs zu verzeichnen.

Am Ende des 18. und zu Beginn des 19. Jahrhunderts hatten der Gebietsumfang und die Bevölkerung Frankreichs unter dem Einfluss der durch glücklich geführte Kriege begünstigten Expansionspolitik einen grossen Zuwachs zu verzeichnen. Dieser war aber nur vorübergehend, da die Verträge von 1814/15 Frankreich in seine alten Grenzen von 1790 zurückwarfen. Die Veränderungen, die seit dem zuletzt genannten Jahre in dieser Hinsicht eintraten, werden durch nachstehende Übersicht illustriert:

Jahr	Fläche in Quadratkilom.	Bevölkerung (Millionen)	Einwohner per Quadratkilom.	Zahl der Départements[1])
1790	530000	26,5	50	83
1798	580000	29,5	51	98
1802	626000	32,5	52	108
1805	640000	34,0	53	110
1808	668000	37,0	55	115

[1]) Durch das Dekret vom 4. März 1790 wurde Frankreich in 83 Departements eingeteilt. Seit 1790 wurden annektiert: im Jahre 1790 Dep. Vaucluse, 1791 Mont-Blanc, 1792 Alpes-Maritimes, 1793 Belgien und Luxembourg, 1795 9 Departements: La Dyle, l'Escaut, Les Forêts, Jemmapes, la Lys, la Meuse Supér., les Deux Nèthes, l'Ourthe, Sambre et Meuse, 1798 Dep. Léman; die Dep. Corse und Rhône-et-Loire wurden in je zwei Dep. verwandelt. 1802 wurden wiederum 10 Dep., darunter 4

Jahr	Fläche in Quadratkilom.	Bevölkerung (Millionen)	Einwohner per Quadratkilom.	Zahl der Départements
1810	750000	42,0	56	131
1813	750000	42,7	57	130
1814	530000	29,0	55	86
1861	543000	37,4	69	89
1871	529000	36,1	68	87[1])
1881	„	37,7	71	„
1891	„	38,3	72,5	„
1896	„	38,5	72,8	„

Berücksichtigt man für die Zeit vom Beginn nur des 19. Jahrhunderts das Gebiet, das gegenwärtig Frankreich gehört, so lässt sich dessen Bevölkerungszuwachs folgendermassen darstellen:[1])

Jahr	Bevölkerung	Die Bevölk. von 1801 = 1000	Durchschnittlicher jährlicher Bevölkerungszuwachs
1801	26,9	1000	
1821	29,9	1110	0,55
1841	33,4	1240	0,60
1861	35,8	1330	0,36
1881	37,7	1400	0,26
1896 (15 Jahre!)	38,5	1430	0,14

Der durch endlose Kriege der erster Periode dezimierte[2]) Bevölkerungszuwachs zeigte demnach nur eine kurze Zeit einen kleinen Aufschwung, der übrigens vielleicht wesentlich der

---

auf dem linken Rheinufer und 6 in Piemont, 1805 die Departements Gênes, Montenotte, Apenninen und 1808 die Herzogtümer Parma, Piacenza und Toskana annektiert. Im letztgenannten Jahr wurde ferner das Dep. Tarn in zwei Dep. verwandelt. 1810 wurden die 11 holländischen Dep. annektiert und 1813 die beiden neugebildeten Dep. Corse wieder zu 1 Dep. vereinigt. 1861 erfolgte die Annexion von Nizza und Savoyen, 1871 Verlust von Elsass-Lothringen. Vgl. Nicolas, Les Budgets de la France depuis 1790, S. 327. Die Verluste Frankreichs im Jahre 1871 betrugen: Departement Bas-Rhin 391600 ha, Haut-Rhin 317300 ha, Moselle 475500 ha, Meurthe 46600 ha und Vosges 20300 ha. Der gesamte Flächenverlust belief sich demnach auf ca. 1251600 ha. Vgl. darüber G. Gimel, De la nouvelle évaluation du revenu foucier J. de la Société de Stat. 1884, I. 306ff.

[1]) Vgl. darüber Annuaire Statistique de la France, Jahrgang 1895/96, S. 3.

[2]) Interessante Beobachtungen über die Wirkungen der Kriege auf den Bevölkerungszuwachs findet man schon bei Moheau (Recherches et considérations sur la population de la France, Paris 1778, Livre I, S. 256) angeführt. Ein hoher Administrator bemerkte, erzählt Moheau, dass in seinem Departement 20 Jahre nach den Erbfolgekriegen eine Altersklasse vermisst werde: man fand nämlich fast gar keine Männer im Alter von 35—45 Jahren. Das war eine der Folgen dieser unglücklichen Kriege, während deren Dauer man alles ausgehoben hat, was die Waffen tragen

Verbesserung des Volkszählungswesens zugeschrieben werden muss. Schöne teilt in dieser Hinsicht mit, dass die französische Akademie der Wissenschaften im Jahre 1838 eine Schrift preisgekrönt hat, in welcher das Manko der Volkszählung vom Jahre 1836 auf mehr als eine Million geschätzt wurde.[1]) Seit 1821—1840 zeigt Frankreich eine stetige Abnahme der Zuwachsrate, die in den letzten 15 Jahren etwa 4 mal schwächer war als zu Beginn dieses Jahrhunderts.

Ein grösseres Interesse beansprucht dabei folgende geschichtliche Erinnerung. Als es sich um die Veranstaltung der ersten allgemeinen Volkszählung in Frankreich handelte, sprach sich Necker dagegen aus, weil ein solches Unternehmen in einem so grossen Lande wie Frankreich undurchführbar sei.

Ähnliche Resultate ergiebt die Gegenüberstellung der Geburten und Sterbefälle. Der Geburtenüberschuss und die Geburten- und Sterblichkeitsziffer betrugen nämlich:

Im Jahresdurchschnitt	Jährlicher Geburtenüberschuss	Auf 1000 Personen trafen		Jährlicher Geburtenüberschuss pro 1000 Personen der mittl. Bevölk.
		Geburten	Sterbefälle	
1801/1820	145000	32,0	27,1	4,9
1821/1840	161000	30,0	25,0	5,0
1841/1860	116000	26,9	23,7	3,2
1861/1880	83000	25,9	23,5	2,4
1881/1890	66000	24,6	22,4	2,2
1891/1897	28000	22,4	21,8	0,6

Frankreich hat demnach, obwohl seine gegenwärtige Be-

---

konnte. Ähnlich wirkte auch der Krieg von 1870/71. Die Volkszählung vom Jahre 1881 ergab folgende Vertretung der einzelnen Altersklassen:

Alter	Bevölkerung männlich	Bevölkerung weiblich	zusammen
0—5	1742000	1712000	3454000
6—10	1715000	1687000	3402000
11—15	1589000	1553000	3142000
16—20	1631000	1613000	3244000

Entsprechend der überaus geringen Geburtenzahl im Jahre 1871 (826000 Geburten gegen ca. 943 betr. 966 Tausend Geburten im Jahre 1870 und 1872) stellte sich 10 Jahre später in der Altersklasse von 11 bis 15 Jahren ein grosses Defizit heraus.

[1]) Vgl. L. Schöne, Histoire de la population française, S. 241, sowie Toussaint Loua, Les accroissements de la population en France depuis le commencement du siècle, J. de la Soc. de Stat., 1886, S. 86 ff.

völkerung um ca. 11 bis 12 Millionen grösser ist, und der Frieden bereits einige Jahrzehnte dauert, in den letzten Jahren einen etwa 4 mal geringeren Geburtenüberschuss aufzuweisen als zu Beginn dieses Jahrhunderts, einer Epoche, die von unaufhörlichen verwüstenden Kriegen ausgefüllt war.

Die Bedeutung, die diesem immer langsameren Bevölkerungszuwachs in Frankreich beigelegt wird, kann aber erst dann richtig begriffen werden, wenn man die Bevölkerungszunahme anderer Länder in diesem Jahrhundert ins Auge fasst. Zieht man zu diesem Zwecke die Bevölkerung der wichtigsten europäischen Kulturstaaten zu Beginn unseres Jahrhunderts in Betracht, sofern sie sich auf Grund von Volkszählungen oder ziemlich sicherer Berechnungen feststellen lässt, so belief sie sich in England und Wales auf ca. 9 Millionen, in Deutschland[1]) auf ca. 22 bis 23 Millionen, in Frankreich auf ca. 27 Millionen. Frankreich hatte demnach damals die grösste Bevölkerung, wobei seine Einwohnerzahl, in Prozenten der Gesamtbevölkerung dieser drei Länder ausgedrückt, ca. 47 % betragen hat.

Anders liegen die Verhältnisse in der Gegenwart. Auf Grund der Ergebnisse der neuesten Volkszählungen und Fortschreibungen beziffert sich gegenwärtig die Bevölkerung von England und Wales auf ca. 32 Millionen, die von Deutschland auf ca. 58 Millionen, die von Frankreich dagegen nur auf ca. 39 Millionen. In Prozenten der Gesamtbevölkerung dieser drei Länder berechnet, beträgt demnach die Bevölkerung Frankreichs nicht mehr 47 %, wie zu Beginn unseres Jahrhunderts, sondern nur ca. 31 %. Dabei darf natürlich nicht ausser acht gelassen werden, dass England und Deutschland in der genannten Zeit noch viele Millionen Auswanderer geliefert haben, während Frankreich einen bedeutenden Überschuss der Einwanderung über die Auswanderung aufweist.

Die Zahl der in Frankreich gezählten Ausländer betrug nämlich:

Jahr	Naturalisiert	Zahl der nicht naturalisierten Ausländer		zusammen
		Männer	Frauen	
1851	13 500	—	—	379 000
1861	15 300	291 600	214 800	506 400
1866	16 300	373 100	282 000	655 100
1872	15 300	404 300	336 300	740 600
1876	34 500	436 400	365 400	801 800
1881	77 000	556 700	444 400	1 001 100
1886	103 900	617 600	508 900	1 126 500
1891	170 700	598 700	531 500	1 130 200

[1]) Damit ist das heute von Deutschland eingenommene Gebiet gemeint.

Von 1851 bis 1891 nahm demnach die Zahl der naturalisierten[1]) und nicht naturalisierten Ausländer in Frankreich um ca. 900000 zu, während die gesamte Auswanderung nach den vorliegenden offiziellen Daten, deren Zuverlässigkeit allerdings vielfach bestritten wird,[2]) kaum 300 bis 400 Tausend betragen hat. Zur Charakteristik der Bedeutung, die die Einwanderung als Mittel zur Erhöhung des Bevölkerungszuwachses in Frankreich spielt, werden nachstehende Zahlen, die dem französischen Census vom Jahre 1891 entnommen sind,[3]) ausreichen. Die einzelnen Kategorieen vermehrten sich annähernd folgendermassen pro Tausend:

	1851	1876	1891
Franzosen von Geburt	1000	1019	1041
Naturalisierte[3])	1000	2550	12600
zusammen	1000	1020	1045
Ausländer	1000	2105	2970
Ausländer und Naturalisierte zusammen	1000	2120	3300
Gesamtbevölkerung	1000	1031	1066

Die Zahl der naturalisierten und nicht naturalisierten Ausländer vermehrte sich also mehr als dreimal so rasch als die der Franzosen von Geburt. Dabei darf übrigens nicht vergessen werden, dass die angeführten Daten nach Ansicht der Bearbeiter der Volkszählung höchst wahrscheinlich hinter der Wirklichkeit zurückbleiben, weil viele Ausländer ein grosses Interesse haben, ihre Staatsangehörigkeit zu verheimlichen. Man kann daher mit Sicherheit annehmen, dass sich nach Ausschluss der Einwanderung das Ergebnis des Vergleiches mit Deutschland und England

[1]) Darunter auch solche, die sich als naturalisiert angegeben haben, ohne solche zu sein.

[2]) Bertillon Vater schätzte in den 60er Jahren die jährliche Auswanderung aus Frankreich auf ca. 20000 Personen, während sie damals nach den Angaben des Ministeriums des Innern durchschnittlich 6000—7000 betragen hat. Am Ende der 80er Jahre nahm, wesentlich unter dem Einfluss der Verwüstungen, welche die Reblaus in den Weinbergen verursachte, die Auswanderung sehr rasch zu. Die offiziellen Angaben vermerken: ca. 6100 Auswanderer im Jahre 1885, ca. 7300 im Jahre 1886, dagegen ca. 11200, 23300 und 31000 in den folgenden Jahren. Seitdem einerseits die Schäden im Weinbau zum grossen Teil repariert worden sind, und andererseits sich herausgestellt hat, dass die Bauern, die den Lockungen der südamerikanischen Auswanderungsagenten folgten, am neuen Wohnort meist dem Elend verfielen, hat die Auswanderungsbewegung wieder rasch abgenommen.

[3]) 1896 zählte man 202700 naturalisierte und 1052000 nicht naturalisierte Ausländer. Näheres darüber vgl. S. 159, 187 ff.

für Frankreich noch ungünstiger gestalten würde, als dies oben der Fall war. Eine indirekte Bestätigung dafür liefert der Vergleich der Angaben über die Zahl der in Frankreich gezählten Ausländer und die Zahl der im Auslande gezählten Franzosen, die im Annuaire Statistique de la France, Jahrgang 1895/96, veröffentlicht sind:

Aus resp. In	Zahl der Ausländer in Frankreich	Zahl der Franzosen im Auslande
England	39 700	26 600
Deutschland	83 300	24 200
Österreich	11 900	3 100
Belgien	465 900	52 000
Italien	286 000	11 000
Spanien	77 700	18 000
Europa	**1112 000**	**207 000**
anderen Weltteilen	18 000	310 000
zusammen	1 130 000	517 000

Die Machtverschiebung tritt aber noch klarer hervor, wenn man den absoluten Bevölkerungszuwachs in diesen drei Ländern in Betracht zieht. Dieser betrug seit Beginn des XIX. Jahrhunderts in England und Wales ca. 23 Millionen, in Deutschland ca. 32 Millionen, in Frankreich dagegen nur 12 Millionen, wobei die Differenz — je mehr wir uns der Neuzeit nähern — sich immer bedeutender gestaltet. Es genügt in dieser Hinsicht auf die Zahlen für die letzten 3 Jahrzehnte hinzuweisen. Seit Anfang der 70er Jahre vermehrte sich nämlich die Bevölkerung von England und Wales um ca. $9^1/_2$ Millionen, die Bevölkerung Deutschlands um ca. 14 Millionen, diejenige Frankreichs dagegen nur um ca. 2,5 Millionen. Von grösstem Interesse ist ferner der Umstand, dass während zu Beginn der grossen Revolution die Bevölkerung Frankreichs ca. 25% der Gesamtbevölkerung der fünf damaligen Grossmächte ausmachte, sie gegenwärtig nur noch ca. 12%, d. h. etwa die Hälfte des früheren Anteils umfasst.

In Frankreich hat sich die Sitte eingebürgert, bei Betrachtung der Bevölkerungsprobleme zur Klarlegung der Veränderungen, die in absehbarer Zeit eintreten könnten, der Verdoppelungsperioden zu gedenken. Man setzt dabei voraus, dass der künftige Bevölkerungszuwachs sich in gleicher Weise gestalten werde, wie in der Zeitperiode die als Grundlage für die Berechnungen gewählt wurde. Abgesehen von der Unmöglichkeit,

Kriege, Epidemieen und ähnliche Erscheinungen, die einen grossen Verlust an Menschenleben verursachen, vorauszusagen, sind wir demnach bei der Berechnung der Verdoppelungsperioden noch der Gefahr ausgesetzt, dass je nach dem Zeitraum, der als Grundlage für Berechnungen genommen wird, sich weit von einander abweichende Resultate ergeben. Wir begegnen denn auch thatsächlich sehr differierenden Schätzungen auf diesem Gebiete. In den 60er Jahren fand z. B. Legoyt für die Bevölkerung der unten genannten Länder folgende Verdoppelungsperioden:[1])

	Zeitraum, der als Grundlage diente	Durchschnittlicher jährlicher Bevölkerungszuwachs in diesem Zeitraum	Voraussichtliche Verdoppelungsperiode
Frankreich	1861/64	0,42	165 Jahre
Belgien	1856/60	0,90	77 „
England und Wales	1861/63	1,21	59 „
Preussen	1858/64	1,47	48 „
Sachsen	1861/64	1,78	39 „

Frankreich würde demnach nach Legoyt zur Verdoppelung seiner Bevölkerung einen 3 bis 4 mal grösseren Zeitraum brauchen als England bezw. Preussen und Sachsen.

Wählt man demgegenüber als Grundlage der Berechnung einen längeren Zeitraum, so ergeben sich folgende Zahlen:[2])

	Zeitraum, der als Grundlage diente	Durchschnittlicher jährlicher Bevölkerungszuwachs	Voraussichtliche Verdoppelungsperiode
Frankreich	1836/61	0,35	198
Belgien	1831/61	0,81	86
England und Wales	1840/60	1,43	49
Preussen	1837/61	1,30	54
Sachsen	1837/61	1,53	45

Die Verdoppelungsperiode ist in diesem Fall für Frankreich viel länger geworden. Insbesondere hat sich das Verhältnis gegenüber England sehr zu Ungunsten Frankreichs verschoben. Es war früher wie etwa 3 : 1, während nach der letzten Übersicht die Verdoppelung der Bevölkerung in Frankreich einen ca. 4 mal längeren Zeitraum beanspruchen würde als in England.

Mögen aber die gefundenen Verdoppelungsperioden — je nach der Wahl des Beobachtungszeitraums — sich noch so verschiedenartig gestalten, so lassen die angeführten Berechnungen

---

[1]) Vgl. Legoyt, Journal de la Soc. de Stat. 1867, S. 172.

[2]) Vgl. Statistique générale de la France, Deuxième série, Tome XIII, 1864, S. XXVII.

doch als unzweifelhaft erkennen, dass die Zeit, in der die Bevölkerung Frankreichs sich verdoppeln könnte, im Vergleich zu den Verdoppelungsperioden anderer Nationen ausserordentlich lang ist. Wählt man z. B. als Grundlage für die neuere Zeit die Ziffern der Volkszählungen nach 1880, so ergiebt sich für Frankreich eine Verdoppelungsperiode von ca. **470** Jahren, gegen eine solche von ca. 59 in England und ca. 67 Jahren für Deutschland.

Diese Thatsachen hat man vor allem im Auge zu behalten, wenn man sich die ganze Bedeutung vergegenwärtigen will, die heutzutage in Frankreich der Bevölkerungsfrage beigelegt wird. Man fürchtet dort die Grossmachtstellung einzubüssen, und diese Furcht ist das Hauptmoment, das diejenigen, welche zur Beseitigung dieses Übelstandes neue Gesetze schaffen wollen, zu ihren Anträgen veranlasst. Um das Gesagte zu beweisen, genügt es, auf die zahlreichen Berechnungen über die militärische Machtstellung Frankreichs anderen Grossmächten gegenüber hinzuweisen. Man findet dort, sofern es sich um die 70er und den Anfang der 80er Jahre handelt, stets die Thatsache erwähnt, dass infolge der schwächeren Vertretung der Kinder und der etwas stärkeren Vertretung des männlichen Geschlechtes Frankreich eine gleich starke Armee aufstellen könne, wie Deutschland, so dass vorläufig eigentlich kein Grund zur Beunruhigung vorliege. Das letzte Jahrzehnt hat aber auch diesen letzten Trost zerstört! Bereits 1890 musste ein solcher Trostspender, Le Roy, selbst konstatieren, dass Deutschland im Jahre 1885 bei einer Bevölkerung von 46,9 Millionen 12,4 Millionen Männer im Alter von über 20 Jahren aufwies, während man in Frankreich bei einer Bevölkerung von 38,2 Millionen nur 11,8 Millionen Männer in diesen Altersklassen zählte.[1]) Schon damals betrug demnach der Überschuss mehr als 600000 Köpfe, wobei noch zu berücksichtigen ist, dass die Greise in Frankreich viel zahlreicher vertreten sind als in Deutschland. — In neuerer Zeit ist aber dieses Verhältnis noch bedeutend ungünstiger geworden. Augenblicklich sind in Deutschland etwa 9 Millionen Männer im Alter von 20 bis 45 Jahren vorhanden, während die entsprechende Zahl in Frankreich sich höchstens auf ca. 7 Millionen beläuft.[2])

[1]) Vgl. Le Roy, Journal de la Société de Stat. de Paris 1890, S. 360.

[2]) Nach J. Bertillon würde sich das jährliche Soldaten-Kontingent in zwanzig Jahren in Frankreich auf ca. 300000, in Deutschland dagegen auf 450000 belaufen. Vgl. Journal de la Soc. de Stat. 1897, S. 183 ff.

An dieser Stelle verdienen ferner die Berechnungen erwähnt zu werden, die der Chef der Abteilung für medizinische Statistik im Kriegsministerium, Dr. Ely, vor einigen Jahrzehnten angestellt hat, und denen zufolge die Gewährung des Verehelichungsrechtes an die Soldaten schon damals Frankreich einen Zuwachs von ca. 22000 Geburten gegeben hätte.[1]) Da die Soldaten zumeist in den grösseren Städten einquartiert werden, die sich in Frankreich durch eine relativ hohe Sterblichkeit auszeichnen,[2]) so ist kaum anzunehmen, dass jene Massregel einen erheblichen Gewinn an Überlebenden zur Folge haben würde. Etwas grössere Wirkung hätte vielleicht die Annahme des Vorschlages von Dr. Lombard,[3]) der alle vom Militärdienst befreit sehen wollte, die einen oder zwei Brüder im aktiven Dienst hätten. Das gleiche Ziel hatte auch Dr. Rodet im Auge, als er auf dem medizinischen Kongress in Lyon die Herabsetzung der Dienstzeit auf 3 Jahre verlangte. Obwohl der sonst durchaus begrüssenswerte Vorschlag Rodets seit Jahren Gesetzeskraft erlangt hat, sind seine Wirkungen auf dem Gebiete des Bevölkerungszuwachses kaum zu verspüren gewesen. Nebenbei darf nicht vergessen werden, dass Länder wie Deutschland, Österreich und Italien, in denen der Militärdienst die Bevölkerung nicht weniger schwer belastet als in Frankreich, trotz alledem keinen Bevölkerungsstillstand aufweisen.

Wie hoch man in Frankreich die Gefahren anschlägt, die aus der Verlängerung des gegenwärtigen Zustandes zu gewärtigen sind, lässt sich ohne weiteres aus den immer zahlreicher werdenden Klagen über ihn ersehen. Dr. Rochard, Generalinspektor des Gesundheitsamtes der französischen Marine, erklärte z. B. in dem Referate, erstattet an die Akademie der Medizin: „Wenn unsere Bevölkerungsziffer sich erhält oder ein wenig steigt, so ist dies nur der Einwanderung zuzuschreiben; das Ausland ist es, das unsere Leere ausfüllt, und diese Zufuhr von meist feindlichen Elementen ist eine Invasion, eine Bedrohung unserer Zukunft. Ein Volk, das sich mit Hülfe des Auslandes ergänzt, verliert bald seinen Charakter, seine Sitten und seine Kraft. Es verliert dabei mit der Zeit auch sein höchstes Gut — seine Nationalität.“[4])

---

[1]) Journal de la Société de Stat. de Paris, Juillet 1871/72, S. 185 ff.

[2]) Vgl. S. 201 ff.

[3]) Lombard, De la dépopulation en France, Paris 1873, S. 22 ff.

[4]) Citiert nach Lagneau, De l'immigration en France, S. 5.

Das Gleiche sagen Leroy-Beaulieu und Toussaint Loua.[1]) Und in Übereinstimmung mit beiden erklärten Jacques Bertillon[2]) und Georges Blondel,[3]) dass der langsame Bevölkerungszuwachs nicht nur die militärische und politische, sondern auch die wirtschaftliche Machtstellung Frankreichs bedroht.

Die zweite wichtige Erscheinung, die sich beim Vergleich der Entwickelung der Bevölkerungsverhältnisse Englands, Deutschlands und Frankreichs feststellen lässt, ist die Verschiedenartigkeit hinsichtlich der Veränderungen der Bevölkerungsdichte in diesen Ländern. Frankreich stand in dieser Hinsicht noch zu Beginn der grossen Revolution an der Spitze der Kulturnationen. Man zählte dort ca. 50 Einwohner per Quadratkilometer gegen ca. 30 im damaligen Preussen und ca. 40 im Vereinigten Königreich. Dieses Moment wurde, wie wir das bald sehen werden, unter den eigentümlichen Verhältnissen der wirtschaftlichen Entwickelung Frankreichs, zu einer der Hauptursachen des langsamen Bevölkerungszuwachses. Um dies verständlich zu machen, müssen zunächst einige Angaben über den gegenwärtigen Stand der Bevölkerungsdichte in den wichtigsten Kulturstaaten hinzugefügt werden. Die entsprechenden Berechnungen ergeben, dass in Frankreich gegenwärtig nur ca. 73 Personen auf 1 Quadratkilometer kommen, gegen ca. 102 in Deutschland und ca. 129 im Vereinigten Königreich. Ohne Schottland und Irland hat England sogar eine durchschnittliche Bevölkerungsdichte von ca. 210 Personen per Quadratkilometer aufzuweisen. Seit Ende des vorigen Jahrhunderts ist demnach in dieser Hinsicht ein grosser Umschwung eingetreten. Frankreich steht jetzt nicht mehr an der Spitze der Kulturnationen, sondern ist auf dem Gebiete der Bevölkerungsdichte vom Vereinigten Königreich wie von Deutschland beträchtlich überholt worden.

Für die Bevölkerungsdichte in Stadt und Land führt der Census von 1881 folgende Zahlen an. Die Fläche der städtischen Kommunen umfasste damals ca. 31900 Quadratkilometer, was einer durchschnittlichen Dichte von 411 Personen pro Quadrat-

---

[1]) Les Déplacements de population en France, Journal de la Soc. de Stat. 1885, S. 119 ff.

[2]) La statistique humaine de la France, Paris 1880, S. 34.

[3]) Vgl. Georges Blondel, Les Ennemis de notre progrès économique, Paris 1899. II. Auflage, S. 19.

kilometer entsprach. Demgegenüber wies das platte Land eine Fläche von ca. 496 700 Quadratkilometer mit einer Durchschnittsdichte von ca. 49,5 Personen auf. Im Jahre 1886 betrug die Durchschnittsdichte der ländlichen Kommunen pro Quadratkilometer nur ca. 49,2 Personen, während die der städtischen Kommunen auf 429 Personen gestiegen war.[1]) Für das Jahr 1891 sind leider keine Mitteilungen über die Fläche der ländlichen und städtischen Kommunen gemacht worden. Da indessen die Zahl der Kommunen mit mehr als 2000 Einwohnern von 1886 bis 1891 sich nur unwesentlich verändert hat, so kann die annähernde Durchschnittsdichte der ländlichen Kommunen für das Jahr 1891 auf ca. 48,5 Personen per Quadratkilometer berechnet werden. Ähnliche Ergebnisse zeigt ein Vergleich des Verteilungsverhältnisses der Landwirtschaft treibenden und der übrigen Bevölkerung auf das Gesamtgebiet des Landes:[2])

Jahr	Fläche Kilometer	Bevölkerungsdichte pro Kilometer der Landwirtschaft treibenden Bevölkerung	übrigen Bevölkerung	Gesamtbevölkerung
1876	528 572	35,89	33,93	69,32
1881	528 572	34,52	36,75	71,27
1886	528 572	33,48	38,83	72,31
1891	528 572	32,98	39,56	72,54

Die Bevölkerungsdichte der ländlichen Kommunen ist demnach in Frankreich in stetiger Abnahme begriffen, der ganze Bevölkerungszuwachs sammelt sich in den Städten an.

Verfolgt man die Veränderungen in der Bevölkerungsdichte der einzelnen Departements seit Beginn dieses Jahrhunderts, so lässt sich feststellen, dass Frankreich viele Departements aufweist, deren Bevölkerung in dieser Zeit nur ganz unbedeutend zugenommen bezw. sogar beträchtlich abgenommen hat. Zu solchen Departements gehören:

Departements	Bevölkerungsdichte per Quadratkilometer 1801	1896	Zu- oder Abnahme (—)	Bevolkerung der Kommunen mit unter 2000 Einw. in % der Gesamtbevölkerung dieser Departements im Jahre 1896
Eure	66,7	56,4	— 15,4 %	79,1
Orne	64,4	55,2	— 14,3 „	78,0
Basses-Alpes	19,1	16,9	— 11,5 „	83,6

[1]) Vgl. Résultats statistiques du dénombrement de 1886, S. 64.

[2]) Vgl. Statistique agricole. Résultats généraux de l'enquête décennale de 1892, S. 389.

Departements	Bevölkerungsdichte per Quadratkilometer		Zu- oder Abnahme (—)	Bevölkerung der Kommunen mit unter 2000 Einw. in % der Gesamtbevölkerung dieser Departements im Jahre 1896
	1801	1896		
Lot-et-Garonne [1]) . . .	60,1	53,2	— 11,5 „	76,6
Tarn-et-Garonne [2]) . . .	60,5	53,7	— 11,2 „	71,3
Lot	50,1	40,6	— 8,2 „	86,8
Jura	57,0	52,6	— 7,7 „	76,5
Calvados	79,4	73,4	— 7,6 „	71,7
Gers	43,0	39,8	— 7,4 „	83,0
Haute-Saône	54,2	50,7	— 6,5 „	82,7
Manche	82,7	78,0	— 5,7 „	75,7
Hautes-Alpes	19,9	20,1	+ 1,0 „	86,9
Haute-Marne	36,2	37,1	+ 2,5 „	76,3
Yonne	43,0	44,6	+ 3,7 „	79,3
Lozère	24,4	25,5	+ 4,5 „	88,5
Frankreich	50,2	71,8 [3])	**+ 43,0** „	**60,9**

Die Zahlen der letzten Kolumne, die das Verhältnis der ländlichen Bevölkerung zur Gesamtbevölkerung angeben, zeigen sofort, dass sämtliche Departements, die einen sehr geringen Bevölkerungszuwachs oder eine Bevölkerungsabnahme hatten, einen ausgeprägt landwirtschaftlichen Charakter tragen. Denn die Bevölkerung ländlicher Distrikte war dort ausnahmslos bei weitem stärker vertreten als im übrigen Frankreich.

Bei diesem Anlass muss hier noch ein Einwand näher erörtert werden, der vielfach — u. a. auch in Deutschland gelegentlich des dort seit einigen Jahren geführten Streites über die Fortpflanzungsfähigkeit der städtischen und ländlichen Bevölkerung — erhoben worden ist.[4]) Die Anhänger der Auffassung, der zufolge die vorwiegend landwirtschaftlichen Distrikte die Quelle der Fortpflanzungsfähigkeit der Nation bilden, behaupten, dass diese Distrikte eine ausserordentlich grosse Zahl von Auswanderern liefern. Ihr geringer Bevölkerungszuwachs sei daher nicht eine Folge der ungenügenden Fortpflanzungsfähigkeit, sondern eine Folge der starken Auswanderung. Untersucht man in dieser Hinsicht die Statistik der oben genannten 15 Departements, so gelangt man zur nachstehenden Übersicht:

---

[1]) Nur approximativ, weil einige Distrikte bei der im Jahre 1808 erfolgten Bildung des Departements Tarn-et-Garonne diesem zugeteilt wurden.

[2]) Nur approximativ, weil erst 1808 gebildet.

[3]) Den Berechnungen der Bevölkerungsdichte in der neuesten Veröffentlichung des Statistischen Amtes: „Résultats statistiques du Dénombrement de 1896“ sind die Flächenangaben zu Grunde gelegt, die neuerdings von der geographischen Abteilung der Armee ermittelt wurden. Die Gesamtfläche Frankreichs wird dabei auf 536460 Quadratkilometer berechnet gegen 528850 im Jahre 1891. Daher resultiert auch die Differenz mit den auf S. 14 gegebenen Berechnungen.

[4]) Vgl. Carl Ballod, Lebensfähigkeit ländlicher und städtischer Bevölkerung, Leipzig 1897, L. Brentano u. R. Kuczynski, Die heutige Grundlage der deutschen

Départements	Zahl der Geburten auf 1000 Frauen im Alter von 15 bis 45 J. im Jahresdurchschnitt 1890/91	Überschuss der Sterbefälle (—) über die Zahl der Geburten im Zeitraum 1886-91[1])	Bevölkerung 1891	Vermutliche Auswanderung im Zeitraum 1886—91[2])	Überschuss der Sterbefälle über die Zahl der Geburten im Zeitraum 1891/96	Bevölkerung 1896	Vermutliche Auswanderung im Zeitraum 1891/96	
Lozère	138,1	+ 4 820	135 500	10 620	+ 3 520	132 200	6 890	
Alpes (Hautes) . .	125,9	+ 20	115 500	7 420	— 530	113 200	1 770	
Alpes (Basses) . . .	112,4	— 2 290	124 300	2 920	— 1 980	118 100	4 160	
Saône (Haute) . . .	101,7	— 990	280 900	9 110	— 3 110	272 900	4 860	
Jura	**96,9**	— 1 450	273 000	6 820	— 3 460	266 100	3 420	
Marne (Haute) . . .	94,2	— 2 530	243 500	1 720	— 4 150	439 600	7 330	
Manche	94,0	— 3 900	513 800	3 140	— 8 250	500 100	5 510	
Eure	91,9	— 8 940	349 500	420	— 11 340	340 700	— 2 520	Einwanderung!
Calvados	89,5	— 7 690	428 900	630	— 10 810	417 200	960	
Yonne	83,3	— 3 510	344 700	7 170	— 8 650	332 700	3 390	
Orne . . : . . .	81,1	— 10 680	354 400	2 180	— 14 090	339 200	1 130	
Lot	76,6	— 3 470	253 900	14 160	— 7 320	240 400	6 220	
Tarn-et-Garonne . .	76,2	— 5 590	206 600	1 860	— 5 320	200 400	880	
Lot-et-Garonne . . .	67,7	— 8 670	295 400	3 410	— 9 270	286 400	— 280	Einwanderung!
Gers	64,8	— 8 500	261 100	4 810	— 8 910	250 500	1 700	
Zusammen	—	— 63 370	—	76 390	— 93 670	—	45 420	
Frankreich	**98,8**	+ 190 600	38 343 000	—	+ 13 600	38 518 000	—	

[1]) Damit sind die Zeiträume zwischen den Volkszählungen von 1886 und 1891 bezw. 1891 und 1896 gemeint.

[2]) Diese wird von der amtlichen Statistik in der Weise ermittelt, dass man von der durch Fortschreibungen berechneten Bevölkerungszahl die thatsächlich bei der Volkszählung gefundene in Abzug bringt.

Daraus geht hervor, dass 14 von diesen Departements — nur Lozère bildet eine Ausnahme — im Zeitraum 1886/1896 einen Überschuss der Sterbefälle über die Geburtenzahl lieferten. In der Mehrzahl der Departements war dabei der Überschuss der Sterbefälle über die Geburten bedeutend grösser als die Auswanderung. Es sind dies im Zeitraum 1886/91: Haute-Marne, Manche, Eure, Calvados, Orne, Tarn-et-Garonne, Lot-et-Garonne und Gers; im Zeitraum 1891/96: Jura, Manche, Eure, Calvados, Yonne, Orne, Lot, Tarn-et-Garonne, Gers und Lot-et-Garonne. In zwei von diesen Departements — Eure und Lot-et-Garonne war übrigens im Zeitraum 1891/96 die Zahl der Sterbefälle grösser als die der Geburten, obwohl dort nicht nur keine Auswanderung, sondern im Gegenteil eine Einwanderung zu verzeichnen war.

Zur Beleuchtung der geringen Rückwirkung der Auswanderung auf den Überschuss der Sterbefälle genügt es auf das Departement Lozère hinzuweisen, das eine überaus grosse Auswanderung zeigt, zu gleicher Zeit aber auch einen grossen Geburtenüberschuss aufwies. Demgegenüber hätten die übrigen 14 Departements, selbst wenn sämtliche Auswanderer darin verblieben wären, sogar unter den günstigsten Umständen im Zeitraum 1886/91 einen Überschuss von zusammen mindestens 60000 Sterbefällen zu erwarten. Denn die 66000 Auswanderer könnten im Zeitraum von 1886/91 kaum mehr als 10000 Geburten liefern, von denen natürlich ein grosser Teil schon in den ersten Monaten abgestorben wäre. Und im Zeitraum 1891/96 würde in diesen 14 Departements der Überschuss der Sterbefälle sogar unter den günstigsten Umständen mindestens 80000 betragen haben. Denn die 104000[1]) Auswanderer könnten im Zeitraum von 1891/96 kaum mehr als 16000 Geburten liefern. Diese Berechnungen zeigen mit genügender Klarheit, dass die Bevölkerungsabnahme der untersuchten Departements, in denen, wie bereits dargelegt, die ländliche Bevölkerung ausserordentlich stark vertreten war, keineswegs der Auswanderung, sondern der geringen Geburtenzahl zugeschrieben werden müsse.

* * *

Wehrkraft, Stuttgart 1900, sowie J. Goldstein, Die Zukunft Deutschlands im Lichte der agrarischen Beweisführung, München 1899.

[1]) Die Gesamtauswanderung aus diesen 14 Departements im Zeitraum 1886 bis 1896.

Die Erörterung der Ursachen der schwachen Bevölkerungsvermehrung Frankreichs in diesem Jahrhundert verlangt eine eingehende Behandlung aller Momente, die auf die Bevölkerungsbewegung einwirken können. In erster Linie kommt dabei natürlich die Heiratsfrequenz in Betracht. Pro 10000 Personen der mittleren Bevölkerung — ein Massstab, der allerdings nur annähernd Aufschluss geben kann — belief sich nun die Zahl der Eheschliessungen im Jahresdurchschnitt 1881/90 in Frankreich auf ca. 74 gegen ca. 75 in England und ca. 78 in Deutschland. Diese scheinbar ganz unbedeutende Differenz wird aber viel grösser, wenn man statt der mittleren Bevölkerung nur die Personen berücksichtigt, die thatsächlich Eheschliessungen eingehen können. Auf 10000 ledige, verwitwete und geschiedene Personen im Alter von 15 Jahren und darüber kommen dann nach Untersuchungen von Bodio 1874/91 Eheschliessungen:

Schweiz	408
Belgien	419
Frankreich	458
England und Wales	526
Deutschland	530

Die Heiratsfrequenz ist demnach in Frankreich zwar geringer als in Deutschland und England; sie ist dort aber viel höher als in der Schweiz und in Belgien, welche beiden Länder bekanntlich trotzdem keinen Bevölkerungsstillstand aufweisen. Dabei darf übrigens nicht vergessen werden, dass die höheren Altersklassen in der Bevölkerung Frankreichs stärker als in Deutschland und England vertreten sind, so dass bei Berücksichtigung dieses Umstandes die Differenz hinsichtlich der Heiratsfrequenz sich beträchtlich vermindern müsste. Von der Bevölkerung im Alter von über 20 Jahren entfielen nämlich auf die Altersklassen von über 60 Jahren in Deutschland ca. 14,5, in Frankreich dagegen ca. 19,4%. Ferner muss noch erwähnt werden, dass der prozentuelle Anteil der Verheirateten im Laufe des Jahrhunderts in Frankreich beträchtlich zugenommen hat. Er machte nämlich 1806 ca. 36%, 1891 dagegen mehr als 40% der Gesamtbevölkerung aus. Ähnlich vermehrte sich der Anteil der Verwitweten von ca. 6,6 auf ca. 8,1%.

Die Ansicht, die von den meisten französischen Forschern vertreten wird, dass nämlich die etwas geringere Heiratsfrequenz an und für sich keine so grossen Verschiedenheiten hinsichtlich des Bevölkerungszuwachses herbeizuführen brauche, kann demnach als durchaus berechtigt anerkannt werden.[1]) Kein Wunder daher, dass die bekanntesten französischen Gelehrten wie Bertillon Vater, Levasseur u. a. m., die öfters warm empfohlene künstliche Vermehrung der Eheschliessungen sehr skeptisch behandeln, zumal die betr. Vorschläge keineswegs originell oder neu sind. Um zu zeigen, wie waghalsig manche Leute unter Aufwärmung der vom aufgeklärten Absolutismus angewandten Massnahmen auf diesem Gebiete vorgehen wollten, seien hier folgende Gesetzesvorschläge angeführt, die Poncet de la Grave im Jahre 1801 zum Zwecke der Bekämpfung des Cölibats machte.[3])

Im Artikel I seines Gesetzentwurfes fordert er, dass alle ledigen Personen im Alter von 25 bis 70 Jahren für alle Zukunft für unfähig erklärt werden sollten, ein Staatsamt oder eine sonstige Stelle zu bekleiden. Auch sollten diejenigen ledigen Personen, die eine solche Stelle bereits inne haben, diese sofort aufgeben, sofern sie nicht der Strafe, auf zehn Jahre in Ketten geschlagen zu werden und der Konfiskation des Vermögens verfallen wollen.

Im Artikel II wird gefordert, dass die hier in Betracht kommenden Personen einer doppelt so hohen Besteuerung als die Verheirateten unterworfen werden sollten.

In den Artikeln III und IV verlangt Poncet de la Grave, dass die genannten ledigen Personen für unfähig erklärt werden sollten, die Hinterlassenschaft ihrer Eltern, Verwandten u. s. w. zu erben.[4]) Die betreffenden Erbschaften sollen dem Fiskus verfallen. Ebenso soll ihnen das Testierrecht genommen werden.

In weiteren Artikeln wurde die Schaffung eines Instituts von Censoren vorgeschlagen, welche die ledigen Personen zu beaufsichtigen hätten, ferner die Verwendung besonderer äusserer Merkmale, um diese Personen leicht kenntlich zu machen. Zu diesem Behufe sollten die ledigen Männer eine gelbe Kokarde, die Mädchen eine künstliche gelbe Blume als Haarschmuck tragen.

---

[1]) Vgl. u. a. Arthur Chervin, Histoire statistique etc., S. 18ff.

[2]) Vgl. darüber den Artikel Bevölkerungswesen (Bevölkerungspolitik) in der 2. Auflage des Handwörterbuchs der Staatswissenschaften S. 709ff.

[3]) Poncet de la Grave, Considérations sur le célibat, S. 136ff.

[4]) Ähnliche Vorschläge wurden bereits 1767 vom Abbé Jaubert in seiner Schrift „Causes de la dépopulation“ gemacht.

Und im Artikel X schlägt endlich der Antragsteller vor, den ledigen Personen beiderlei Geschlechts, die durch die eben genannten Massnahmen zur Heirat veranlasst würden, zu verbieten: den Männern — Frauen im Alter von über 40 Jahren und den Frauen — Männer im Alter von über 60 Jahren zu heiraten. Erwägt man, dass das genannte Alter bei Männern wie bei Frauen die Grenze der Zeugungsfähigkeit resp. der Fruchtbarkeit darstellt, so wird man den Zweck dieser letzten Massnahme ohne Schwierigkeit erraten können.

Noch weiter ging ein Volksverein im Departement Gers, der im Jahre IV der gesetzgebenden Versammlung eine Petition übermittelte, in der verlangt wurde, das Cölibat zu einem Verbrechen zu stempeln und mit harten Strafen zu belegen.

Alle diese Projekte und Petitionen fanden nicht selten eifrige Befürworter in den gesetzgebenden Körperschaften, und unter ihrem Einfluss hat man in der Revolutionszeit nach langen, sehr interessanten Debatten[1]) eine grosse Reihe von Steuer- und sonstigen Dekreten erlassen, die zur Förderung der Heiratsfrequenz dienen sollten. Die anfangs sehr unbestimmten und zweideutigen Vorschriften dieser Dekrete — man wusste u. a. nicht sicher, ob sie nur auf ledige Männer oder auch auf Frauen, die ja meistens gern heiraten würden, wenn sich jemand dazu bereit findet, Anwendung finden sollten — wurden von dem Direktorium im Jahre VII dahin abgeändert, dass nur ledige Männer im Alter von über 20 Jahren zu einer höheren Besteuerung herangezogen werden sollten. In Verfolgung desselben Zieles hat damals auch der Generalrat des Departements Seine den Beschluss gefasst, die fernere Anstellung von ledigen Personen in seinen Bureaus zu verbieten und die dort befindlichen Ledigen vom Aufrücken in höhere Stellen auszuschliessen.

Die der Revolution folgende Epoche war auch nicht von Versuchen frei, die Heiratsfrequenz durch künstliche Förderungsmassnahmen zu erhöhen. Auch Napoleon I. hat gelegentlich seiner eigenen Hochzeit ein Dekret erlassen, in dem befohlen

---

[1]) Vgl. L. Schöne, Histoire de la population française, Paris 1893, S. 226 ff. An gleicher Stelle (S. 234) berichtet Schöne, dass ein Senator der Cisalpiner Republik die Abschaffung des Verbotes der Polygamie beantragte, in der Absicht, auf diese Weise einen schnelleren Bevölkerungszuwachs herbeizuführen. Ebendaselbst (S. 208 ff.) findet man interessante Citate aus Diderot, der das Cölibat sehr scharf verurteilt hat.

wurde, am 22. April 1810 6 Tausend pensionierte Soldaten mit Mädchen aus ihren Gemeinden zu verheiraten und jedem dieser Paare in Paris 1200 in anderen Teilen Frankreichs 600 Franken als Mitgift zu verabreichen. Indes wird diese Verordnung weniger als ein Akt, dessen Absicht dahin ging, einen Bevölkerungszuwachs herbeizuführen, als ein Akt der Cäsarendemagogie gedeutet.

Die Vorschläge, die Heiratsfrequenz durch Steuervergünstigungen u. d. m. zu erhöhen, reichen bis in unsere Zeit. Man findet sie z. B. noch in der Schrift Lombards, die 1873 erschien.[1]) Ähnlich schlug 1877 Dr. Gibert vor, den ledigen Personen im Alter von über 25 Jahren — Geschiedene und Wittwer ohne Kinder inbegriffen — sämtliche Kosten aufzubürden, die dem Staat, den Departements und den Kommunen aus der Versorgung der Findlinge, der verlassenen Kinder u. d. m. erwuchsen.[2]) Den gleichen Zweck verfolgen die Massnahmen, die auf Verminderung der Kosten und der Formalitäten beim Eheschluss ausgehen. Neben sehr radikalen Vorschlägen, die in absehbarer Zeit kaum auf Erfüllung rechnen können, findet man hier auch zahlreiche „kleine" Mittel, deren Wirksamkeit jedenfalls nur minimal sein könnte. Man empfahl z. B. den Sekretären der Mairien für jede von ihnen abgeschlossene Ehe eine Gratifikation von 2 Franken zu zahlen, in der Hoffnung, dadurch den Eifer dieser Beamten anzustacheln. Andere gründeten Gesellschaften, die dem Brautpaar die nötigen Kleider gratis zur Verfügung stellen, die nötigen Papiere beschaffen und dem Mann sogar nicht selten den verlorenen Arbeitstag vergüten wollten. Im Juni 1890 hat man ferner ein Gesetz erlassen, das die Formalitäten beim Eheabschluss vermindern sollte. Dieses Gesetz soll aber nach Ansicht Jacques Bertillons von einer kläglichen Unzulänglichkeit sein.[3])

Bei dieser Gelegenheit ist noch ein anderes Moment zu erwähnen, dessen Einfluss lange Zeit stark überschätzt wurde. Nach Léon Lefort betrug in Frankreich das Durchschnittsalter der Heiratenden in der Zeitperiode 1853—1860 für Männer 30 Jahre 1 Monat bis 30 Jahre 6 Monate, für Frauen 26 Jahre bis 26 Jahre 2 Monate, während das entsprechende Alter für beide Geschlechter in England auf etwa 25 bezw. 24 Jahre be-

---

[1]) Vgl. Lombard, De la dépopulation en France, Lyon 1873, S. 22.

[2]) Gibert, Causes de la dépopulation française, Annales de démographie internationale 1877, S. 337.

[3]) Vgl. Le problème de la dépopulation, Paris 1897 S. 35 ff.

rechnet wurde. Ähnlich äussert sich über diesen Gegenstand auch Bertillon Vater.[1]) Diese Beobachtung wurde übrigens bereits im vorigen Jahrhundert von Moheau gemacht, der die Ansicht vertrat, dass Frankreich vielleicht nie einen so grossen Prozentsatz von ledigen Personen hatte als zu seiner Zeit.[2])

Neuerdings scheint auf diesem Gebiete in den Kulturstaaten ein Ausgleich stattgefunden zu haben. Kollmann hat z. B. für die erste Hälfte der 80er Jahre folgende Zahlen als Durchschnittsalter der Heiratenden ermittelt:[3])

	Männer	Frauen
Belgien (1881/85)	30,6	27,7
Preussen (1881/85)	29,4	27,1
Frankreich (1880/84) . . .	29,6	25,4

Daraus lässt sich entnehmen, dass das durchschnittliche Heiratsalter der Männer in Frankreich niedriger ist als in Belgien und ziemlich gleich dem Heiratsalter der Männer in Preussen. Nicht ungünstiger[3]) für die Fortpflanzung gestaltet sich in Frankreich auch das Heiratsalter der Frauen, das bei der Fortpflanzung schon deshalb in erster Linie in Betracht kommt, weil die Fruchtbarkeitsperiode der Frauen von kürzerer Dauer ist, als die Zeugungskraft der Männer. Die Thatsache tritt noch klarer hervor, wenn man den Prozentanteil der Altersklasse unter 30 Jahren an der Gesamtzahl der heiratenden Frauen anführt. Den Berechnungen Bodios zufolge waren nämlich von 100 heiratenden Frauen im Jahresdurchschnitt 1887/91 jünger als 30 Jahre alt:

In Belgien	75,1
„ Preussen	81,7
„ England	83,2
„ Frankreich . . .	83,3

[1]) Vgl. Mouvements de la population etc. S. 197.

[2]) Recherches et considérations sur la population, Paris 1778, Livre II, S. 81 ff.

[3]) Der Code Civil bestimmt im Artikel 144 das Minimalheiratsalter für Männer auf 18, der Frauen auf 15 Jahre. Ausnahmen dürfen nur in Fällen der Schwangerschaft der Braut und bei ähnlich wichtigen Gelegenheiten gestattet werden. Französische Ökonomen führten einen langen Kampf gegen diese Bestimmungen, die angeblich zahlreiche Todesfälle unter den jungen Frauen und ihren Kindern zur Folge gehabt haben. Auch Schöne (S. 360, 413 etc.) hält eine Abänderung dieser Bestimmungen für dringend notwendig. Dabei wird aber die Bedeutung der Vorschriften des Code Civil für die Gegenwart bedeutend überschätzt. Im Jahre 1897 starben nämlich in Frankreich im ganzen 99566 verheiratete Frauen, worunter sich nur 477, d. h. 0,48 %, im Alter von 18—19 Jahren befanden. Noch geringer war dieser Prozentsatz natürlich unter den verwitweten und geschiedenen Frauen. Er betrug kaum 0,013 %.

Das Altersverhältnis der heiratenden Frauen ist demnach in Frankreich nicht ungünstiger für die Fortpflanzung als in anderen Ländern. Hinzu kommt noch der Umstand, dass das Durchschnittsalter der Heiratenden in Frankreich, wie in den meisten anderen Ländern, im grossen und ganzen — dank dem Anwachsen der grossindustriellen Arbeiterschaft, die in einem bedeutend jüngeren Alter als das Kleinbürgertum heiratet, im Sinken begriffen is.t[1])

Eine relativ ebenso unbedeutende Rolle wie die geringere Heiratsfrequenz und die Verschiedenheit des Alters der Heiratenden spielt hier die angeblich so grosse Unsittlichkeit der Franzosen, sofern sie nach der Anzahl der unehelichen Geburten gemessen werden soll; denn auf 1000 nichtverheiratete Frauen im Alter von 15—50 Jahren trafen in Frankreich nur etwa 17 uneheliche Geburten gegen ca. 20 in Belgien, 27 in Deutschland und 44 in Österreich.

Ebenso wenig wie auf die geringere Heiratsfrequenz und auf die Häufigkeit unehelicher Geburten kann aber der Bevölkerungsstillstand auf die grössere Sterblichkeit — diese allein für sich betrachtet — zurückgeführt werden. Pro 1000 Personen der Bevölkerung starben nämlich in Frankreich im Zeitraum 1884/93 ca. 22,4 gegen ca. 24,6 in Deutschland. In England dagegen, wo ca. $^3/_4$ der Bevölkerung in städtischen Distrikten wohnten, d. h. fast ausschliesslich der Industrie, dem Handel etc. angehörten, belief sich diese Zahl auf nur 19,2.

Es bleibt demnach nur noch ein wichtiges Moment der Bevölkerungsbewegung übrig, worauf sich der Bevölkerungsstillstand zurückführen lässt, nämlich die überaus schwache Geburtenfrequenz. Im Zusammenhang damit steht auch die relativ so niedrige allgemeine Sterbeziffer, da das Jünglingsalter bekanntlich sich durch eine ausserordentlich grosse Sterblichkeit auszeichnet, diese Altersklasse aber in Frankreich sehr schwach vertreten ist. Die Zahl der Geburten pro 1000 Personen der Bevölkerung bezifferte sich in Frankreich im Zeitraum von 1865 bis 1883 auf etwa 25 gegen ca. 35 in England (einschl. Wales)

---

[1]) Schöne glaubt (vgl. a. a. O. S. 413) ein „fatales“ Gesetz feststellen zu können, demzufolge das Heiratsalter mit dem Aufsteigen der mittleren Lebensdauer in Zunahme begriffen ist. Er vernachlässigt dabei die grosse Bedeutung der Veränderungen in der Berufsgliederung, die unsere Zeit besonders kennzeichnen.

und ca. 39 in Deutschland.[1]) Im Zeitraum 1891/95 trafen in Frankreich auf 1000 Personen der Bevölkerung nur noch 22,6 Geburten. Die Veränderungen, die auf diesem Gebiete in den Nachbarländern zu Tage traten, lassen sich aus folgenden Daten beurteilen:

Im Jahres-durchschnitt	Zahl der Geburten pro 1000 Personen der Bevölkerung[2]) in			
	Frankreich	Belgien	England (einschl. Wales)	Deutsches Reich
1841/50	27,3	30,5	32,6	36,1
1851/60	26,1	30,4	34,1	35,3
1861/70	26,3	31,6	35,2	37,2
1871/75	25,5	32,2	35,5	39,0
1876/80	25,3	31,9	35,4	39,3
1881/85	24,7	30,9	33,5	37,0
1886/90	23,1	29,3	31,4	36,5
1891/95	22,6	29,2	30,5	36,3

Während also die Geburtenfrequenz in Belgien, England und Deutschland der Geburtenfrequenz um die Mitte des 19. Jahrhunderts ziemlich nahe steht, sank sie in Frankreich ununterbrochen von Jahrzehnt zu Jahrzehnt. Diese Erscheinung wird noch auffälliger, wenn man erwägt, dass die absolute Zahl der Geburten, obwohl die Bevölkerung um etwa die Hälfte zugenommen hat, gegenwärtig bedeutend geringer ist als zu Beginn unseres Jahrhunderts. Im Jahresdurchschnitt 1801—1810 betrug sie nämlich ca. 918000 gegen ca. 853000 im Jahresdurchschnitt 1890/95. Um bereits hier die sekundäre Ursache dieser Erscheinung anzudeuten, genügt es, das Verhältnis der legitimen Geburten zur Zahl der in den betreffenden Jahren geschlossenen Ehen zu erwähnen. Seit Beginn unseres Jahrhunderts gestaltete sich dieses Verhältnis folgendermassen:

1800—1805	4,24	1836—1840	3,26	1871—1875	2,80
1806—1810	3,84	1841—1845	3,21	1876—1880	3,09
1811—1815	3,49	1846—1850	3,23	1881—1885	3,03
1816—1820	4,08	1851—1855	3,11	1886—1890	2,94
1821—1825	3,84	1856—1860	3,04	1891—1895	2,74
1826—1830	3,58	1861—1865	3,07	1896—1898	2,70
1831—1835	3,48	1866—1870	3,15		

[1]) Vgl. Levasseur, La population française, III. Band, S. 150ff.

[2]) Vgl. die Übersicht im Aprilheft 1899 der Jahrbücher für National-Ökonomie u. Statistik.

Diese Verhältniszahl, die übrigens die wirkliche legitime Geburtenhäufigkeit nur annähernd wiedergiebt, ist demnach in Frankreich in der Gegenwart um mehr als ein Drittel geringer als zu Beginn unseres Jahrhunderts. Dabei lässt sich eine äusserst interessante Erscheinung beobachten. Der Vergleich der Schwankungen in den einzelnen Jahrfünften ergiebt, dass die Abnahme bis in die 50er Jahre sehr rasch vor sich ging, indem bereits 1856/60 der Stand von 3,04 erreicht wurde. Seitdem schwankte die Zahl der legitimen Geburten pro Eheschliessung, wenn man von der Katastrophe der 70er Jahre absieht, zwischen 3,15 im Zeitraum 1866/70 und 3,03 im Jahrfünft 1881/85. In den letzten Jahren trat nun wiederum ein rapides Sinken ein. Emile Levasseur und eine Reihe anderer französischer Forscher konstatieren zwar dieses langsame Sinken bis zur Mitte der 80er Jahre,[1]) geben aber dafür keine Erklärung. Die Ursache dieser Erscheinung wird im folgenden näher behandelt. Vorher muss jedoch mit einigen Worten der ehelichen Geburtenhäufigkeit in verschiedenen Ländern gedacht werden. Diese betrug nach Bodio im Jahresdurchschnitt 1874/91 pro 1000 verheirateter Frauen im Alter von 15 bis 50 Jahren in Deutschland ca. 270, in Belgien ca. 265, in England (einschl. Wales) ca. 250, in Frankreich dagegen nur ca. **163.**

Sofern es sich nun um die Thatsache selbst handelt, dass die Geburtenfrequenz in Frankreich sehr gering ist und dazu noch eine ausgesprochene Tendenz zur Abnahme zeigt, so lässt sich heutzutage darüber nicht mehr streiten. Bei der Ermittelung der Ursachen des Bevölkerungsstillstandes kann es sich aber nicht um die sekundären Ursachen, in unserem Falle um die geringe Geburtenfrequenz handeln, sondern um die Feststellung der primären Ursachen, d. h. um die Ermittelung von Faktoren, welche diese geringe Geburtenfrequenz verursacht haben und andauern lassen. Hier liegt der Kern der Frage, mit deren Lösung sich die französischen Gelehrten und Politiker seit Jahrzehnten beschäftigen.

Wir wollen uns zunächst die vorhandenen Erklärungen dieser Erscheinung ansehen.

---

[1]) Levasseur glaubte sogar daraus schliessen zu können, dass eine weitere Verschlechterung kaum eintreten werde.

Als eine der Hauptursachen des langsamen Bevölkerungszuwachses wurde und wird noch gegenwärtig von vielen französischen Forschern das rasche Wachsen der Grosstädte angeführt. Die Grosstädte, sagen sie, wachsen auf Kosten der Landgemeinden. Durch die daraus resultierende Bevölkerungsabnahme der Landgemeinden werde aber die Hauptquelle der Geburten des Landes verstopft. Um die Geburtenfrequenz zu erhöhen, müsse man daher das Wachsen der Grosstädte zu verhindern suchen.

Die Klagen über die Landflucht und ihre destruktiven Wirkungen sind in Frankreich gleich wie in England und Deutschland seit dem Ausgang des Mittelalters fast zu allen Zeiten anzutreffen. Schon im 16. Jahrhundert finden sich Angaben darüber bei Guy Coquille. Und Karl der Fünfte soll gelegentlich dem König Franz dem Ersten gesagt haben: „Vergessen Sie nicht diese Wahrheit, mein Bruder: Die Hauptstädte, wo die notleidenden Klassen durch ihre Zahl herrschen, werden unausbleiblich das Grab der Königreiche und der grossen Nationen werden.“[1])

Im 17. Jahrhundert war es der berühmte Minister Ludwigs XIV., Colbert, der unter anderen Massnahmen eine Erhöhung der Munizipaltaxen durchführen wollte, um den Landleuten sowie den Handwerkern der kleinen Städte den Aufenthalt in Paris und anderen Grosstädten zu erschweren oder gar ganz unmöglich zu machen und auf diese Weise der Entvölkerung des platten Landes vorzubeugen. „Ohne diesen heilsamen Damm, sagte er, den man jedesmal, wenn ein Stein sich losreisst, mit Granit befestigen muss, würden die wilden Fluten der Provinz Paris überschwemmen und diese Stadt im Laufe eines halben Jahrhunderts in eine unermessliche Proletarierstätte verwandeln, was eine der verderblichsten Umwandlungen für das Königreich wäre.“[2])

Ähnliche Ansichten vertrat auch J. J. Rousseau. Es sind die Grosstädte, sagt der berühmte Verfasser des Contrat Social, die den Staat erschöpfen und seine Schwäche verursachen. Und im Gegensatz dazu erklärt er: „Das Dorf creirt die Bedeutung des Landes und die ländliche Bevölkerung hat die Nation geschaffen.“[3])

---

[1]) Vgl. Dunant, Influence de l'immigration de la population des campagnes dans les villes, Annales de démographie internationale 1877, S. 430 ff.

[2]) Vgl. Valentin Smith, Note sur le danger de l'accroissement etc., S. 17.

[3]) Vgl. Bertheau, Essai sur les lois de la population, S. 386, sowie Schöne, Histoire de la population française, S. 290.

Ewigen Klagen über die Landflucht begegnen wir ferner in den Schriften fast aller Physiokraten. Wesentlich unter ihrem Einfluss hat im Jahre 1785 eine Kommission diese Frage lange beraten.[1]) Und ebenso wird in den zahlreichen Denkschriften, die nach dem Ausbruch der Revolution den Generalstaaten überreicht wurden, dringend die endliche Ergreifung von strengen Massnahmen zur Bekämpfung dieses Übels verlangt.

Der Konvent, für den die Existenz und die grosse Bedeutung dieses Übelstandes ausser Zweifel war, übertrug das Studium einer seiner Kommissionen, die ihm bald einen Gesetzentwurf zur Sanktionierung überreichte, der den ländlichen Arbeitern, die eine bestimmte Zahl von Jahren in der Landwirtschaft thätig waren, eine aus Staatsgeldern fliessende Rente zusprach. Das Dekret wurde aber, wie es scheint, nie zur Ausführung gebracht.[2])

Am Ende der 50er Jahre war es u. a. Valentin Smith, der in einem Referate, erstattet an die Akademie des Sciences etc. in Lyon, die öffentliche Aufmerksamkeit auf diesen Gegenstand zu lenken suchte. „Das platte Land allein," erklärt er,[3]) „bildet das Reservoir der Bevölkerung, auf deren Zuwachs vor allen Dingen die Zukunft der Nation ruht . . . Wohlan! Die Statistik zeigt, dass die Verlangsamung des Bevölkerungszuwachses in Frankreich genau mit der Entwickelung der Städte Schritt hält. Indem man die Städte abnorm wachsen lässt, kreirt man Bevölkerungsschichten, die stets über einem Abgrund zu hängen scheinen; denn sie basieren auf einem mehr fiktiven als reellen Kapital und sind beständig den Launen des Luxus, sowie den industriellen und politischen Wechselfällen und Schicksalschlägen ausgesetzt. Hierin unterscheiden sie sich wesentlich von der ländlichen Bevölkerung, die zwar von den Unbilden des Wetters hart betroffen werden kann, die aber im Grund und Boden stets ein unveränderliches und sich immer ersetzendes Kapital besitzt, das den Besitzer nie gänzlich verlässt."

In neuerer Zeit wurden gleiche Ansichten über die verderblichen Wirkungen der Landflucht von Dunant, Bertillon Vater, Lagneau, Cheysson, Toussaint Loua, Arsène Dumont,

---

[1]) Vgl. Artikel Dépopulation im Sayschen Dictionnaire d'économie politique Band I, S. 693.

[2]) Vgl. Legoyt, Du progrès des agglomérations urbaines, S. 11.

[3]) Vgl. Note sur le danger de l'accroissement des villes par la dépopulation des campagnes. Lyon 1858, S. 12 ff.

Bertheau u. a. m. ausgesprochen. Dunant nimmt z. B., ähnlich wie Valentin Smith, als erwiesen an, dass der Bevölkerungsstillstand mit dem rapiden Wachstum von Paris und von anderen Grossstädten zusammenhänge.[1]) Der berühmte Demograph Bertillon Vater nennt die Grossstädte — eine für die moralische wie für die physische Gesundheit unheilvolle Ansammlung.[2]) Und sein Kollege, der Akademiker Lagneau, erklärte die Einschränkung der Wanderung von den Dörfern in die Städte als eines der Hauptmittel zur Herbeiführung eines schnelleren Bevölkerungszuwachses.[3]) In Übereinstimmung damit sagt Cheysson, dass vom Standpunkt der Faktoren, die die Bevölkerungsbewegung regeln, der Einfluss der Grossstädte nicht günstig sei und dass das gleiche auch für die grossen industriellen Bevölkerungsagglomerationen zutreffe.[4]) Und Arsène Dumont, dessen Theorie über die Ursachen des Bevölkerungsstillstandes wir bald des näheren erörtern werden, klagt darüber, dass die Abnahme der fruchtbaren ländlichen Bevölkerung infolge der Auswanderung nach den Städten die ohne dies trostlos geringe Geburtenfrequenz noch verschlimmern müsse.[5]) Ähnlich erklärt ferner auch Bertheau, die Hauptquelle der Fruchtbarkeit einer Nation sei die ländliche Bevölkerung.[6]) Und Jacques Bertillon in seiner 1897 erschienenen Schrift sagt: „Or, combattre la dépopulation des campagnes, c'est combattre la dépopulation de la France.“[7])

Das Schlagwort von der destruktiven Einwirkung der städtischen Hypertrophie auf den Bevölkerungszuwachs des Landes wurde so oft wiederholt, dass es nachgerade kein Wunder ist, wenn es in Frankreich zu einem Gemeinplatz geworden ist, der, so oft man dort das Thema des Bevölkerungsstillstandes berührt, von allen Seiten ausgesprochen wird. Wie wenig dabei übrigens die Praxis den zur Schau getragenen Auffassungen entspricht, das verspottet Levasseur mit feiner Ironie: „Das

---

[1]) Influence de l'immigration, Annales de démographie 1877, S. 430 ff.

[2]) Mouvement de la population, Annales de démographie internationale 1877, S. 180 ff.

[3]) Du dépeuplement et de la décroissance de population. Orléans 1883, S. 37.

[4]) La question de la population en France. Journal de la Soc. de Stat. de Paris, 1883, S. 453, 457 ff.

[5]) Dépopulation et civilisation, Paris 1890, S. 83 ff.

[6]) Vgl. Essai sur les lois de la population, Paris 1892. S. 389 ff.

[7]) Le problème de la dépopulation, Paris 1897, S. 53.

Bürgertum klagt über die Entvölkerung des platten Landes und holt sich seine Dienstboten aus den Dörfern. Man muss die Fremdeninvasion in Frankreich verhindern, sagt der Kaufmann, — und entlässt seinen französischen Kommis, um einen Schweizer anzustellen, weil dieser auch die deutsche Sprache versteht. Man wünscht sich in Frankreich keine Kinder mehr. Das ist die Decadence der römischen Kaiserzeit! So kann man es in den Salons von Leuten hören, die unglücklich wären, hätten sie mehr als ein Kind. Und im Klub, wo jeder von der Maitresse seines Nachbarn zischelt, klagt man laut über die Zunahme der Sittenlosigkeit und der unehelichen Geburten."[1])

Dass die französischen Agrarier sich gerne der Argumente gegen das Städtewachstum bedienen, bedarf keiner weiteren Erklärung. „Alle Anstrengungen, unser Ziel zu erreichen, sagt z. B. Bablot-Maitre, werden frucht- und ergebnislos bleiben, wenn wir der Landflucht kein Ende machen. Wir können nur dann einen Erfolg erwarten, wenn wir unserer Agrikultur die Prosperität zurückgeben, die ehemals die Kraft und Macht unseres Landes ausgemacht hat."[2])

Angesichts aller dieser Äusserungen bleibt uns kein anderer Ausweg übrig, als eine Untersuchung hinsichtlich der Richtigkeit oder Unrichtigkeit der Behauptungen anzustellen, denen zufolge das Anwachsen der Grosstädte eine der wichtigsten Ursachen des Bevölkerungsstillstandes bilde. Die Hauptfragen, die dabei beantwortet werden müssen, sind folgende:

1. Wie gross war der Bevölkerungszuwachs der französischen Grosstädte im Laufe dieses Jahrhunderts?
2. Ist das rasche Wachsen der Grosstädte eine nur Frankreich eigentümliche Erscheinung?
3. Nimmt die Bevölkerung französischer Grosstädte rascher oder langsamer als die Bevölkerung deutscher und englischer Grosstädte zu? und
4. Wodurch wird die raschere oder langsamere Bevölkerungszunahme französischer Grosstädte bedingt?

Im Jahre 1801 waren in Frankreich[3]) nur 3 Städte mit einer Bevölkerung von über 100000 Einwohnern vorhanden und zwar

[1]) La population française, Journal de la Soc. de Stat. 1892, S. 306 ff.
[2]) La crise agricole, Chalons-sur-Marne 1887, S. 39.
[3]) Elsass-Lothringen wird in den nachstehenden Ausführungen ausser Betracht gelassen.

Paris mit etwa 548000, Marseille mit etwa 111000 und Lyon mit ca. 110000. Ausserdem zählte man noch 5 Städte mit 50 bis 100000 Einwohnern und zwar: Bordeaux mit ca. 91000, Rouen mit ca. 87000, Nantes mit ca. 74000, Lille mit ca. 55000 und Toulouse mit ca. 50000. Zusammengenommen hatten also diese 8 Städte eine Bevölkerung von ca. 1126000 aufzuweisen, was etwa $4^1/_2$% der Gesamtbevölkerung Frankreichs ausmachte.

50 Jahre später zählte man in Frankreich bereits 12 Städte mit mehr als 50000 Einwohnern. Die erste Stelle nahm wieder Paris mit ca. 1053000 Einwohnern ein. Ihm folgten die Städte Marseille, Lyon und Bordeaux, von denen jede mehr als 100000 Einwohnern zählte. Die übrigen 8 hatten 50 bis 100 Tausend Einwohner.

Die letzte Volkszählung vom Jahre 1896 zeigt wiederum ein bedeutendes Anwachsen der grösseren Bevölkerungsagglomerationen, indem man in diesem Jahr 34 Städte mit mehr als 50000 Einwohnern ermittelte. Darunter hatten 12 eine Bevölkerung von über 100000 Einwohnern und zwar: Paris 2537000, Lyon 466000, Marseille 442000, Bordeaux 257000, Lille 216000, Toulouse 150000, St. Etienne 136000, Roubaix 125000, Nantes 124000, Le Havre 119000, Rouen 113000 und Reims 108000.

Verfolgt man seit Beginn dieses Jahrhunderts den Bevölkerungszuwachs aller Städte, die 1896 mehr als 50000 Einwohner hatten, so ergiebt sich nachstehende Übersicht:

Städte	Bevölkerung			
	1801	1836	1866	1896
Paris	548000	899000	1825000	2512000
Lyon	110000	151000	324000	467000
Marseille	111000	146000	300000	447000
Bordeaux	91000	99000	194000	257000
Lille	55000	72000	155000	216000
Toulouse	50000	77000	127000	149000
St. Etienne	16000	42000	97000	136000
Roubaix	8000	?	65000	125000
Nantes	74000	76000	112000	124000
Le Havre	16000	26000	75000	118000
Rouen	87000	92000	101000	113000
Reims	20000	38000	61000	108000
Nancy	30000	31000	50000	96000
Toulon	21000	35000	77000	95000
Nizza	"	"	(50000)	(107000)

Städte	Bevölkerung 1801	1836	1866	1896
Amiens	40000	46000	61000	88000
Limoges	21000	30000	53000	78000
Angers	33000	36000	55000	76000
Nîmes	39000	43000	60000	74000
Brest	27000	30000	80000	72000
Montpellier	34000	36000	56000	74000
Tourcoing	12000	?	38000	73000
Rennes	26000	36000	49000	69000
Dijon	21000	25000	39000	67000
Orléans	36000	40000	49000	66000
Grenoble	24000	29000	40000	64000
Tours	22000	27000	42000	64000
Le Mans	17000	23000	45000	60000
Besançon	30000	30000	47000	58000
Calais	3000	?	17000	56000
Versailles	25000	29000	44000	54000
St. Denis	4000	9000	26000	54000
Troyes	24000	26000	36000	53000
Clermont-Ferrand	24000	32000	38000	50000
	1699000	2311000[1])	4438000[2])	6212000[2])

Die zahlreichen Eingemeindungen, die im Laufe des Jahrhunderts erfolgt sind, erschweren den Vergleich des Bevölkerungszuwachses in den einzelnen Zeitperioden. Die Eingemeindung der Bannmeile von Paris zu Beginn der 60er Jahre verursachte z. B. allein einen Bevölkerungszuwachs von 348000 Personen. Ähnliche Erweiterungen hatten die Gesetze von 1852 und 1858 für Lyon und Lille zur Folge. Die Bevölkerung dieser Städte die zur Zeit der Volkszählung von 1851 177000 bezw. 76000 betragen hat, ist wesentlich unter dem Einfluss der Eingemeindungen im Jahre 1861 auf 319000 bezw. 132000 gestiegen. Begnügt man sich daher nur mit annähernden Vergleichen, so kann aus der letzten Übersicht entnommen werden, dass das rasche Anwachsen der grossen Städte weder eine neue Erscheinung ist, noch dass es in den letzten Jahren besonders stark hervortritt. Die Unwahrscheinlichkeit eines Zusammenhanges zwischen dem Bevölkerungsstillstand und dem Anwachsen der

[1]) Ohne Roubaix, Tourcoing und Calais, deren Bevölkerung auf 60 bis 70 Tausend geschätzt werden kann.

[2]) Ohne Nizza.

grossen Städte kann dabei durch nachstehende Gegenüberstellung klargelegt werden. Der Anteil aller oben genannten Städte an der Gesamtbevölkerung des Landes und der Überschuss der Geburten über die Sterbefälle betrugen nämlich:

	1801	1836	1866	1896
Anteil der Bevölk. der oben gen. 34 Städte an der Gesamtbevölk. Frankreichs	6,3%	7,1%	12,3%	16,4%
	1801—1810	1831—1840	1861—1870	1890—1897
Überschuss der Geburten über die Sterbefälle pro 1000 Personen der mittleren Bevölkerung Frankreichs . .	3,9	4,0	3,4	0,5

Obwohl die Bevölkerung der grossen Städte auch früher, insbesondere von 1836 bis 1866, rasch zugenommen hat, lässt sich eine bedeutende Abnahme des Überschusses der Geburten über die Sterbefälle nur in der letzten Zeitperiode beobachten.

Wendet man sich nunmehr der Frage zu, ob denn das rasche Anwachsen der Grosstädte nur in Frankreich beobachtet werden könne, so lautet die Antwort, dass diese Erscheinung fast ausnahmslos in allen Kulturländern zu Tage tritt. Da nun diese Länder trotzdem einen grossen Bevölkerungszuwachs aufweisen, so könnten die Grosstädte nur dann als eine wirkliche Ursache des Bevölkerungsstillstandes in Frankreich betrachtet werden, wenn nachgewiesen werden könnte, dass die französischen Grosstädte viel rascher wachsen als die Grosstädte in anderen Ländern, z. B. in England und Deutschland, d. h., wenn dieses vermeintliche Übel[1]) caeteris paribus dort stärker aufgetreten wäre.

Zunächst muss dabei festgestellt werden, wie gross denn eigentlich die Zahl der Grosstädte in Frankreich, Deutschland und England ist? Fasst man unter dem Begriff „Grosstadt" alle Städte mit über 100000 Einwohnern auf, so belief sich ihre Anzahl nach den Ergebnissen der letzten Volkszählungen in

[1]) In seinem Schriftchen „La Statistique humaine de la France" (S. 32) vertritt Jacques Bertillon die Ansicht, dass in anderen Ländern, in denen die Städte ebenfalls viel rascher als die Dorfbevölkerung wachsen, sich niemand darüber beklage. Der Irrtum, der dieser Auffassung zu Grunde liegt, lässt sich aus zahlreichen Citaten ersehen, die in meiner Schrift „Berufsgliederung und Reichtum" gelegentlich der Besprechung der Landflucht in England angeführt sind. Ähnliche Feststellungen für Bayern sind in meiner Abhandlung „Aus den Ergebnissen der bayerischen Agrarenquête", Jahrbücher für Nationalökonomie und Statistik 1896, II. Band, zu finden.

Deutschland auf 28,[1]) in England und Wales, auf 24,[2]) in Frankreich dagegen, wie wir oben bereits gesehen haben, nur auf 12.

Da die letzte Volkszählung in Frankreich im Jahre 1896, der letzte Census in England aber 1891 vorgenommen wurde, so wird die Zahl der englischen Grosstädte auf gegen 30 berechnet werden müssen.

Schon hinsichtlich der Zahl der Grosstädte steht demnach Frankreich mit 12 Grosstädten hinter Deutschland mit 28 und England mit ca. 30 sehr weit zurück!

Die Resultate gestalten sich aber noch interessanter, wenn man den Bevölkerungszuwachs der Grosstädte dieser Länder in den letzten zwei Jahrzehnten — dem Zeitabschnitt, in welchem dieses Wachstum sehr stark hervortrat — ins Auge fasst. Grösserer Sicherheit wegen werden dabei nur die Ergebnisse der Volkszählungen, nicht aber die sogenannten Fortschreibungen berücksichtigt. Um die Entwickelungstendenzen klarer hervortreten zu lassen, werden ferner London, Paris und Berlin vorläufig weggelassen und nur der Bevölkerungszuwachs der übrigen Grosstädte in diesen Ländern untersucht.

Was zunächst England und Wales betrifft, so vermehrte sich dort die Bevölkerung der nach Weglassung Londons übrig bleibenden 23 Grosstädte von 1871 bis 1891 von 3,6 auf 5 Millionen. Der Zuwachs betrug demnach ca. 1,4 Millionen oder ca. 38%.

Die Bevölkerung der nach Ausschluss von Berlin in Deutschland übrig bleibenden 27 Grosstädte vermehrte sich von 1875 bis 1895 von ca. 2,9 auf ca. 5,6 Millionen. Die Zunahme betrug demnach ca. 2,7 Millionen oder etwa 93%.

Die Bevölkerung der nach Ausschluss von Paris in Frankreich übrig bleibenden 11 Grosstädte stieg dagegen von 1876 bis 1896 nur von ca. 1,8 auf ca. 2,3 Millionen. Der Zuwachs

---

[1]) Aachen mit 111 Tausend Einw., Altona 149, Barmen 127, Berlin 1677, Braunschweig 115, Bremen 142, Breslau 373, Charlottenburg 132, Chemnitz 161, Danzig 126, Dortmund 111, Dresden 336, Düsseldorf 176, Elberfeld 139, Frankfurt a. M. 229, Halle a. S. 116, Hamburg 626, Hannover 210, Köln 322, Königsberg 173, Krefeld 107, Leipzig 400, Magdeburg 214, München 407, Nürnberg 162, Stettin 141, Strassburg 136, Stuttgart 158.

[2]) Birmingham mit 478 Tausend, Blackburn 120, Bolton 115, Bradford 216, Brighton 116, Bristol 222, Cardiff 129, Croydon 103, Hull 200, Leeds 367, Leicester 175, Liverpool 518, London 4232, Manchester 505, Newcastel 186, Norwich 101, Nottingham 214, Oldham 131, Portsmouth 159, Preston 108, Salford 198, Sheffield 324, Sunderland 131, Westham 205.

betrug demnach weniger als eine halbe Million oder ca. 27 %. Daraus ist zu ersehen, dass der Bevölkerungszuwachs französischer Grosstädte in dem untersuchten 20 jährigen Zeitraume absolut wie relativ weit hinter dem Zuwachs deutscher wie englischer Grosstädte zurückblieb.

Ähnliches lässt sich vom Wachstum der Städte mit 50 000 bis 100 000 Einwohnern berichten. Ihre Gesamtzahl belief sich zur Zeit der letzten Volkszählungen in England und Wales auf 37, in Deutschland auf 29, in Frankreich dagegen nur auf 22. Die Gesamtbevölkerung dieser Städte stieg in den bezeichneten 20jährigen Zeitperioden folgendermassen:

In England und Wales von 1,7 auf 2,6 Mill., d. h. um ca. 900 000 oder ca. 53 %;

in Deutschland von 1,2 auf 2 Mill., d. h. um ca. 800 000 oder 69 %;

in Frankreich dagegen nur von 1,17 auf 1,54 Mill., d. h. um ca. 370 000 oder 32 %.

Auch die Städte mit 50 000 bis 100 000 Einwohnern waren demnach in Frankreich weniger zahlreich und wiesen einen viel schwächeren Zuwachs auf als in Deutschland und England.

Fasst man nun die Bevölkerung aller Städte mit über 50 000 Einwohnern einschliesslich von London, Paris und Berlin ins Auge, so ergeben sich folgende Zahlen:

Die Bevölkerungszunahme betrug in England und Wales (61 Städte) ca. 3,3 Mill. oder 38 %, in Deutschland (57 Städte) ca. 4,2 Mill. oder 82 %, in Frankreich (34 Städte) dagegen nur 1,4 Mill. oder **29** %.

Berechnet man ferner das Verhältnis der Bevölkerung sämtlicher Städte mit über 50 000 Einwohnern zur Gesamtbevölkerung, so ergeben sich nachstehende Prozentzahlen:

In Frankreich (1896) inkl. Paris ca. 16 %, ohne Paris ca. 10 %;

in Deutschland (1895) inkl. Berlin ca. 19 %, ohne Berlin ca. 15 %;

in England und Wales (1891) inkl. London ca. 41 %, ohne London ca. 26 %.

Dabei muss noch hervorgehoben werden, dass die schwache Vertretung der grosstädtischen Bevölkerung in Frankreich keineswegs nur ein Merkmal der Neuzeit ist. Dies lässt sich ohne weiteres ersehen, wenn man die Bevölkerung der grösseren

Städte Frankreichs und Englands und deren Verhältnis zur Gesamtbevölkerung beider Länder in früherer Zeit ermittelt. Die Bevölkerung der Städte mit über 50 000 Einw. betrug nämlich:

im Jahre	in Frankreich (34 Städte)	im Jahre	in England (61 Städte)
1836	2420000[1])	1841	4818000
1896	6320000	1891	11872000
Zunahme	3900000		7054000
Durchschnittlicher jährlicher Bevölkerungszuwachs . .	ca. 65000		ca. 141000

Der Vergleich der Daten für beide Länder ergiebt, dass die 34 Städte Frankreichs, die 1896 mehr als 50 000 Einwohner hatten, im Jahre 1836 nur ca. 2,4 Millionen Einwohner zählten, was bei einer Gesamtbevölkerung von ca. 33,5 Millionen etwa 7,1 % ausmachte. Demgegenüber zählte man im Jahre 1841 in den 61 englischen Städten, in denen 1891 mehr als 50000 Einwohner ermittelt wurden, bei einer Gesamtbevölkerung des Landes von ca. 15,9 Millionen mehr als 4,8 Millionen Personen. Die Bevölkerung dieser Städte machte demnach in England schon in jener Zeit etwa **30** % der Gesamtbevölkerung aus. Ähnliches lässt sich von dem Bevölkerungszuwachs in London und Paris im Zeitraum 1801 bis 1830 feststellen. Dieser betrug:[2])

Im Jahresdurchschnitt	Jährlicher Bevölkerungszuwachs in London absolut	in London in %	in Paris absolut	in Paris in %
1801—1810	18000	1,9	7600	1,4
1811—1820	24000	2,1	8200	1,3
1821—1830	28000	2,0	14900	1,9

Angesichts aller dieser Thatsachen kann man wohl kaum vom Überreichtum Frankreichs an Grosstädten reden. Jedem unbefangenen Forscher wird sich vielmehr unwillkürlich der Gedanke aufdrängen müssen, ob es nicht im Gegenteil gerade der Mangel an Grosstädten sei, der eine der Hauptursachen des Bevölkerungsstillstandes in diesem Lande geworden ist.

Wie berechtigt ein solcher Schluss wäre, wird sich später zeigen, wenn wir die Ursachen dieses langsamen Anwachsens der Bevölkerung in den französischen Grosstädten betrachten werden. Vorher müssen hier zwei andere bisher wenig berücksichtigte aber ausserordentlich wichtige Umstände erwähnt werden.

[1]) Die Bevölkerung von Nizza, Roubaix, Tourcoing und Calais musste schätzungsweise ermittelt werden.

[2]) Vgl. Legoyt, Londres, Paris etc. Journal de la Soc. de Stat. 1867, S. 199 ff.

Der erste ist, dass, abgesehen von Paris, in Frankreich im Jahre 1896 von 11 sogenannten Grossstädten nur 2 — Lille und Bordeaux — eine Bevölkerung von 200000 bis 300000 und weitere 2 — Marseille und Lyon — eine solche von über 300000 hatten. In Deutschland gab es dagegen bereits 1895 — abgesehen von Berlin — unter 27 Grossstädten 3: Hannover, Magdeburg und Frankfurt a. M. mit einer Bevölkerung von 200000 bis 300000, und 6: Köln, Dresden, Breslau, Leipzig, München, Hamburg mit einer Bevölkerung von über 300000 Personen. In England endlich zählte man 1891, abgesehen von London, 5 Städte: Hull, Westham, Nottingham, Bradford, Bristol mit 200000 bis 300000 und weitere 5: Sheffield, Leeds, Birmingham, Manchester, Liverpool von über 300000 Einwohner. Daraus lässt sich mit genügender Klarheit ersehen, dass Frankreich sehr arm an wirklichen Grossstädten ist. Denn zieht man die bekannte Erscheinung in Erwägung, dass die Grossstädte eine um so grössere Anziehungskraft ausüben, je grösser ihre Bevölkerung ist, so hat Frankreich, das einschliesslich Paris nur 5 Städte mit mehr als 200000 Einwohnern zählt, relativ sehr wenig solcher Anziehungspunkte im Vergleich zu Deutschland mit 10 und England mit 11 Städten mit über 200000 Einwohnern. Dieses Verhältnis würde sich noch mehr zu Ungunsten Frankreichs verschieben, wenn nicht für Frankreich die Zahlen von 1896, für England aber erst die von 1891 berücksichtigt werden könnten. Ein noch wichtigeres Moment ist vielleicht die eigentümliche geographische Verteilung der französischen Grossstädte. Sie liegen mit wenigen Ausnahmen in der Nähe der Grenzen, während das Innere des Landes — im Gegensatz zu England und Deutschland — nur wenige Grossstädte aufweist. Die grosse Bedeutung dieses Momentes tritt sofort zu Tage, wenn man sich die durch zahlreiche Untersuchungen festgestellte Thatsache vergegenwärtigt, dass die Grossstädte ihre Anziehungskraft vorwiegend auf die sie unmittelbar umgebenden Gebiete ausüben.[1])

* * *

[1]) Vgl. darüber die interessante Debatte zwischen Turquan und J. Bertillon in der Pariser statistischen Gesellschaft (Les migrations intérieures etc. Journal de la Soc. de Stat. 1896). Ebendaselbst wird die interessante Thatsache festgestellt, dass die Einwanderer sich gewöhnlich in unmittelbarer Nähe des Bahnhofs ansiedeln, auf dem sie in Paris eingetroffen sind; so z. B. die Einwanderer aus den Departements Nord, Pas-de-Calais, Somme etc. in der Umgebung des Nordbahnhofs, die aus der Bretagne in der Umgebung des Bahnhofs Montparnasse etc. etc.

Nachdem wir den Entwickelungsgang französischer, deutscher und englischer Grosstädte — so weit das trotz zahlreicher Hindernisse: Verschiedenheit hinsichtlich des Zeitpunktes der Volkszählungen, der Eingemeindungen u. s. w. möglich war — kennen gelernt haben, ist es notwendig, diesen Angaben einige Daten über die Bevölkerungsvermehrung auf dem platten Lande hinzuzufügen.

Es ist allgemein bekannt, dass die Zahl der in der englischen Landwirtschaft beschäftigten Personen seit langem in stetiger Abnahme begriffen ist. Allein von 1871 bis 1891 verminderte sich dort z. B. die Zahl der selbständig wirtschaftenden Personen von ca. 250000 auf ca. 224000 und die Zahl der landwirtschaftlichen Arbeiter und Dienstboten von ca. 959000 auf ca. 759000.[1]) Ein ähnliches Ergebnis — oder wenigstens eine relative Abnahme der Bedeutung der Landwirtschaft als Erwerbsquelle — wurde auch bei der letzten Berufszählung für die Mehrzahl der deutschen Staaten ermittelt. Die Gesamtzahl der von der Landwirtschaft direkt oder indirekt ernährten Personen verminderte sich z. B. in Preussen von 11,9 auf 11,38 Millionen, in Bayern von 2,08 auf 2,65, in Sachsen von 602000 auf ca. 565000, in ganz Deutschland von ca. 19,2 auf 18,5 Millionen. Es frägt sich nun, wie sich denn eigentlich diese Verhältnisse in Frankreich gestaltet haben.[2])

Die französische Berufsstatistik giebt auf diese Frage folgende Antwort: Von je 10000 Personen der Bevölkerung, d. h. Erwerbsthätigen, Dienenden und Familienangehörigen zusammengenommen, fanden ihre Nahrung:

Im Jahre	In der Landwirtschaft	In der Industrie	Im Handel	In den liberalen Berufsarten
1851[3])	5687	2768		1115
1856	5294	2907	453	906
1861	5316	2735	392	919
1866	5149	2879	399	948

1) Näheres darüber vgl. Berufsgliederung und Reichtum, S. 61 ff.

2) Vgl. Statistisches Jahrbuch für das Deutsche Reich, 1898, S. 14 ff.

3) Die Fragen hinsichtlich des Berufes der Bevölkerung wurden nach Toussaint Loua bereits bei der Volkszählung von 1836 gestellt, aber nicht weiter verarbeitet. Vgl. Toussaint Loua, Les accroissements de la population de France, J. de la Soc. de Stat. 1886, S. 86 ff. Weitere Angaben über die Geschichte des Volkszählungswesens in Frankreich sind zu finden bei Maurice Block, Dictionnaire de l'Administration française, III. Auflage, Paris 1891, S. 1829 ff.

Im Jahre	in der Landwirtschaft	In der Industrie	Im Handel	In den liberalen Berufsarten
1872	5271 [1]	2406 [1]	843	1116 [1]
1876	5304	2593	1073	1030
1881	5003	2556	1053	1016
1886	4782	2517	1150	1109
1891 [2]	4733	2589	1076	1082

Seit Mitte dieses Jahrhunderts zeigt demnach die französische Landwirtschaft die gleichen Tendenzen, wie wir sie in Deutschland und England beobachtet haben. Die Zahl der direkt oder indirekt von der Landwirtschaft lebenden Personen ist auch hier in Abnahme begriffen, was besonders seit 1876 regelmässig zu Tage tritt. Hier findet aber die Ähnlichkeit ihren Abschluss. Denn während in England und Deutschland die letzten Jahrzehnte eine schnelle Zunahme der von der Industrie und dem Handel lebenden Personen aufweisen, zeigen diese Schichten in Frankreich einen ziemlichen Stillstand. Belief sich doch 1876 und 1891 der Anteil der von der Industrie und vom Handel lebenden Bevölkerung nur auf 3666 bezw. 3665 von je 10 000 Personen.

Die ungenügende Zuverlässigkeit [3]) der französischen Berufsstatistik gestattet es aber nicht, sich allein mit ihren Angaben zu begnügen. Um die Abnahme der Bedeutung der Landwirtschaft als Erwerbsquelle mit ausreichender Sicherheit nachzuweisen, müssen daher noch andere Beweise gesucht werden.

In erster Linie sind wir dabei auf die Verteilung der Bevölkerung nach Kommunen verschiedener Grössenklassen angewiesen. Für die Zeit von 1836 bis 1861 hat Legoyt folgende Verschiebungen festgestellt. In diesem 25jährigen Zeitraum hat

---

[1]) Die Abnahme von 1866 bis 1872 erklärt sich zum Teil durch den Verlust von Elsass-Lothringen, zum Teil durch die veränderte Gruppierung. Ein Teil der früher der Industrie zugeteilten Personen wurde nämlich 1872 dem Handel zugewiesen.

[2]) Von den Ergebnissen der 1896 veranstalteten Berufszählung sind zur Zeit der Veröffentlichung dieser Schrift nur Angaben über einen Teil der Departements erschienen.

[3]) In seiner Schrift „La France économique“ (Vorwort, s. VI) äussert sich darüber Alfred de Foville in sehr drastischer Weise: „Die Berufsgliederung der französischen Bevölkerung, wie sie auf Grund unserer alle 5 Jahre wiederkehrenden Volkszählungen festgestellt wird, ist eine wahre Falle, die man dem Leser stellt.“

sich die Bevölkerung der Kommunen verschiedener Grössenklassen folgendermassen vermehrt resp. vermindert:[1])

Kommunen	Bevölkerungszuwachs.
mit weniger als 5000 Einw.	— 1,2 %
„ 5000 bis 10000 „	+ 8,8 „
„ 10000 „ 20000 „	+ 42,1 „
„ mehr als 20000 „	+ 60,5 „

Legoyt verzeichnet dabei leider nicht die Zahl der Kommunen, die 1836 und 1861 in den einzelnen Grössenklassen vorhanden war. Seine Angaben hinsichtlich der Zu- wie der Abnahme erscheinen demnach etwas grösser, als diese in Wirklichkeit waren.

Frei von diesem Mangel sind dagegen nachstehende Mitteilungen der Statistique générale und der Volkszählung von 1886 für die Zeit von 1836 bis 1861 bezw. von 1861 bis 1886. Die erste Quelle[2]) liefert Angaben über den Bevölkerungszuwachs der 170 Städte Frankreichs, die 1836 mehr als 5000 Einwohner zählten. Ihr Bevölkerungszuwachs betrug:

	Durchschnittliche jährliche Bevölkerungszunahme	
	der 170 Städte mit mehr als 5000 Einw.	der übrigen Kommunen
1836/41	1,71 %	0,22 %
1841/46	2,14 „	0,46 „
1846/51	0,63 „	0,12 „
1851/56	2,42 „	— 0,18 „
1856/61	1,85 „	0,02 „

Ähnlich gestaltete sich die Entwickelung im Zeitraum von 1861 bis 1886, in welchem die Städte, die 1886 mehr als 10000 Einwohner hatten, einen durchschnittlichen jährlichen Zuwachs von ca. 1,6% aufwiesen, während die Bevölkerung der übrigen Kommunen ziemlich unverändert blieb.

Die gleiche Erscheinung tritt ferner zu Tage, wenn man den Bevölkerungszuwachs der Kommunen mit mehr als 2000 Einw. mit dem Bevölkerungsstand der Kommunen mit unter 2000 vergleicht. Da diese Daten seit 1846 in gleicher Weise gesammelt und geordnet werden, so lassen sich mit ihrer Hilfe die Entwickelungstendenzen bis in die Gegenwart verfolgen.

---

[1]) Legoyt, Du mouvement de la population dans les villes et campagnes, Journal de la Soc. de Stat. de P. 1864, S. 208 ff.

[2]) Statistique générale de la France, deuxième série, Tome XIII, S. XVI.

	Bevölkerung der städtischen Kommunen	Bevölkerung der ländlichen Kommunen	Zusammen	Von je 100 Personen wohnten in den städtischen Kommunen	Von je 100 Personen wohnten in den ländlichen Kommunen
1846	8 647 000	26 754 000	35 401 000	24,4	75,6
1856	9 845 000	26 295 000	36 140 000	27,3	72,7
1866	11 595 000[1])	26 472 000[1])	38 067 000[1])	30,5	69,5
1876	11 977 000[2])	24 928 000[2])	36 905 000[2])	32,4	67,6
1886	13 767 000	24 452 000	38 219 000	35,9	64,1
1896	15 026 000	23 492 000	38 517 000	39,1	60,9

Die Bevölkerung der Kommunen mit unter 2000 Einwohnern, die man kurzweg als ländliche bezeichnet, war demnach seit Mitte der 40er Jahre in langsamer Abnahme begriffen, während der Bevölkerungszuwachs des Landes sich fast ausschliesslich auf die Kommunen mit über 2000 Einwohnern beschränkte. Zur besseren Charakteristik der Entwickelungstendenzen in den letzten Jahrzehnten ist es noch notwendig, die Verteilung sämtlicher Kommunen Frankreichs, nach verschiedenen Grössenklassen geordnet, anzuführen. Man zählte dort nämlich:

Kommunen mit	im Jahre 1876	im Jahre 1896	Zu- oder Abnahme
weniger als 300 Einw.	8 520	10 216	+ 20,0 %
301 bis 1 000 „	18 889	17 789	— 5,9 „
1001 „ 2 000 „	5 977	5 443	— 8,9 „
2001 „ 3 000 „	1 405	1 350	— 3,9 „
3001 „ 5 000 „	755	784	+ 3,9 „
5001 „ 20000 „	428	471	+ 10,1 „
mehr als 20000 „	82	117	+ 42,7 „
	36 056	36 170	+ 0,3 %[3])

Eine Zunahme ist demnach nur bei den kleinsten wie bei den grossen Kommunen zu verzeichnen, während die Zahl der Kommunen mit 300 bis 3000 Einwohnern sich von 26 271 auf 24 582 vermindert hat. Von dem Verlust dieser Grössenklasse,

[1]) Inzwischen Annexion von Nizza und Savoyen mit ca. 660 000 Einw. Vgl. darüber Résultats stat. du dénombrement de 1886, S. 22.

[2]) Inzwischen Verlust von Elsass-Lothringen mit ca. $1^1/_2$ Mill. Einw.

[3]) Diese Zunahme ist den Teilungen der Kommunen in selbständige Verwaltungseinheiten zuzuschreibeu. Dementsprechend wurde bei Berücksichtigung dieses Momentes auch die Zunahme der kleinsten Kommune sowie die Abnahme der mittleren etwas geringer ausfallen.

der sich auf ca. 1700 Kommunen belief, fielen aber nur 107 Kommunen den höheren Grössenklassen, während der Rest — zum überwiegend grössten Teil durch Entvölkerung — in die unteren Klassen überging. Daraus lässt sich ferner ersehen, dass man in Frankreich im Jahre 1876 2670 Kommunen mit mehr als 2000 Einwohner zählte, gegen 2722 im Jahre 1896. Die Zahl dieser Kommunen hat sich demnach nur um 52 vermehrt. Die Gesamtbevölkerung dieser Kommunen betrug aber 1876 ca. 12 Millionen, 1896 dagegen bereits 15 Millionen. Auf die sämtlichen übrigen Kommunen Frankreichs entfielen also 1876 ca. 24,9 Millionen, 1896 dagegen nur 23,5 Millionen. Auch bei Hinzurechnung von ca. 100000 Personen, die vor 1876 die Bevölkerung der 52 nunmehr zu der städtischen Gruppe übergegangenen Kommunen ausmachten, beziffert sich die Bevölkerungsabnahme des platten Landes auf mindestens 1,4 Millionen.

Man kann aber diesbezüglich noch interessantere Daten vorführen. Verfolgt man nämlich den Bevölkerungszuwachs in den einzelnen Departements Frankreichs, so ergiebt sich die gewiss überraschende Thatsache, dass nach Eliminierung von 5 Departements: Nord, Pas-de-Calais, Seine, Rhône und Bouches-du-Rhône, die zusammen ca. 4 % der Gesamtfläche Frankreichs in Anspruch nahmen, die Bevölkerung der übrigen 82 Departements im Laufe der letzten 30 Jahre eine Abnahme zu verzeichnen hat. Sie bezifferte sich nämlich 1866 auf ca. 30966000 gegen ca. 30946000 Millionen im Jahre 1896, während die Bevölkerung der genannten 5 Departements von ca. 5,5 auf ca. 7,6 Millionen gestiegen ist. Der wirtschaftliche Grundcharakter dieser 5 Departements lässt sich ohne weiteres daraus ersehen, dass in 4 von ihnen die Bevölkerung der Kommunen mit mehr als 2000 Einwohnern bereits 1891 65, 70, 83 und 99 % der Gesamtbevölkerung ausmachte. Es sind das die Departements, welche die grössten Städte Frankreichs: Paris, Marseille, Lyon, Roubaix, Lille etc. umfassen.

Und in den letzten 2 Jahrfünften lässt sich in Frankreich eine noch merkwürdigere Erscheinung beobachten. Eliminiert man für diese Zeit die Bevölkerung der 60 Städte, die 1896 mehr als 30000 Einwohner hatten, so zeigt der übrige Teil des Landes eine sehr bedeutende Bevölkerungsabnahme, wie das aus folgenden Berechnungen hervorgeht:

Jahr	Gesamtbevölkerung Frankreichs	Bevölkerung der Städte mit über 30000 Einw.	Bevölkerung der übrigen Kommunen
1886	38218900	6624900	31594000
1891	38342900	6996300	31346600
1896	38518000	7323300	31194700
Zu- oder Abnahme	+ 299100	+ 698400	— 399300

Die Bevölkerung der 36110 Kommunen Frankreichs, die 1896 weniger als 30000 Einwohner zählten, hat sich demnach im letzten Jahrzehnt um volle 400000 vermindert.

Von grösserem Interesse ist es, dabei zu erwähnen, dass P. F. Verhulst, Mitglied der Akademie und Mathematikprofessor an der Militärschule in Belgien in einem Referat, gelesen im Jahre 1844 vor der Brüsseler Akademie, das Maximum der Bevölkerung Frankreichs auf 40 Millionen berechnete. (Vgl. a. a. O. S. 37 ff.) Ohne Verlust von Elsass-Lothringen würde diese Ziffer gegenwärtig thatsächlich erreicht worden sein. Demgegenüber haben sich die Berechnungen Verhulsts über die Maximalzahl der belgischen Bevölkerung als durchaus unzutreffend erwiesen. Er berechnete das Maximum auf ca. 6,6 Millionen. Man fand aber bei den aufeinander folgenden Volkszählungen nachstehende Daten:

Jahr	Bevölkerung[1])	Jahresdurchschnitt	Durchschnittliche jährliche Bevölkerungszunahme auf 1000 der mittleren Bevölkerung
1846	4337000	1851/60	6,2
1856	4529000	1861/70	7,4
1866	4829000	1871/80	9,3
1880	5509000	1881/90	9,5
1890	6052000		
1899[2])	ca. 6550000		

Die Bevölkerung Belgiens hat demnach jetzt schon die von Verhulst berechnete Maximalgrösse erreicht. Sein Bevölkerungszuwachs ist aber trotz alledem von Jahrzehnt zu Jahrzehnt gewachsen und die Zunahme des Überschusses der Geburten über die Sterbefälle zeigt deutlich genug, dass das Anwachsen der Bevölkerung auch in folgenden Jahrzehnten rasch vor sich gehen wird, obwohl die städtische Bevölkerung, der man den Bevölkerungsstillstand in Frankreich vielfach zuschreibt, in Belgien schon in den 40er Jahren dieses Jahrhunderts ausserordentlich stark vertreten war. Man zählte dort nämlich:

[1]) Vgl. Recensement général du 31. décembre 1890, Bruxelles 1893, Tome I, S. XIV ff.

[2]) Berechnet auf Grund der Fortschreibungen.

Im Jahre	Zahl der Einwohner in den Städten mit mehr als 5000 Einw.[1])	Verhältnis der Bevolk. der Städte mit mehr als 5000 Einw. zur Bevolkerung der übrigen Gemeinden
1846	1 416 000	48 %
1856	1 577 000	53 „
1866	1 781 000	58 „
1880	2 377 000	76 „
1890	2 895 000	91 „

Bei Annahme eines annähernd gleich raschen Zuwachses der städtischen Bevölkerung wie im Jahrzehnt 1880 bis 1890 kann die gegenwärtige Bevölkerung der belgischen Städte mit mehr als 5000 Einwohnern auf ca. 3,4 Millionen berechnet werden. Diese Städte beherbergen demnach in Belgien einen $1\frac{1}{2}$ bis 2 mal grösseren Prozentsatz der Bevölkerung als in Frankreich.[2]) Dabei darf nicht ausser Acht gelassen werden, dass Belgien noch eine starke Auswanderung aufweist. In Frankreich allein zählte man im Jahre 1891 ca. 466000 Belgier, gegen ca. 374000 im Jahre 1876 und ca. 128000 im Jahre 1851, während in Belgien nach den Angaben der belgischen Volkszählung vom Jahre 1890 nur ca. 45000 Franzosen gezählt wurden.

Verhulst hat eben bei der Berechnung des Maximums der Bevölkerung in Belgien die Bevölkerungskapazität industriell hoch entwickelter Länder bedeutend unterschätzt. Er dachte nicht daran, dass schon in 50 Jahren der Anteil der von der Landwirtschaft lebenden Personen nur etwa 18,8 % der Gesamtbevölkerung des Landes ausmachen werde.

In Frankreich, in England, in Deutschland und in Belgien ist demnach eine absolute oder wenigstens eine beträchtliche relative Abnahme der Bevölkerung des platten Landes zu verzeichnen.

Worauf ist diese Erscheinung zurückzuführen? Die Durchsicht der diese Frage behandelnden französischen Litteratur ergiebt, dass die Ursachen hiefür nach Ansicht der französischen Forscher die gleichen sind wie in England. In erster Linie ist dabei der vermehrte Gebrauch landwirtschaftlicher Maschinen zu nennen. Besonders viel an menschlicher Arbeitskraft wird

---

[1]) Die Zahl dieser Kommunen vermehrte sich von 112 im Jahre 1846 auf 191 im Jahre 1890.

[2]) Die belgische Statistik liefert leider keine Angaben über die Bevölkerung der Gemeinden mit mehr und weniger als 2000 Einw. Die durchschnittliche Bevölkerung der Gemeinden mit weniger als 5000 Einw. die 1890 auf 1320 Personen berechnet wurde, zeigt aber deutlich genug, dass auch die Gemeinden mit 2000 Einw. in Belgien sehr stark vertreten sind.

durch die verbesserten Konstruktionen des Pfluges und der Dreschmaschine erspart. Um ausreichende Belege hierfür zu verschaffen, genügt es folgende Mitteilungen zu citieren. Bereits 1859 berichtete Pagezy, dass bei Ersetzung eines ordinären Pfluges im Werte von 70 Franks durch einen verbesserten, der 100 Franks kostete, der Boden einen um ein Drittel grösseren Ertrag lieferte. „Im Departement Hérault", sagt er weiter, „ist noch die zweijährige Einteilung in Schläge im Gebrauch. Die Eigentümer, die diese Einteilung gebrauchen, bearbeiten ihren Boden gewöhnlich fast alle noch mit dem alten räderlosen römischen Pflug: Die Umpflügung mit diesem Gerät ist weniger gut, stellt sich indessen viel teurer als die Bodenbearbeitung mit dem verbesserten Pflug. Bei Anwendung des letzteren kann man sich mit dem einmaligen Umpflügen begnügen; mit dem alten römischen Pflug dagegen muss man Kreuzungen machen und das verdoppelt die Arbeit ..... Der alte römische Pflug war noch vor wenigen Jahren in unserem Departement fast überall in Gebrauch .... Gegenwärtig wird er allmählig von den neueren Konstruktionen verdrängt."[1])

In dem Jahrgang 1883 des Journal de l'Agriculture findet man Angaben, denen zufolge die damals neuesten amerikanischen Modelle des Pfluges mit derselben Bespannung und demselben Personal eine doppelte Arbeit leisteten.[2]) Und ebenfalls zu Beginn der 80er Jahre erklärte der Professor für landwirtschaftliches Ingenieurwesen, Grandvoinnet, in einem speziellen Bericht über die Fortschritte auf dem Gebiete des landwirtschaftlichen Maschinenwesens, dass der nur in Bezug auf die Form verbesserte Pflug mit derselben Bespannung und Bemannung eine um die Hälfte grössere Arbeitsleistung liefere. Im Anschluss daran berichtet er, dass ein Mann mit einem verbesserten Pflug, der mit drei oder vier Pferden bespannt ist, die dreifache Arbeit leisten könnte, als mit den damals allgemein üblichen Geräten geleistet wurde. Bei Anbringung eines Sitzes an dem verbesserten Pfluge kann dieser Mann übrigens leicht durch eine Frau oder durch einen Knaben ersetzt werden.[3])

---

[1]) La maine d'œuvre et les maschines en Agriculture. Journal de la Soc. de Stat. de Paris 1883, S. 427.

[2]) Journal de l'Agriculture 1883, S. 121 ff.

[3]) Grandvoinnet berechnet u. a., dass die Ersetzung des Umpflügens mit den primitiven Handgeräten durch die Bearbeitung des Bodens mit dem Pflug eine 30fache

Die Kostenersparnis durch Anwendung eines amerikanischen Tilbury-Pfluges, der mit demselben Gespann und einem viel leichter aufzutreibenden Personal in derselben Zeit die doppelte Arbeit leistet, wird auf 50% berechnet. Das allein würde für die französische Landwirtschaft eine jährliche Ersparnis von mindestens 750 Millionen Franken zur Folge haben, ein Ergebnis, das bei weitem alle Forderungen überragte, die damals an die Regierung zu Gunsten der Landwirtschaft gestellt wurden.

Ähnliches lässt sich von anderen landwirtschaftlichen Geräten berichten. Die amerikanischen Dreschmaschinen, die auf der Pariser Ausstellung vom Jahre 1855 zu sehen waren, lieferten z. B. nach Léonce de Lavergne per Stunde 15 hl., während die englischen Dreschmaschinen nur eine Leistung von 8 und die französischen nur eine solche von 5 hl per Stunde lieferten.[1]) Mit der Mähmaschine Mac-Cormicks, damals der besten ihrer Art, konnte man per Stunde einen halben Hektar abernten, während man heutzutage Maschinen hat, die weit mehr leisten.

Die Fortschritte, die in dieser Hinsicht im Laufe der letzten Jahre gemacht worden sind, lassen sich aus folgenden Mitteilungen der letzten französischen Agrarenquête beurteilen. Man zählte nämlich in Frankreich:

	1882	1892	Zunahme in %
Zahl der gewöhnlichen Pflüge	3 109 500	3 404 500	9,5
der zwei- und mehrscharigen Pflüge	157 700	198 500	25,8
Häckselmaschinen	195 400	261 800	33,9
Säemaschinen für Cerealien	11 600	22 100	98,8
Säemaschinen für Wurzelgewächse	8 400	10 200	21,2
Säemaschinen für Cerealien und Wurzelgewächse	9 400	14 900	58,9
Grasmähmaschinen	19 100	38 800	102,4
Getreidemähmaschinen	16 000	23 400	46,2
Heuwende- etc. Maschinen	27 400	51 500	88,0

Dementsprechend zeigten auch die Tägelöhne der ländlichen Arbeiter — trotz der relativ günstigen Ernte des Jahres 1892[2])

Arbeitsleistung in einer 45 mal kürzeren Zeit zur Folge hatte. Um dieses Ziel zu erreichen, müsste derselbe Mensch sich nur zwei Ochsen zu Hilfe nehmen.

[1]) L'agriculture et la population en 1855 et 1856, Paris 1857, S. 86 ff.

[2]) Der Ernteertrag an Weizen betrug im Jahre 1892 ca. 16,4 hl per ha gegen ca. 15,5 hl im Jahresdurchschnitt 1890/94, an Hafer ca. 22,8 gegen ca. 21,7 hl.

eine merkliche Tendenz zur Abnahme. Die gezahlten Tagelöhne betrugen nämlich nach Angaben der Enquête:[1])

	Winter			
	Männer		Frauen	
Jahr	mit Kost	ohne Kost	mit Kost	ohne Kost
	Franken		Franken	
1882	1,31	2,22	0,79	1,42
1892	1,30	2,04	0,79	1,35
Abnahme	—	— 8,1 %	—	— 5 %
	Sommer			
1882	1,98	3,11	1,14	1,87
1892	1,85	2,94	1,08	1,78
Abnahme	— 6,6 %	— 5,5 %	— 5,3 %	— 4,8 %

Diese Thatsachen lassen keinen Zweifel darüber, dass die in Frankreich, wie in anderen Ländern, so verbreiteten Klagen der Landwirte ganz unbegründet sind, denen zufolge die Landflucht nicht dem sich auf dem platten Lande allmählich ausbildenden Mangel an dauernder Beschäftigung, sondern vorwiegend der sittlichen Verkommenheit und der krankhaften Genussucht der ländlichen Arbeiter zuzuschreiben sei.

Unter den vielen Belegen, die die Grundlosigkeit dieser Vorwürfe darthun, genügt es, auf die Ergebnisse der landwirtschaftlichen Enquêten hinzuweisen, bei denen die Arbeitgeber in ausgiebigstem Masse zu Wort kamen. Als z. B. bei verschiedenen Enquêten u. a. auch danach gefragt wurde, ob und inwiefern die Einführung landwirtschaftlicher Maschinen — durch Verminderung der Nachfrage nach Arbeitskräften — zur Vergrösserung der Landflucht Anlass gäbe, da bekam man gewöhnlich die Antwort, dass die Einführung landwirtschaftlicher Maschinen die Arbeiter keineswegs brotlos mache. Als man aber den Arbeitgebern bei verschiedenen Gelegenheiten Vorwürfe darüber machte, warum sie denn eigentlich, wenn ein wirklicher

---

[1]) Eine noch grössere Abnahme — und zwar von 2,35 auf 2,02 Franken = ca. 14% — zeigen die jährlichen Durchschnittslöhne der in der Landwirtschaft beschäftigten Mägde, während die jährlichen Durchschnittslöhne der Knechte eine Steigerung aufweisen, die das Sinken des Lohnes der Tagelöhner und der Mägde annähernd wett macht. Manche Schriftsteller halten übrigens die Angaben der Enquête über die Tagelöhne für unzuverlässig. Die Angaben sollen sich nämlich nicht auf Durchschnitts-, sondern auf Minimallöhne beziehen. In den Monographieen Couverts eines in Frankreich sehr geschätzten Agronomen, wird ebenfalls die Ansicht vertreten, dass die Löhne der ländlichen Arbeiter in neuerer Zeit sich in absteigender Richtung bewegten. Vgl. Les entreprises agricoles, Paris 1890.

Mangel an Arbeitskräften vorliege, keine oder nur ganz veraltete Maschinen und Geräte anwenden, da erhielt man die Antwort, dass die Anwendung von Maschinen vermieden werde, um der Vergrösserung der Landflucht vorzubeugen.[1]) Je nach Bedarf wird demnach die Wirkung der Einführung der landwirtschaftlichen Maschinen bald günstig, bald ungünstig beurteilt.

Wie alt übrigens gerade in Frankreich die Klagen der Arbeitgeber über die Faulheit, Unbotmässigkeit und Genussucht der landwirtschaftlichen Arbeiter sind, lässt sich daraus ersehen, dass wir solche Mitteilungen öfters schon im XIV. Jahrhundert antreffen.[2]) In seiner Schrift „La population agricole“ registriert der Akademiker Baudrillart ewige Klagen, denen zufolge die Landleute zu allen Jahrmärkten liefen, um dabei Zeit zu vergeuden, sich Ausschweifungen hinzugeben und zu krakehlen.[3])

In neuerer Zeit treffen wir diese alten Klagen fast wörtlich wiedergegeben an. So z. B. in der amtlichen Enquête des Jahres 1862. „Die Untersuchung stellte fest, berichtete man z. B. dem Ministerium aus dem Departement Indre-et-Loire, dass die Beziehungen zwischen den Arbeitgebern und den Arbeitnehmern sich verschlechtert haben. Als Ursache muss die Entwickelung der Ideen der Unabhängigkeit und Unbotmässigkeit bezeichnet werden.“[4]) Aus dem Departement Rhône schrieb man, dass das Verhalten der Arbeiter für die Agrikultur verderblich sei. Als Ursache bezeichnete man die schlechte Lektüre, den Wirtshausbesuch und den Sozialismus.[5]) Ähnlich lauten die Urteile aus dem Departement Jura,[6]) Loire,[7]) Somme[8]) u. a. m.

Man begegnet aber, allerdings nur sehr selten, auch ganz anderen Urteilen. Einer der vernommenen Zeugen erklärte z. B., dass man nicht leugnen könne, dass der moralische Zustand der

---

[1]) Duroselle, La crise agricole, S. 9 ff.

[2]) Leopold Délisle erzählt z. B. in seiner Schrift „Etude sur la classe agricole en Normandie au moyen-âge“, dass die Domherren von Mondai sich 1388 bitter über ihre Arbeiter beklagten, die einen Lohn verlangten, für den man zu Beginn des XIV. Jahrhunderts eine 6 mal grössere Anzahl von Arbeitskräften haben konnte.

[3]) Vgl. u. a. La population agricole, Maine etc., Paris 1888, S. 8.

[4]) Enquête agricole, Ministère de l'Agriculture, du Commerce et des Travaux publics, Paris 1867, S. 28 ff.

[5]) Ibid. S. 151.

[6]) Ib. S. 21 ff.

[7]) Ib. S. 76.

[8]) Ib. 2. Série, S. 86.

Arbeiter sich gebessert habe, wenn auf diesem Gebiete noch vieles gemacht werden müsse. Ihre Beziehungen zu den Arbeitgebern seien viel freier geworden. Die letzteren betrachten den Arbeiter nicht mehr als ein Lasttier und, da sie jetzt mehr als früher seiner Unterstützung bedürften, so gewährten sie ihm eine menschlichere Behandlung, bessere Ernährung und führen ihn nicht mehr so barsch an. Andererseits würde der Arbeiter, der an Selbstbewusstsein gewonnen hat, weniger respektvoll einen Arbeitgeber behandeln, der sich ihm gegenüber nicht anständig genug benimmt.[1])

Ähnlich äussert sich der Berichterstatter der offiziellen landwirtschaftlichen Enquête vom Jahre 1882. Die Verminderung der Landbevölkerung ist seiner Ansicht nach nicht so weit fortgeschritten, dass man ihr den Titel einer nationalen Gefahr beilegen könne. „Die Arbeitskräfte sind, trotz aller Klagen, noch durchaus ausreichend auf dem Lande, vor allen Dingen nach Berücksichtigung der Fortschritte auf dem Gebiete des landwirtschaftlichen Maschinenwesens. Die gegenwärtige Bevölkerungsabnahme des platten Landes ist noch kein Übel: denn sie zwingt den Landwirt zur besseren Ausnutzung der Hände, d. h. zur Verminderung der Ausgaben für menschliche Arbeitskraft; sie führt ferner zur Einbürgerung verbesserter Maschinen, was die Zahlung höherer Löhne gestattet, m. a. W. sie zwingt zur besseren Kultur. Unter ihrem Einfluss wird der Landwirt thätiger, und seine Intelligenz wächst, indem er die Anwendung der Maschinen erlernt ... Der ländliche Arbeiter sieht, dass seine Lage sich vom materiellen und intellektuellen Gesichtspunkte aus bessert, und das ist ein Resultat, das man nur mit Beifall begrüssen kann“[2]) ... Die gleiche Ansicht vertrat 2 Jahrzehnte vorher Léonce de Lavergne in seiner Schrift L'Agriculture et la population (1865 2. Auflage, S. 326). Die Zahl der Arbeitshände, die von der französischen Landwirtschaft in Anspruch genommen wurden, war seiner Ansicht nach entschieden zu gross, zumal man in England mit einer um $^1/_4$ geringeren Arbeiterzahl pro ha doppelt so grosse Erträge erzielt hat.[3])

Im Gegensatz zu den Klagen der Arbeitgeber nannte ferner

---

[1]) Vgl. Ibid. S. 83.

[2]) Vgl. L'enquête décennale de 1882, S. 374 ff.

[3]) Ein ähnliches Urteil hat vor mehr als 100 Jahren auch Arthur Young in seinem Werke Voyages en France, II. Tome, S. 329 ff., gefällt.

auch der berühmte Geolog Elie de Baumont gewisse Teile Frankreichs, insbesondere die centrale Hochebene, den repulsiven Pol des Landes. Unfähig, ihre Bewohner zu ernähren, erklärte Baumont, zwingen diese Gebiete die Leute zur Emigration im allgemeinen und speziell zur Auswanderung nach den grossen Städten.[1]) Ähnlich äussert sich über die Ursachen der Auswanderung aus dem centralen Plateau der frühere Chef des statistischen Bureaus von Frankreich, Turquan[2]). Schilderungen dieser Binnenwanderungen finden wir bei Logoyt. Man weiss, schrieb dieser vor 30 Jahren, dass das Departement Creuse Maurer fast für ganz Frankreich liefert; man weiss aber nicht, dass aus diesem Departement jedes Jahr noch eine grosse Anzahl anderer Bauarbeiter auswandert. Die Emigration scheint dort traditionell zu sein. Die lokalen Chroniken legen Zeugnis ab, dass schon vom 15. Jahrhundert an die Unfruchtbarkeit des Bodens und Abwesenheit jedweder Industrie die Einwohner nötigten auszuwandern, um auswärts einen Lebensunterhalt zu suchen. Anfangs richtete sich diese Auswanderung nach Spanien und nach Süd-Frankreich, wo die Leute sich zur Erntezeit als Landarbeiter verdingten. Später wandte man sich dem Norden zu, wohin man Bauarbeiter liefert.

Im Anschluss daran erzählt Legoyt, dass die jährliche Zahl der Personen, die Arbeit auswärts suchten, schon zu Beginn der 50er Jahre ca. 35 000 betragen hat. Darunter zählte man ca. 24 500 Maurer, ca. 900 Erdarbeiter, ca. 400 Steinsetzer, ca. 1700 Zimmerleute, ca. 1250 Ziegler, ca. 600 Dachdecker u. s. w. u. s. w. Die Auswanderung soll schon damals so stark gewesen sein, dass die Landwirtschaft fast ausschliesslich von Kindern, Frauen, Greisen und Krüppeln betrieben werden musste. Denn das Departement zählte nur ca. 71 800 Männer im Alter von 15 bis 50 Jahren, die Auswanderung nahm aber etwa die Hälfte dieser Personen in Anspruch.

Im Jahre 1860 wurde die Zahl der vorübergehend auswandernden Personen auf ca. 29 300 geschätzt, zu denen sich noch ca. 4200 Personen gesellten, die im vorhergehenden Jahre fortgingen und auswärts blieben. Die wirtschaftliche Bedeutung dieser Auswanderung für die Bevölkerung des Departements

---

[1]) Vgl. Eug. Risler, La Crise agricole en France, Paris 1887, S. 7.

[2]) Vgl. Repartition géographique et densité de la population en France, J. de la Soc. de Stat. 1886, S. 269 ff.

Creuse lässt sich aus folgendem Überschlag ersehen: angenommen jeder Auswanderer brächte bei seiner Rückkehr nur die kleine Summe von 220 Franken mit nach Hause, so würde dies einen jährlichen Betrag von ca. 6,5 Millionen Franken ausmachen.[1])

Noch entschiedener als Legoyt verteidigte 20 Jahre später die Notwendigkeit der Auswanderung aus diesem Departement Byasson, der als Hospitalarzt und Mitglied des Sanitätsrats in nahen Beziehungen zur Bevölkerung stand. „Die Auswanderung", sagt er, „ist eine Quelle des materiellen Reichtums im Departement Creuse: Das ist eine Thatsache, die von unserer Bevölkerung als unbestreitbar betrachtet wird. Nur durch die gut belohnte Arbeit in den Grosstädten konnte und kann unser Bauer zur Wohlhabenheit und nicht selten sogar zum Vermögen gelangen. Nur den Ersparnissen unserer Auswanderer haben wir es zu verdanken, dass die Zahl der grossen Güter sich vermindert, um dem Kleingrundbesitz ...... Platz zu machen. Die Emigration nimmt der Landwirtschaft die Hände weg, deren der Grossgrundbesitz bedarf; der Kleingrundbesitz leidet aber nicht darunter; denn nicht nur die täglich sich verbessernden Transportmittel, sondern auch das von den ausgewanderten Arbeitern mitgebrachte Geld ist Ursache davon, dass die Felder gedüngt und besser als früher gepflegt werden." Im Anschluss daran konstatiert Byasson, dass die Distrikte, die die grösste Auswandererzahl lieferten, zu gleicher Zeit den geringsten Prozentsatz an Untauglichen zum Militärdienst wegen schwacher Konstitution, der Phthysis und der chronischen Bronchitis lieferten.[2])

Das gleiche lässt sich von der Auswanderungsbewegung in den Departements Cantal, Hautes- und Basses-Alpes u. d. m. berichten. Fast überall ist es die für die Landwirtschaft bestehende Unmöglichkeit, die anwachsende erwerbsthätige Bevölkerung zu ernähren, die die Leute zur vorübergehenden oder dauernden Emigration zwingt.[3])

Irrtümlich wäre es aber anzunehmen, dass die Vorteile der Auswanderung vom platten Lande nur rein wirtschaftlicher Natur

---

[1]) Vgl. Legoyt, Du proprès des agglomérations urbaines et de l'émigration rurale, S. 77 ff.

[2]) Vgl. Byasson, De l'émigration dans la Creuse, Annales de démographie internationale 1882, S. 207, 212 ff.

[3]) Vgl. Legoyt a. a. O., S. 79.

sind. Sie hat auch eine grosse sozialhygienische Bedeutung, wie das aus folgendem Bericht Dr. Baillargers zu ersehen ist. „Alle Welt, sagt Baillarger, ist darüber einig, dass der Kropf und der Kretinismus besonders intensiv unter den ärmeren Bevölkerungsklassen wüten. In gewissen Dörfern sind sie sozusagen lokalisiert in einigen fast ausschliesslich von ärmeren Familien bewohnten Gäschen. Diese Familien leiden dann nicht nur unter dem verderblichen Einfluss der niedrigen und feuchten Behausung, sondern haben meist noch eine ungenügende und schlechte Nahrung, die nicht ausreicht, um sie wieder zu Kräften kommen zu lassen. Man findet darüber bei verschiedenen Autoren sowie in den Berichten, die ihnen zugesandt wurden, die traurigsten Schilderungen.“ [1])

Die Ausbreitung der Eisenbahnen, die grössere Cirkulation der Bevölkerung und die Möglichkeit, in den Städten einen lohnenden Verdienst zu bekommen, werden nach Ansicht der genannten Forscher der weiteren Ausbreitung dieser Krankheiten entgegenarbeiten.

Wendet man sich der Erforschung des Zusammenhanges zwischen dem wirtschaftlichen Charakter der einzelnen Departements und ihrem Bevölkerungszuwachs, so bietet der Vergleich der Ergebnisse der Volkszählungen von 1801 und 1896 überraschende Thatsachen. Die nach dem Anteil der landwirtschaftlichen Bevölkerung an ihrer Gesamtbevölkerung in 5 gleichartige [2]) Gruppen eingeteilten Departements Frankreichs zeigen dabei nämlich folgenden Bevölkerungszuwachs:

	Bevölkerungsdichte pro Quadratkilom. 1801	1896	Bevölkerung 1801	1896	Bevölkerungszuwachs
I. Gruppe [3])	42,4	48,4	3 791 000	4 325 000	14,1 %
II. „ [4])	47,5	59,6	9 171 000	11 518 000	25,6 „

[1]) Vgl. Enquête sur le goître et le crétinisme S. 321 ff. In diesem Bericht finden sich auch interessante Schilderungen der Lebensweise der ländlichen Arbeiter.

[2]) Die erste Gruppe umfasst die Departements, in welchen 77,0 bis 65,8 % der Bevölkerung von der Landwirtschaft lebten, die zweite solche mit 65,7 bis 54,4 %, die dritte mit 54,3 bis 43,0 %, die vierte mit 42,9 bis 31,6 %, die fünfte mit 31,5 bis 20,1 %.

[3]) Zu dieser Gruppe gehören folgende Departements: Basses-Alpes, Hautes-Alpes, Ardèche, Ariège, Aude, Aveyron, Cantal, Côtes-du-Nord, Dordogne, Gers, Haute-Loire, Lot, Lozère, Puy-de-Dôme. Gesamtfläche ca. 89400 Quadratkilometer.

[4]) Ain, Allier, Charente, Charente-Inf., Corrèze, Creuse, Drôme, Finistère, Ille-et-Vilaine, Indre, Jura, Landes, Loir-et-Cher, Lot-et-Garonne, Manche, Mayenne,

	Bevölkerungsdichte pro Quadratkilom. 1801	1896	Bevölkerung 1801	1896	Bevölkerungszuwachs.
III. „ [1])	48,2	60,8	5 593 000	7 064 000	26,3 „
IV. „ [2])	53,4	76,2	4 515 000	6 444 000	42,7 „
V. „ [3])	83,0	164,0	2 549 000	5 036 000	97,5 „
Departement Seine (einschl. Paris)	1295	6850	632 000	3 341 000	429 „

Der Bevölkerungszuwachs gestaltete sich demnach mit der Zunahme des Anteils der landwirtschaftlichen Bevölkerung immer geringer. Dabei darf nicht ausser Acht gelassen werden, dass die industriellen Distrikte und die Grosstädte in Frankreich wie in England[4]) und in Deutschland die Bevölkerung im leistungsfähigsten Alter beherbergen. Dies geht ohne weiteres aus folgender Übersicht hervor, in der die Altersgliederung der Bevölkerung Frankreichs und der französischen Städte für das Jahr 1891[5]) angegeben ist. Von je 1000 Personen standen dort im Alter:

In	von 0—1 Jahre	1—19	20—39	40—59	60 Jahren und darüber	Alter unbekannt	Zusammen
Paris	12,4	256	403	240	81	2,6	1000
Städten mit mehr als 100000 Einw.	14,7	299	370	224	88	„	1000
„ „ 30 bis 100000 „	12,9	304	375	209	94	„	1000
„ „ 20 „ 30000 „	15,8	311	363	208	100	2,2	1000
„ „ 10 „ 20000 „	17,0	322	347	209	105	„	1000
„ „ 5 „ 10000 „	17,8	342	318	213	108	1,2	1000
Durchschnitt für Städte mit mehr als 5000 Einw.	15,8	304	364	219	95	2,2	1000
Frankreich	17,6	332	301	224	125	1,5	1000

Morbihan, Nièvre, Basses-Pyrénées, Hautes-Pyrénées, Pyrénées-Orientales, Saône, Saône-et-Loire, Sarthe, Deux-Sèvres, Tarn, Tarn-et-Garonne, Vendée, Vienne, Haute-Vienne, Yonne. Gesamtfläche ca. 193 200 Quadratkilometer.

[1]) Calvados, Cher, Corse, Côte-d'Or, Doubs, Eure, Eure-et-Loir, Gard, Haute-Garonne, Hérault, Indre-et-Loire, Isère, Loire-Inférieure., Loiret, Maine-et-Loire, Orne, Seine-et-Marne, Vaucluse. Gesamtfläche ca. 116 000 Quadratkilometer.

[2]) Aisne, Aube, Gironde, Loire, Marne, Haute-Marne, Meuse, Oise, Pas-de-Calais, Seine-et-Oise, Somme, Var, Vosges. Gesamtfläche ca. 84 600 Quadratkilometer.

[3]) Ardennes, Bouches-du-Rhône, Meurthe-et-Moselle, Nord, Haut-Rhin (Belfort), Rhône, Seine-Inférieure. Gesamtfläche ca. 30 700 Quadratkilometer. — Savoie, Haute-Savoie und Alpes-Maritimes, da deren Gebiete (ganz oder teilweise) erst später annektiert wurden, mussten dabei unberücksichtigt bleiben.

[4]) Vgl. Berufsgliederung und Reichtum S. 28 ff.

[5]) Zur Zeit, als diese und nachstehende Untersuchungen ausgeführt wurden, waren die Ergebnisse der Volkszählung von 1896 noch nicht veröffentlicht.

Die leistungsfähigsten Altersklassen waren demnach in den Städten bedeutend stärker vertreten als auf dem platten Lande. Die Landwirtschaft kann eben auch bei einer noch so grossen Steigerung der Intensität der Kultur nur eine eng begrenzte Anzahl von Menschen ernähren. Besonders klar lässt sich das durch die Untersuchungen Plessiers illustrieren, der den Bevölkerungszuwachs in den ländlichen Kommunen des Departements Seine-et-Marne für die Zeit von 1806 bis 1856 verfolgte. Er fand dabei folgende Resultate:

Zahl der Kommunen	Fläche per Kopf in ha	Bevölkerung 1806	Bevölkerung 1856	Zu- oder Abnahme absolut	Zu- oder Abnahme in %
43	0—1	30 510	29 120	— 1390	— 4,5 %
142	1—2	89 565	89 980	+ 415	+ 0,5 „
130	2—3	59 842	65 448	+ 5606	+ 9,3 „
74	3—4	25 037	30 219	+ 5182	+ 20,7 „
55	4—5	16 527	21 427	+ 4900	+ 29,6 „
24	5—6	6 154	8 112	+ 1958	+ 31,8 „
31	6—14	6 004	8 262	+ 2260	+ 37,6 „

Obwohl das Departement Seine-et-Marne in der unmittelbaren Nähe von Paris liegt und schon damals zu den best kultivierten Distrikten Frankreichs zählte, wiesen doch die dicht bevölkerten Kommunen mit unter 1 ha per Kopf eine direkte Bevölkerungsabnahme auf. Ihnen folgen die Kommunen mit 1 bis 2 ha per Kopf, die nur eine ganz unbedeutende Bevölkerungszunahme zeigen. Demgegenüber hatten die übrigen Gruppen einen um so grösseren Bevölkerungszuwachs, je geringer ihre Bevölkerungsdichte war.

Das gleiche lässt sich auch für die neuere Zeit am Beispiele der 11 fast rein landwirtschaftlichen Departements feststellen, die, wie wir bereits auf S. 23 gesehen haben, von 1801 bis 1896 eine Bevölkerungsabnahme zeigten. 8 davon und zwar: Eure mit 66,7, Orne mit 64,4, Lot-et-Garonne mit 60,1, Tarn-et-Garonne mit 60,5, Jura mit 57,0, Calvados mit 70,4, Haute-Saône mit 54,2 und Manche mit 82,7 Einwohner per Quadratkilometer hatten nämlich bereits im Jahre 1801 eine bedeutend grössere Bevölkerungsdichte als ganz Frankeich, das nur 50,2 Einwohner per Quadratkilometer aufwies. Dazu kommt noch das Departement Lot, das mit ca. 50,1 Einwohnern per Quadratkilometer eine annähernd gleiche Bevölkerungsdichte hatte wie Frankreich.

[1]) Plessier, Modifications survenues etc., Journal de la Soc. de Stat. 1867, S. 311.

Das gleiche Bild weisen auch die 71 Arrondissements auf, deren Bevölkerungsdichte von 1801 bis 1891 eine Abnahme erlitten hat. Man zählte nämlich darunter:

3	Arrondissements	mit	weniger als 20	Einw.	per	Quadratkilom.
8	„	„	20—30	„	„	„
8	„	„	30—40	„	„	„
13	„	„	40—50	„	„	„
16	„	„	50—60	„	„	„
8	„	„	60—70	„	„	„
8	„	„	70—80	„	„	„
3	„	„	80—90	„	„	„
3	„	„	90—100	„	„	„
1	„	„	mehr als 100	„	„	„

38 von diesen 71 Arrondissements hatten demnach 1801 eine grössere Bevölkerungsdichte als ganz Frankreich, die Grosstädte inbegriffen.

Noch klarer kommt der Zusammenhang zwischen der Bevölkerungsdichte der landwirtschaftlichen Distrikte und ihrem Bevölkerungszuwachs zum Vorschein, wenn man alle Arrondissements ausscheidet, deren Hauptstädte weniger als 5000 Einw. hatten, also Distrikte, deren Bevölkerung fast durchweg von der Landwirtschaft lebt. Solcher Arrondissements, für welche auch die Bevölkerung im Jahre 1801 ermittelt werden kann, giebt es im ganzen 85. Ordnet man sie nach ihrer Bevölkerungsdichte in 5 Gruppen, so erhält man folgende Übersicht:

	Zahl der Arrondissements	Ihre Bevölkerungsdichte per Quadratkilometer im Jahre 1801	Ihre Gesamtbevölkerung 1801	1891	Zunahme
I. Gruppe	20[1])	15,4 bis 30,1	695 000	866 000	24,6 %
II. „	31[2])	30,2 „ 44,9	1 707 000	1 930 000	13,1 „

[1]) Barcelonnette, Castellanne, Forcalquier, Sisteron (Basses-Alpes); Embrun (Hautes-Alpes); Arcis-sur-Aube (Aube); Sancerre (Cher); Ussel (Corrèze); Calvi (Corse); Nyons, Die (Drôme); Lesparre (Gironde); Saint-Pous (Hérault); Florac, Marvejols (Lozère); Château-Chinon (Nièvre); Argelès (Hautes-Pyrénées); Céret, Prades (Pyr.-Orientales); Bressuire (Sèvres).

[2]) La Palisse (Allier); Largentière (Ardèche); Vouziers (Ardennes); Bar-sur-Aube, Bar-sur-Seine, Nogent-sur-Seine (Aube); Espalion (Aveyron); Mauriac, Murat (Cantal); Confolens (Charente); Semur (Côte-d'Or); Bourganeuf, Boussac (Creuse); Nontron; Ribérac (Dordogne); Baume-les-Dames (Doubs); Muret (Garonne); Mirande (Gers), Bazas (Gironde); Baugé (Maine-et-Loire); Vassy (Haute-Marne); Briey (Meurthe-et-Moselle); Montmédy (Meuse); Manléon (B.-Pyrénées); Charolles (Saône-et-Loire); Melle (Sèvres); Brignoles (Var); Givray, Loudun (Vienne); Bellac (Haute-Vienne): Tonnerre (Yonne).

	Zahl der Arrondissements	Ihre Bevölkerungsdichte per Quadratkilometer im Jahre 1801	Ihre Gesamtbevölkerung 1801	1891	Zunahme
III. Gruppe	20[3])	45,0 bis 59,7	1 394 000	1 477 000	6,0 %
IV. „	11[4])	59,8 „ 74,5	721 000	1 080 000	10,7 „
V. „	3[5])	74,6 „ 89,5	270 000	282 000	4,4 „

Mit Ausnahme der 4. Gruppe, die, weil sie einige Arrondissements der industriell hoch entwickelten Departements enthält, eine besondere Stelle einnimmt, zeigen demnach die übrigen Gruppen eine Bevölkerungszunahme, die sich um so grösser gestaltete, je geringer die Bevölkerungsdichte im Jahre 1801 war.

Die Gesetzmässigkeit tritt aber noch deutlicher hervor, wenn man die 85 Arrondissements in der Weise nach ihrer Bevölkerungsdichte im Jahre 1801 ordnet, dass jede der Gruppen eine annähernd gleiche Bevölkerung umfasst. Man erhält dann nachstehende Daten:

	Zahl der Arrondissements	Ihre Gesamtbevölkerung 1801	1891	Zunahme
I. Gruppe	32	1 204 000	1 455 000	+ 19,9 %
II. „	19	1 198 000	1 342 000	+ 12,0 „
III. „	17	1 161 000	1 257 000	+ 8,3 „
IV. „	17	1 223 000	1 299 000	+ 6,2 „

Den grössten Bevölkerungszuwachs zeigten demnach auch bei dieser Gegenüberstellung diejenigen landwirtschaftlichen Arrondissements, die im Jahre 1801 die geringste Bevölkerungsdichte aufwiesen, wobei die Bevölkerungszunahme mit dem Anwachsen der Bevölkerungsdichte sich immer geringer gestaltete.

---

[3]) Nantua, Trévoux (Ain); Barbezieux (Charente); Jonzac (Charente-Inf.); Châteaulin (Finistère); Uzès (Gard); St. Gaudens (Garonne); Lombez (Gers); Monfort (Ille-et-Vilaine); Poligny (Jura); Saint-Sever (Landes); Brioude (H. Loire); Gourdon (Lot); Segré (M.-et-Loire); Mortagne (Orne); Lure (H. Saône); H. Calais (Sarthe); Neufchâtel (Seine-Infér.); Rochechouart (H.-Vienne); Neufchâteau (Vosges).

[4]) Vervins (Aisne); Rocroi (Ardennes); Pont-l'Evêque (Calvados); Ruffec (Charente); La Réole (Gironde); St. Marcellin (Isère); Montreuil (Pas-de-Calais); Louhans (S.-et-Loire); Montdidier, Doullens (Somme).

[5]) Mortain (Manche); Domfront (Orne); Perronne (Somme).

II.

Das eben ist der Fluch der bösen That,
Dass sie fortzeugend Böses muss gebaren.
Schiller.

Weizeneinfuhr zu Beginn und zu Ende des 19. Jahrhunderts. Veränderungen im Charakter der Landeskultur. Der agrarische Protektionismus und seine Wirkungen. Verminderung des Fleischkonsums der Städtebevölkerung. Verminderung des Brotverbrauchs. Stationärer Zustand der Milchwirtschaft und der Viehzucht. Zusammenhang zwischen der Bevölkerungsagglomeration, der Lohnhöhe und der Intensität der Landeskultur.

Im Vorhergehenden wurde bereits darauf hingewiesen, dass unter dem Einfluss der rasch zunehmenden Verdichtung der Bevölkerung einerseits und unter der Einwirkung der veränderten Produktionsbedingungen des Weltmarktes andererseits, der Charakter der Bodenbewirtung Englands sich allmählig völlig verändert hat. Von besonderer Bedeutung war bei dieser Umwälzung der Umstand, dass England Mitte der 40er Jahre seine Kornzölle aufhob, so dass der Einfluss des Weltmarktes sich dort ohne Hindernisse geltend machen konnte.

Anders in Frankreich! Die nach dem amerikanischen Bürgerkriege rasch zunehmende Getreideausfuhr der Vereinigten Staaten, die seit Ende der 60er Jahre einen fühlbaren Druck auf die Getreidepreise auszuüben begann, gab in Frankreich Anlass zur Inaugurierung einer agrarischen Hochschutzzollära. Der 1862[1]) auf 62 Centimes pro 100 kg ermässigte Zoll auf Weizen, der 1881 auf 60 Centimes abgerundet wurde, ward durch das Gesetz vom 28. März 1885 auf 3 Franken,

---

[1]) Vor 1862 war in Frankreich die gleitende Zollskala für Getreide in Anwendung, die 1819 aus England übernommen wurde. Über die Wirksamkeit dieser gleitenden Zollskala vgl. Lecouteux, Cours d'économie rurale, Paris 1889, sowie Molinari im Artikel Céréales im Sayschen Dictionnaire d'économie politique, S. 349 ff.

der Zoll auf Weizenmehl von 1 Franks 20 Centimes auf 6 Franken pro 100 kg erhöht. Bald darauf hat das Gesetz vom 29. März 1887 den Zoll auf Weizen von 3 auf 5 Franken und den Zoll auf Weizenmehl von 6 auf 8 Franken erhöht. 1894 folgte eine neue Erhöhung von 5 auf 7 Franken pro 100 kg Weizen, während die verschiedenen Sorten von Weizenmehl[1]) mit einem Zoll von 11 bis 16 Franken belegt wurden. Hand in Hand mit der Heraufsetzung des Weizenzolles ging die Erhöhung des Zollschutzes für andere Cerealien und für die Fleischprodukte.[2]) Spezielle Gesetze erhöhten z. B. den Zoll auf Hafer zunächst (1885) auf 1,5, dann auf 3 Franken (1887) pro 100 kg. Ähnlich wurde der Zoll auf Roggen und Gerste 1885 auf 1,5, 1889 auf 3 und für Roggenmehl auf 5 Franken pro 100 kg erhöht.[3]) Zur Charakteristik des Schutzes, der der französischen Landwirtschaft im Jahrfünft 1894—1898 zu teil wurde, genügt es zu erwähnen, dass der Zoll auf Weizen ca. 40 bis 45 %,[4]) der auf Gerste und auf Hafer ca. 30 % des fünfjährigen Durchschnittspreises dieser Produkte auf dem Weltmarkte betragen hat. Es ist daher von grossem Interesse, zu untersuchen, welchen Einfluss diese Hochschutzzollpolitik auf die Verbreitung des Getreidebaues ausgeübt hat.

Vorher muss aber noch mit einigen Worten der Ansichten

---

[1]) Farines de froment, épautre et méteil.

[2]) Mit der Erhöhung der Zölle auf letztere im Jahre 1881 begann eigentlich die agrarische Hochschutzzollära. Vgl. darüber S. 79 ff.

[3]) Auf 5 Franken pro 100 kg beläuft sich gegenwärtig auch der Zoll auf Hafer- und Maismehl.

[4]) Der Preis des Weizens belief sich auf dem Londoner Markte pro Imperial Quarter auf ca. 23 Sh. in den Jahren 1894 und 1895, auf ca. 26 im Jahre 1896, auf ca. 30 bezw. 34 Shillinge in den Jahren 1897 und 1898. Im Jahresdurchschnitt 1894—1898 bedeutet dies einen Durchschnittspreis von ca. 160 Franken pro 1000 kg. Der Einfluss hoher Schutzzölle auf die Gestaltung der Getreidepreise ist schon so oft besprochen worden, dass es an dieser Stelle ausreichen wird, darauf hinzuweisen, dass im allgemeinen der hohe Schutzzoll zum grössten Teil von der Bevölkerung des Landes getragen wird, das diese Zölle erhebt. Hier und da aber, besonders bei sehr niedrigen Getreidepreisen, wird ein beträchtlicher Teil des Schutzzolles vom exportierenden Lande getragen. Bei einem Zoll von 7 Franken pro 100 kg betrug z. B. die Differenz zwischen dem Preisstand in London und Paris im März 1897 ca. 4,45 Franken, in den Monaten Juni und Juli desselben Jahres 7,60 Franken, und am 13. August — unter dem Einfluss der Nachrichten über Missernten in vielen Ländern — sogar 11,4 Franken. Der hohe Schutzzoll wirkt demnach am verderblichsten zumeist gerade dann, wenn die Preise ohnedies sehr hoch sind. Vgl. Clément Juglar, Les importations de blé, Economiste français 1897, S. 873.

gedacht werden, die in Frankreich in den 50er und 60er Jahren dieses Jahrhunderts hinsichtlich der Notwendigkeit der Selbstverproviantierung des Landes geltend gemacht wurden, und die nichts anderes als eine Wiederholung der Argumente darstellen, die ein paar Jahrzehnte vorher in England auf der Tagesordnung waren. „Ein unbedeutender Staat oder eine Kolonie, schrieb z. B. der bekannte englische Statistiker Porter um die Mitte dieses Jahrhunderts in seinem Werke „The Progress of the Nation“ (S. 138 ff.) „können allerdings ohne grosse Gefahren oder Unzuträglichkeiten unter Umständen bestehen, welche sie nötigen, hinsichtlich der Ernährung ihrer Bewohner von den Bodenerzeugnissen anderer Länder ständig abhängig zu sein. Aber eine sehr kurze Untersuchung und eine sehr einfache Berechnung würden genügen, uns zu überzeugen, dass dies bei einer zahlreichen Bevölkerung niemals der Fall sein kann. Um das Vereinigte Königreich allein mit dem Artikel Weizen zu versehen, wäre mehr als die doppelte Anzahl der Schiffe nötig, welche jetzt alljährlich in unsere Häfen einlaufen, wenn es wirklich möglich wäre, das Getreide aus anderen Ländern in genügender Menge zu beschaffen ... Wenn das richtig ist, so muss es auch richtig sein, dass jedes Land, welches grosse und rasche Fortschritte in der Bevölkerung macht, gleiche Fortschritte in der Erzeugung von Nahrungsmitteln machen muss. Einer geringen Bevölkerungszunahme könnte man entweder durch Einfuhr von auswärts oder durch eine Verringerung des Nahrungsanteils, den die Einzelnen verzehren, begegnen. Aber das erste dieser Hilfsmittel ist unmöglich, sobald ein irgend beträchtlicher Bevölkerungszuwachs stattgefunden hat.“ Die Zukunft bestätigte diese Ansicht indessen nicht; denn die Weizenproduktion und der Weizenimport des Vereinigten Königreichs betrugen:

Im Jahresdurchschnitt	Produktionsmengen (ohne Saatgut)	Die Mehreinfuhr
	in Imperial Quarters	
1870/75	11 633 000	10 763 000
1876/81	9 052 000	14 967 000
1882/87	8 756 000	17 924 000
1888/93	8 531 000	19 789 000

Noch zu Beginn der 70er Jahre war demnach die Weizenproduktion des Vereinigten Königreichs stärker als die Weizeneinfuhr. Seitdem ist ihr Anteil am Gesamtkonsum immer geringer geworden; das Verhältnis der Mehreinfuhr zur Produktion, das 1870/75 gleich 92 zu 100 war, hat sich von da ab allmählich auf 166 bezw. 205 und 232 zu 100 gehoben. Im Jahrfünft 1894/1898 ist die Mehreinfuhr wiederum beträchtlich gestiegen, so dass ihr Verhältniss zur Eigenproduktion gegenwärtig etwa 260 zu 100 ausmacht. Die Eigenproduktion kann demnach nunmehr nicht mehr als $^2/_7$ des Gesamtverbrauchs liefern.

Ebenso wie verschiedene Engländer hinsichtlich Englands, schrieb 1857 der bekannte französische Agrarpolitiker Léonce de Lavergne betreffs Frankreichs, dass die Verproviantierung einer Nation wie die französische nur von ihr selber bewirkt werden könne.[1]) Und auf S. 98 fügte er hinzu: „Bei dem gegenwärtigen Stande seiner Bevölkerung, umgeben von Ländern wie England, Belgien, Holland, Schweiz, Deutschland (am Rhein), die alle bedeutend dichter bevölkert sind und daher — trotz der Vorzüglichkeit der Bodenkultur — ihren Bedarf nicht selber herstellen können, ist die Rolle Frankreichs — die eines getreideexportierenden Landes.“

Aber wie seinerzeit in England, so haben sich die Prophezeihungen dieser Art auch für Frankreich als falsch erwiesen. Trotz des überaus langsamen Bevölkerungszuwachses betrug nämlich der Überschuss der Ein- bezw. Ausfuhr in Frankreich:[2])

Im Jahres-durchschnitt	Die Mehreinfuhr an Weizen	Die Mehrausfuhr an Weizen	Die Mehreinfuhr an Roggen, Hafer, Gerste, Mais und Buchweizen	Die Mehrausfuhr an Roggen, Hafer, Gerste, Mais und Buchweizen
	in 100 kg			
1827/36	658 000	—	37 000	
1837/46	743 000	—	—	53 000
1847/56	1 284 000	—	—	305 000
1857/66	—	225 000	—	605 000
1867/76	4 156 000		—	314 000
1877/86	11 671 000		4 637 000	—
1886/96	11 174 000		6 264 000	—

Die Getreideeinfuhr zeigt demnach auch in Frankreich eine rasche Zunahme. Die Steigerung wäre übrigens im letzten Jahrzehnt noch bedeutender gewesen, wenn die überaus hohen Getreidezölle einerseits und die günstigen Ernten der Jahre 1894,

---

[1]) Vgl. L'Agriculture etc. 1857, S. 48.

[2]) 100 kg Mehl werden von der amtlichen Statistik 133 kg an Körnern gleichgesetzt.

1895 und 1896 andererseits[1]) nicht ein ausserordentliches Sinken der Einfuhr in diesen Jahren bewirkt hätten. Sieht man von den beiden letzten Jahren ab, so betrug im Zeitraum 1887/94 der Überschuss der Weizeneinfuhr ca. 13,2 Millionen und der an den anderen 5 Getreidearten ca. 6,4 Millionen Meterzentner.

Der Vergleich gestaltet sich aber noch interessanter, wenn man, ähnlich wie das für England geschehen, die Weizenerträge der Weizeneinfuhr gegenüberstellt. Die letzte französische Agrarenquête liefert diesbezüglich folgende Zahlen:

	Produktion[2]) hl	Überschuss der Einfuhr über die Ausfuhr hl
1831/41	68 436 000	478 000
1842/51	81 041 000	569 000
1852/61	88 986 000	1 950 000
1862/71[3])	98 339 000	3 274 000
1872/81	100 295 000	10 660 000
1882/91	107 096 000	15 015 000
Zunahme	38 660 000	14 537 000
in %	57 %	3040 %

Der Konsum nahm demnach in diesem Zeitraum um ca. 53,2 Millionen hl zu, während die Produktion Frankreichs sich nur um ca. 38,7 Millionen hl hob. Seit 1877 war dabei die Einfuhr überhaupt stets grösser als die Ausfuhr. „Frankreich ist,“ fügt daher diesen Zahlen der Bearbeiter der Enquête mit Recht hinzu, „ein Land, das Getreide einführt, und es wird in immer grösserem Umfange zu einem Getreideeinfuhrland . . . . Denn der Bedarf steigt rascher als die Produktion.“

---

[1]) Die Weizenernte Frankreichs wurde im Jahre 1892 auf ca. 109,5 Mill. hl, 1893 auf ca. 97,8, 1894 auf ca. 122,5, 1895 auf ca. 120,0, 1896 auf ca. 119,7 Mill. hl berechnet.

[2]) Vgl. Enquête décennale de 1892, S. 114. Die Angaben über die Produktion beruhen nur auf approximativen Schätzungen. Dementsprechend wird denn auch der Ertrag einer und derselben Ernte von verschiedenen Seiten sehr verschieden geschätzt. In seiner Abhandlung „Le mouvement agricole“ im Novemberheft 1899 des Journal des Economistes führt z. B. Grandeau u. a. folgende Berechnungen der Ernte des Jahres 1898 an:

Association nationale de la meunerie	schätzte	den	Ertrag	auf	137,4	Mill.	hl.
Ministère de l'Agriculture	„	„	„	„	129,0	„	„
Corn Trade News (Liverpool) . .	„	„	„	„	125,0	„	„
Société des Agriculteurs de France	„	„	„	„	123,0	„	„

Im folgenden werden ausschliesslich die Ermittelungen des Ackerbauministeriums angeführt.

[3]) Das Jahr 1870 nicht inbegriffen.

Als Gegenstück hierzu sind die Ansichten interessant, die der Direktor der „Rapports spéciaux" über die Weltausstellung von 1878 und spätere Minister, Krantz, über diesen Gegenstand äusserte. „Schon in naher Zukunft, wenn die Amerikaner ihre missbrauchten Ländereien so überlasten, dass die Produktion von Getreide mit den dort gegenwärtig üblichen Methoden unmöglich werden und der Tag der Verproviantierungsschwierigkeiten für die zahlreiche Bevölkerung herantreten wird, werden wir in der glücklichen Lage sein, ihnen ein Stück Brod zu reichen, das wir unserer Intelligenz und unserem Wissen verdanken." [1])

* * *

Vergleicht man die in Frankreich in den einzelnen Jahrzehnten mit verschiedenen Getreidearten bebauten Flächen mit einander, so ergiebt sich folgende Übersicht:

Im Jahresdurchschnitt	Fläche in 1000 ha unter Weizen	Mengkorn	Roggen	Gerste	Hafer
1815/20	4610	900	2590	1170	2940
1821/30	4890	890	2750	1240	2850
1831/40	5320	890	2660	1290	2830
1841/50	5800	850	2640	1230	3000
1851/60	6430	640	2190	1110	3070
1861/70	6920	590	2000	1120	3280

	Buchweizen	Mais u. Hirse	Gemüse	Kartoffeln
1815/20	670	560	250	570
1821/30	650	570	280	590
1831/40	690	590	320	810
1841/50	690	640	320	990
1851/60	730	660	350	940
1861/70	740	650	340	1150

Diese allerdings nur auf sehr approximativen Schätzungen beruhenden Daten deuten darauf hin, dass seit Beginn der 20er Jahre die Fläche unter Mengkorn, Roggen und Gerste in einem mehr oder weniger raschen Rückgang begriffen ist, obwohl die Gesamtfläche Frankreichs durch Annexion von Nizza und Savoyen (1860) um ca. 1 600 000 ha, d. h. um ca. 3 % zugenommen hat. Demgegenüber nahm der Anbau von anderen Getreidesorten, insbesondere von Weizen und Hafer, gleich dem von Gemüse und Kartoffeln sehr rasch zu. Ähnlich schnell vergrösserte sich in diesem Zeitraum die Fläche der künstlichen Wiesen, besät mit Klee, Esparsette u. d. m. Sie belief sich

[1]) Vgl. Journal de la Soc. de Stat. 1880, S. 286 ff.

1840 auf ca. 1830000 ha, 1852 auf ca. 2860000, 1862[1]) auf 3160000 ha.

Etwas anders gestalteten sich die Verhältnisse in den letzten Jahrzehnten, für welche wir bedeutend zuverlässigere Angaben schon deshalb besitzen, weil die Fläche Frankreichs unverändert blieb. Seit Mitte der 70er Jahre wird das Flächengebiet der verschiedenen Kulturen wie folgt geschätzt:

	Fläche unter			
	Weizen	Mengkorn	Roggen	Gerste
		ha		
1876/80	6900000	438000	1821000	1047000
1881/85	6936000	371000	1754000	1019000
1886/90	6996000	313000	1614000	904000
1892/96[2])	6989000	265000	1532000	885000
1897/98	6773000	238000	1463000	836000
	Hafer	Buchweizen	Mais und Hirse	Kartoffeln
1876/80	3420000	652000	635000	1268000
1881/85	3622000	633000	609000	1388000
1886/90	3745000	607000	556000	1479000
1892/96[2])	3885000	582000	575000	1533000
1897/98	3939000	561000	573000	1546000

Der Anbau von Mengkorn, Roggen, Gerste und Buchweizen ist demnach in Frankreich, ebenso wie in England, in Abnahme begriffen, und nur der Weizenanbau zeigte — im Gegensatz zu England — eine Zeit lang eine kleine Zunahme, die übrigens, trotz des überaus hohen Zollschutzes, gerade im letzten Jahrfünft nachgelassen hat. Die hohen Getreidezölle haben demnach den Übergang zu den unter heutigen Bedingungen rentabelsten Anbausystemen zwar verlangsamt, konnten ihn aber glücklicherweise nicht ganz hintanhalten. Ihr Einfluss gestaltete sich aber besonders verderblich auf dem Gebiete der Viehzucht, die seit Jahrzehnten den wunden Punkt der französischen Landwirtschaft darstellt, weil Frankreich zu den Ländern gehört, die einen

[1]) Ein Teil dieses Zuwachses ist auf die Annexion von Nizza und Savoyen zurückzuführen.

[2]) Das Jahr 1891 musste unberücksichtigt gelassen werden, da die Angaben dafür sehr unzuverlässig zu sein scheinen. Die Fläche unter Weizen wurde nämlich in diesem Jahr auf 5755000 ha beziffert, gegen ca. 7062000 ha im Jahre 1890 und 6987000 im Jahre 1892. Es handelt sich offenbar um einen Versuch, durch alarmierende Nachrichten einen höheren Zollschutz zu erwirken. Im Jahre 1892 fand denn auch thatsächlich eine beträchtliche Erhöhung der Viehzölle statt, der später eine Erhöhung der Getreidezölle folgte.

relativ sehr unbedeutenden Viehstand haben. Wenn man nämlich das Verhältnis des Viehstandes zur Fläche unter Getreide, Rüben, Tabak, Kartoffeln und anderen Gewächsen, die einer mehr oder weniger starken Düngung bedürfen, berechnet, so erhält man nach Angaben Brochs für den Anfang der 80 er Jahre pro Quadratkilometer folgende Zahlen:[1])

	Pferde	Kühe und Ochsen	Schafe
Grossbritannien und Irland	32	158	441
Deutschland	29	91	141
Belgien	22	113	119
Frankreich	20	59	116

Frankreich stand also an letzter Stelle, wobei das Vereinigte Königreich pro Quadratkilometer um ca. 60 % mehr an Pferden, um ca. 170 % mehr an Rindvieh und um ca. 280 % mehr an Schafen aufwies als Frankreich. Die ungünstige Position Frankreichs kommt noch deutlicher zum Vorschein, wenn man, um den Vergleich zu vereinfachen, nach dem üblichen Masstab 8 Schafe bezw. 3 Schweine einem Pferd bezw. einem Stück Rindvieh gleichsetzt. In diesem Fall betrug der Viehstand pro Quadratkilometer:

	Jahr	Viehstand pro Quadratkilometer
Grossbritannien und Irland	1882	266
Belgien	1880	155
Deutschland	1883	144
Frankreich	1880	111

Der Viehstand Deutschlands, Belgiens und Grossbritanniens, berechnet pro Quadratkilometer der Fläche, die einer Düngung bedarf, übertraf demnach schon zu Beginn der 80 er Jahre den Viehstand Frankreichs um ca. 30 bezw. 40 und 140 %.

Die Bedeutung dieses Missstandes, an dessen Folgen die französische Landwirtschaft seit Jahrzehnten leidet, wird durch folgende Berechnungen von Tisserand, des Abteilungschefs im Landwirtschaftsministerium, klargelegt, der die landwirtschaftlichen Enquêten von 1882 und 1892 leitete: „Man schätzt, sagt Tisserand, ein Lebendgewicht an Vieh von 500 kg pro ha kultivierter Fläche als ein Zeichen guter Kultur. Unsere Landwirtschaft hat demnach einen grossen Weg zurückzulegen, wenn sie dieses so erwünschte Ziel erreichen will.“[2]) Frankreich besitzt eben — nach Ausschluss

---

[1]) Broch, La crise agricole en Europe, J. de la Soc. de Stat. 1885, S. 33 ff.

[2]) Vgl. Résultats généraux de l'enquête décennale de 1882, S. 182.

der Waldfläche — nicht einmal 180 kg an Vieh pro ha der kultivierten Fläche. Dabei darf natürlich nicht vergessen werden, dass die Anwendung grosser Mengen von Kunstdünger den animalischen Dünger ganz oder teilweise ersetzen kann. Die englische Landwirtschaft ist aber auch in dieser Hinsicht der französischen bei weitem voraus. So erzählt z. B. Broch in seiner Abhandlung „La crise agricole en Europe“, dass das Vereinigte Königreich zu Beginn der 80er Jahre für ca. 50 Millionen Franken Guano, Knochenmehl und sonstiger Dungstoffe importierte, während der entsprechende Import Frankreichs, dessen kultivierte Fläche fast drei mal so gross war, kaum ein Drittel dieser Summe ausgemacht hat.[1]) Im letzten Jahrzehnt soll der Gesamtverbrauch Frankreichs an künstlichem Dünger sich von ca. 60 Millionen Franken auf ca. 120 Millionen Franken gehoben haben, was bei dem Sinken der Preise eine Verdreifachung der Menge der Dungstoffe bedeuten würde.[2]) Das ergiebt aber auch jetzt nur einen durchschnittlichen Kunstdüngerverbrauch von ca. 4 Franken pro ha der Acker- und Wiesenfläche, während zu einer erheblichen Steigerung des Ertrages pro ha etwa die zehnfache Summe verbraucht werden müsste.[3])

Die Geringfügigkeit des Verbrauchs Frankreichs an künstlichen Dungstoffen wird aber noch klarer durch die Thatsache beleuchtet, dass nach Angaben der Agrarenquête von 1892 der Wert des animalischen Düngers ca. 832 Millionen Franken betragen hat. Der Wert der künstlichen Dungstoffe hat demnach kaum 15% des Wertes des animalischen Düngers ausgemacht,

---

[1]) Ausserdem standen der englischen Landwirtschaft ausserordentlich grosse Mengen von künstlichen Dungstoffen in den Abfällen und Nebenprodukten der gewaltigen Hüttenproduktion Englands zur Verfügung.

[2]) Vgl. Rocquigny, La coopération de production dans l'agriculture. Paris 1896, S. 10 ff.

[3]) Grandeau berechnet die Ausgaben für chemische Dungstoffe bei Verwendung von mineralischen Phosphaten und Schlacken auf ca. 51,5 Franken pro ha, bei Verwendung von Phosphatniederschlägen und Superphosphaten auf ca. 58,5 bezw. 64,0 Franken. Vgl. Le mouvement agricole, Journal des Economistes, November 1898, S. 196 ff. Sehr nützlich wirken auf diesem Gebiete die ländlichen Genossenschaften. So sollen z. B. nach Angaben de Rocquignys (a. a. O. S. 10 ff.) die syndicats agricoles der einzelnen Departements folgende Summen für den Einkauf der Dungstoffe ausgegeben haben: Vienne und Charente-Inférieure ca. 1 Mill. Franken, Loire-Inférieure ca. 900000, Sarthe ca. 800 Tausend, Indre ca. 560, Ardennes 500—600, Cher, Loiret, Mayenne ca. 400 Tausend Franken.

hat demnach die oben festgestellte ungenügende Quantität an letzterem kaum irgendwie erheblich ausgleichen können.

Wie langsam das Verständnis für die Bedeutung eines starken Viehstandes in Frankreich heranreift, lässt sich aus folgenden Daten ersehen, die bei den landwirtschaftlichen Enquêten der Jahre 1862, 1882 und 1892 ermittelt wurden. Nach Eliminierung von Elsass-Lothringen zählte man in Frankreich:[1])

	im Jahre			Zu- oder Abnahme 1862—1892	
	1862	1882	1892	absolut	in %
Pferde	2 771 000	2 838 000	2 795 000	24 000	+ 0,8%
Rindvieh	12 368 000	12 997 000	13 709 000	1 341 000	+ 13,4%
Schafe	29 227 000	23 809 000	21 116 000	— 8 111 000	— 27,8%
Schweine	5 812 000	7 147 000	7 421 000	+ 1 609 000	+ 27,6%

Im Laufe von 30 Jahren hat demnach der Viehstand Frankreichs nur unbedeutend zugenommen;[2]) dabei war hinsichtlich der Zahl der Pferde seit 1882 sowie der Schafe seit 1862 noch ein Rückgang zu verzeichnen. Demgegenüber wurde in Grossbritannien folgender Viehstand ermittelt:

	Im Jahresdurchschnitt				Zu- oder Abnahme	
	1871/75	1876/80	1881/85	1891/92	absolut	in %
Pferde	1 288 000	1 406 000	1 414 000	1 503 000	+ 215 000	17,7%
Rindvieh	5 813 000	5 810 000	6 110 000	6 899 000	+ 1 086 000	18,7%
Schafe	28 790 000	27 905 000	25 314 000	28 734 000	—	—
Schweine	2 485 000	2 274 000	2 433 000	2 513 000	--	—

Der Bestand an Pferden und Rindvieh nahm demnach in Grossbritannien, obwohl der beobachtete Zeitraum bedeutend kürzer war, viel schneller zu als in Frankreich. Dieser Umstand gewinnt noch mehr an Bedeutung, wenn man sich vergegenwärtigt, dass Grossbritannien schon vor Jahrzehnten pro ha einen bedeutend grösseren Viehstand aufwies als Frankreich, und dass auch die Qualität resp. das Gewicht des englischen Viehes die fraglichen Eigenschaften der französischen Rassen, im grossen und ganzen bei weitem überragen. Ein grösseres Interesse beansprucht aber auch die Thatsache, dass der Schafbestand Grossbritanniens — nach einem vorübergehenden Rückgang —

---

[1]) Résultats généraux de l'enquête décennale de 1892, S. 222. Uber die Art der Sammlung der statistischen Daten hinsichtlich des Viehstandes und deren Zuverlässigkeit in früherer Zeit vgl. u. a. Legoyt, Le bétail en France, Journal de la Soc. de Stat. 1864, S. 222 ff.

[2]) Diese Zunahme ist übrigens zum grossen Teil auf die schärfere Erfassung der Zählobjekte zurückzuführen. Vgl. darüber S. 77 ff.

im Gegensatz zu Frankreich[1]) wieder einen beträchtlichen Zuwachs aufweist.

Sehr auffallend ist, dass die französische Landwirtschaft gerade in der neuesten Zeit wenig geneigt zu sein scheint, den Viehstand erheblich zu vermehren. Darauf deuten indirekt folgende Angaben der letzten Agrarenquête über die Fläche unter künstlichen und natürlichen Wiesen und Weiden hin:

	Künstliche Wiesen (prairies artificielles) ha	Natürliche Wiesen und Weiden (près naturels et herbages) ha
1862 (89 Departements)	2773000	5021000
1882 (86 „)	3130000	5946000
1892 (86 „)	3222000	6231000

Gerade die neuere, unter dem Zeichen des Hochschutzes für Getreide und Vieh stehende Zeit zeigt demnach eine ausserordentlich langsame Zunahme der Fläche unter Wiesen und Weiden. Das langsame Anwachsen der Bevölkerung scheint auch hier ein wichtiges Hemmnis für den Fortschritt abzugeben, wie das aus folgenden Angaben über die Zahl der Kühe in Frankreich und Grossbritannien hervorgeht:[2])

	Zahl der Kühe in Grossbritannien[3])	Frankreich
1886/90	2499000	6428000
1891/92[4])	2654000	6504000
Zunahme	155000 = 6,2 %	76000 = 1,2 %

Die Zahl der Kühe nahm demnach in Frankreich entsprechend dem langsameren Bevölkerungszuwachs viel langsamer zu als in Grossbritannien. Dabei darf nicht ausser Acht gelassen werden, dass der durchschnittliche Milchertrag, den eine Kuh liefert, in England bei weitem grösser ist als in Frankreich, wo

---

[1]) Manche französische Agronomen und Nationalökonomen sehen in dem Rückgang der Schafzucht in Frankreich ein Zeichen des Fortschrittes. Von vielen wird dabei übersehen, dass die Schafzucht, sofern sie, wie das in England der Fall ist, vorwiegend auf die Lieferung von Fleisch gerichtet ist, keineswegs Rückständigkeit der Kultur anzuzeigen braucht.

[2]) Vor 1885 hat man in Frankreich die Kühe zusammen mit den Färsenkälbern aufgeführt.

[3]) Cows and Heifers in Milk or in Calf.

[4]) Hier sind nur die Ziffern bis zum Jahre 1892 angeführt, weil die Dürre des Jahres 1893 den Viehstand fast aller westeuropäischen Länder bedeutend dezimiert hat. Man zählte z. B. in Frankreich im Jahre 1892 13364000 Rindviehstücke, im Jahre 1893 dagegen nur 12155000.

die Kühe noch grösstenteils zu schweren Feldarbeiten verwendet werden.[1]) Die Rückwirkung der langsamen Zunahme der Milchproduktion Frankreichs auf die Rentabilität seiner Landwirtschaft lässt sich auf Grund der Schwankungen beurteilen, denen die Preise der Milch unterworfen waren. Im Jahrzehnt von 1886 bis 1895, in welchem der Weltmarktpreis des Weizens zwischen 23 und 37 und der Preis des Hafers zwischen 14 1/2 und 20 Shillinge pro Imperial Quarter schwankte, wies der Durchschnittspreis der Milch in Frankreich nur Schwankungen zwischen 16,0 und 15,2 Franken per hl auf. Und im Jahre 1894, das die niedrigsten Notierungen für Weizen in diesem Jahrzehnt zeigte, hat der geschätzte Wert der Milchproduktion Frankreichs — mit ca. 1 190 000 000 Franken — ca. 2/3 des geschätzten Wertes der Weizenernte ausgemacht. Relativ noch günstiger als die Schwankungen des Preises der Milch gestalteten sich die Schwankungen der Preise des Fleisches,[2]) der Butter, der Eier u. s. w. Die Agrarenquête von 1892 giebt z. B. hinsichtlich der Butter an, dass ihr Preis in den einzelnen Departements zwischen 1,52 und 3 Franken pro kg stand[3]) während im Jahre 1882 die Preise sich zwischen 1,10 und 3 Franken bewegten.[4]) Die Verbesserung der Transportmittel hat demnach die Mindestpreise beträchtlich erhöht, der Höchstpreis blieb stationär.

Die Verluste, welche die Dürre des Jahres 1893 in Bezug auf den Bestand an Kühen zur Folge hatte, sind in Grossbritannien wie in Frankreich nunmehr ziemlich gut gemachtworden. In beiden Ländern nimmt die Zahl der Kühe wieder fast von Jahr zu Jahr zu, wie das aus nachstehenden Zahlen zu ersehen ist:

	Zahl der Kühe in	
Jahr	Grossbritannien	Frankreich
1891	2 657 000	6 558 000
1894	2 460 000	6 229 000
1895	2 486 000	6 360 000

[1]) Diesem Umstande ist auch wesentlich zuzuschreiben, dass die absolute Zahl der Kühe in Frankreich so gross ist. Die Statistique agricole annuelle giebt leider keine speziellen Nachweise über die Zahl der Milchkühe.

[2]) Der Gesamtwert des Fleisches der geschlachteten französischen Tiere (einschl. der Ausfuhr) betrug im Jahre 1862 ca. 1060 Mill. Franken gegen ca. 1630 bezw. 1740 Millionen Franken in den Jahren 1882 bezw. 1892. Der Wert des Fleisches der Pferde, Esel, Maulesel etc. wurde vor 1892 nicht ermittelt. Er ist daher auch in der betr. Zahl für 1892 — 1740 Mill. Franken — nicht inbegriffen.

[3]) Vgl. Enquête décennale de 1892, S. 308 ff.

[4]) Vgl. Enquête décennale de 1882, S. 244 ff.

Jahr	Zahl der Kühe in Grossbritannien	Zahl der Kühe in Frankreich
1896	2512000	6351000
1897	2532000	6444000
1898	2587000	6473000

Etwas anders gestalteten sich die Veränderungen im sonstigen Rindviehbestande Frankreichs. Unter dem Einfluss der immer schärfer werdenden Krise haben die französischen Landwirte bis in die Mitte der 80er Jahre einen immer grösseren Wert auf die Vermehrung ihres Viehstandes gelegt. Dementsprechend stieg auch der Bestand an Stieren, Ochsen und Kälbern folgendermassen.

Im Jahresdurchschnitt	Zahl der Ochsen und Stiere	Zahl der Kälber
1875/77	2 389 000	1 710 000
1882/84	2 469 000	1 875 000
Zunahme	80 000	165 000

Zu gleicher Zeit stieg auch die Zahl der Kühe und Färsenkälber von ca. 7 298 000 auf ca. 7 466 000, d. h. um ca. 168 000 Stück. Im ganzen nahm demnach der Rindviehbestand Frankreichs von 1875/77 bis 1882/84 um mehr als ca. 400000 Stück zu.

Im Jahre 1885 sind nun zwei wichtige Ereignisse eingetreten. Man hat von da an in die Statistik auch den jungen Nachwuchs aufgenommen. Im Jahrgang 1885 der Statistique agricole annuelle wird darüber folgendes berichtet: „Die Differenz zwischen dem Gesamtbestand von 1885 und dem Gesamtbestand in früheren Jahren, wie er in der Statistique générale de la France angegeben ist, erklärt sich dadurch, dass früher der grösste Teil des jungen Nachwuchses (élèves), mit Ausnahme einiger Departements, in diesen Angaben nicht inbegriffen war." Die Wirkung der nunmehrigen Aufnahme des Jungviehs in die Statistik auf den Gesamtbestand an Rindvieh lässt sich daraus beurteilen, dass man im Jahre 1885 ca. 1 200000 im Jahre 1886 ca. 1 228 000 solcher Tiere ermittelte.

Seitdem ist ihre Zahl mit ca. 1 252 000 im Jahresdurchschnitt 1891/92 und ca. 1 274 000 im Jahresdurchschnitt 1896/97 ziemlich unverändert geblieben.

Bei Fortlassung dieses jungen Nachwuchses gestaltet sich der Zuwachs an Rindvieh folgendermassen:

Im Jahres-durchschnitt	Stiere	Arbeitsochsen	Mastochsen	Junge Ochsen u. Färsenkälber[1])
1886/89	324 000	1 397 000	502 000	2 432 000
1890/92	321 000	1 396 000	492 000	2 468 000
1896/97	303 000	1 338 000	494 000	2 544 000

Dabei darf nicht vergessen werden, dass der Schafbestand Frankreichs allein von 1882 bis 1892 von ca. 23,8 auf ca. 21,1 Millionen Köpfe gesunken ist,[2]) was einer Abnahme von ca. 350 000 Rindern gleichkommt. Denn die landwirtschaftliche Enquête vom Jahre 1892 schätzt das jährliche Durchschnittsquantum an Dungstoffen, das von einem Rind geliefert wird, auf ca. 3700, das von einem Schaf auf ca. 440 kg. Berücksichtigt man dazu, dass die Enquête die Düngermenge, die von einem Stier oder einem Arbeitsochsen jährlich geliefert werden kann, auf ca. 4,8 Tonnen, von einem Mastochsen auf ca. 6,1 Tonnen, von einem jungen Ochsen oder einem Färsenkalb dagegen nur auf 3,0 bezw. 2,4 Tonnen veranschlagt, so geht aus den Angaben über den Viehstand Frankreichs im Zeitraum 1886 bis 1897 hervor, dass das Gesamtquantum an animalischem Dünger sich in diesem Zwischenraum kaum geändert hat.[3]) Demgegenüber hat Grossbritannien seinen Rindviehbestand — auch nach Ausschluss der Kühe — allein von 1888/89 bis 1891/92 von ca. 3 692 000 auf ca. 4 245 000, d. h. um ca. 550 000 Köpfe, vermehrt. Und auch der Viehbestand im Jahresdurchschnitt 1896/97 überragte dort — trotz der Dezimierung durch die Heumissernte des Jahres 1893 — den Bestand der Jahre 1888/89 um mehr als 280 000 Köpfe. Ähnlich wies auch der Schafbestand Englands dem Bestand im Jahresdurchschnitt 1888/89 gegenüber eine Vermehrung auf. Er betrug nämlich 1888/89 25,4 Millionen Köpfe, gegen 28,7 Millionen 1891/92 und ca. 26,5 Millionen im Jahresdurchschnitt 1896/97, was hinsichtlich des gelieferten Düngerquantums einer weiteren Zunahme von ca. 400 000 bezw. 130 000 Rindstücken gleichkommt.

Die wichtigste Ursache für dieses langsame Anwachsen des

---

[1]) Bouvillons et génisses.

[2]) Vgl. S. 74 ff.

[3]) Auch die offizielle Agrarenquête von 1892 schätzt den Wert des animalischen Düngers, der der französischen Landwirtschaft zur Verfügung stand, im Jahre 1882 auf ca. 838, im Jahre 1892 dagegen nur auf 832 Mill. Franken. Da der Wertmassstab unverändert blieb, so deuten diese Zahlen auch auf einen völligen Stillstand hinsichtlich der Menge hin. Vergl. Enquête décennale de 1892, S. 440 ff.

Viehbestandes in Frankreich sind die hohen Viehzölle, die seit 1885 eingeführt wurden. Dieser Zoll, der von 1885 an 25 Franken für den Ochsen, 12 Franken für die Kuh und 4 Franken pro Kalb betragen hat,[1]) wurde zunächst 1887 und dann im Jahre 1892 jedes Mal beinahe verdoppelt, so dass er in seiner gegenwärtigen Höhe — 10 Franken pro 100 kg des Lebendgewichtes der eingeführten Rinder — ca. 15 bis 20 % des Wertes der Fleischprodukte ausmacht. Ähnlich wird gegenwärtig ein Zoll von 10 Franken pro Meterzentner des Lebendgewichtes der eingeführten Schafe und von 15,5 Franken pro Meterzentner des Lebendgewichtes der eingeführten Lämmer erhoben, was die Verteuerung auch dieser Fleischsorten von 20 bis 25 % bedeutet. Noch höher ist der Zoll auf eingeführtes frisches Fleisch. Er beträgt nach dem Tarif von 1892 für das Hammelfleisch 32 Franken, für das Fleisch der Rinder 25 Franken pro 100 kg.

Unter dem Einfluss dieses Hochschutzes verminderte sich der Überschuss der Einfuhr über die Ausfuhr folgendermassen:

	Rinder	Schafe und Lämmer
1872/81	127 900	1 655 000
1882/91	61 100	1 630 000
1892/96	65 300[2])	1 534 000

Noch schärfer tritt die Abnahme der Einfuhr aus den Mitteilungen der letzten Agrarenquête über die Zahl der aus dem Auslande eingeführten Tiere hervor, die 1882 und 1892 in Frankreich geschlachtet wurden. Ihre Zahl betrug:

[1]) Vor 1885 lauteten die entsprechenden Rubriken des Zolltarifs folgendermassen:

	Im Jahre				
	1853	1874	1881	1885	1887
	Franken				
Ochsen	3	3,74	15	25	38
Stiere	3	3,74	8	12	12
Kühe	1	1,25	8	12	20
Jungochsen	1	1,25	5	8	8
Kälber	0,25	0,31	1,50	4	8
Schafe	0,25	0,31	2	3	5
Schweine	—	—	—	6	6

Der Zoll vom frischen Fleisch betrug nach dem Zolltarif von 1881 3, und nach dem von 1887 7 Franken pro 100 kg. Der Zoll vom gesalzenen etc. Fleisch 4,50 bezw. 8,50 Franken. Vgl. Lecouteux, Cours d'économie rurale, Paris 1889, I. Band, S. 443.

[2]) Darunter 183.600 bezw. 128.900 Rinder, die 1894 und 1895, wesentlich zur Vervollständigung des durch die Dürre des Jahres 1893 stark dezimierten Bestandes, eingeführt wurden. Die Mehreinfuhr der übrigen 3 Jahre war demnach fast gleich o.

	1882	1892	Abnahme
Ochsen, Kühe	105 200	21 800	79 %
Kälber	46 800	2 200	95 %
Schafe, Lämmer	2 011 600	1 349 700	33 %
Schweine	48 900	12 500	74 %

Ähnlich ist auch der Überschuss der Einfuhr über die Ausfuhr an verschiedenen Fleischprodukten [1]) von ca. 99 400 Tonnen im Jahresdurchschnitt 1888/92 auf ca. 49 500 Tonnen im Jahresdurchschnitt 1893/96 gesunken.

Um dieses Defizit der Einfuhr zu decken, musste natürlich der eigene Viehstand stärker in Anspruch genommen werden. Die Agrarenquête von 1892 liefert denn auch folgende Angaben über die Zahl der Schlachtungen:

In Frankreich geschlachtetes Vieh einschl. der Ausfuhr.

	1882	1892	Zunahme
Kühe, Ochsen	2 059 000	2 141 000	82 000
Kälber	3 241 000	3 528 000	287 000
Schafe, Lämmer etc.	7 561 000	8 023 000	426 000
Schweine	3 978 000	4 904 000	926 000

Die Kurzsichtigkeit der agrarischen Hochschutzzollpolitik lässt sich aber noch an der Hand von zwei anderen Thatsachen beurteilen. Die landwirtschaftliche Enquête vom Jahre 1892 giebt folgende Zahlen über den Fleischkonsum der Städte mit einer Bevölkerung von über 10 000 Personen:

Jahr	Bevölkerung	Fleischkonsum in Tonnen à 1000 kg geschlachtet in den genannten Städten: Rindfleisch	Anderes Fleisch	Fleischkonsum einschl. der Einfuhr[2]): Tonnen à 1000 kg	pro Kopf der Bev.
1839	5 076 000	146 500	82 600	248 500	48,9 kg
1844	5 343 000	160 900	101 000	277 800	52,0 „
1849	5 829 000	174 900	94 000	299 500	47,7 „
1854	6 277 000	195 100	96 900	335 700	47,7 „
1862	7 838 000	250 400	128 500	422 300	53,9 „
1867	8 341 000	268 500	151 300	482 800	57,9 „
1872	8 264 000	251 600	159 900	458 600	55,5[3]) „
1877	8 704 000	302 600	163 200	541 900	62,3 „
1882	9 841 000	355 800	196 300	635 700	**64,6** „
1887	10 480 000	366 100	198 100	635 900	60,7 „
1892	11 231 000	364 200	204 300	640 000	57,0 „

Nach einem vorübergehenden Rückgang des Fleischkonsums um die Mitte dieses Jahrhunderts, der wesentlich dem Einfluss

[1]) Viandes fraiches, depecées, salées et fumées.

[2]) Ohne Pferdefleisch.

[3]) Folge der Katastrophe von 1870/71.

der Ereignisse des Jahres 1848 und den überaus hohen Getreidepreisen des Jahres 1854 zugeschrieben werden muss — der Weltmarktpreis des Weizens betrug in diesem Jahr ca. 72 Shillinge pro Imperial Quarter gegen ca. 53 Shillinge im Jahre 1853 und ca. 41 bezw. 39 Shillinge in den vorhergehenden Jahren — hat der Fleischkonsum der städtischen Bevölkerung in der Ära der lieberalen Handelspolitik beträchtlich zugenommen. Seit den 80er Jahren, nach der Inaugurierung der agrarischen Hochschutzzollära, zeigt demgegenüber der Fleischkonsum der Städte einen stetigen Rückgang. Im Jahre 1892 sehen wir ihn wiederum auf das Niveau der 60er Jahre gesunken.

Ähnliches ist von Paris zu berichten, wo der Fleischkonsum im Laufe der beiden letzten Jahrzehnte sich folgendermassen gestaltet hat:

Im Jahresdurchschnitt[1])	Fleischkonsum pro Kopf der Bevölkerung
1876/80	76 kg
1881/85	76 „
1886/90	76 „
1891/95	73 „
1896/97	70 „

Um die Wirkungen erkennen zu lassen, welche diese Verringerung ihres Absatzgebietes für die französische Landwirtschaft zur Folge haben musste, genügt es darauf hinzuweisen, dass der durchschnittliche Fleischkonsum pro Kopf der Bevölkerung in Paris $2^1/_4$ mal grösser war als im übrigen Frankreich und sogar ca. 3 mal grösser als der durchschnittliche jährliche Fleischkonsum der städtischen und ländlichen Kommunen mit weniger als 10000 Einwohnern. Zusammen mit allen anderen Städten mit mehr als 10000 Einwohnern hat Paris bereits zu Beginn der 90er Jahre etwa die Hälfte des gesamten in Frankreich geschlachteten Viehes konsumiert.

Die Anhänger des Hochschutzes auf Produkte der Landwirtschaft pflegen demgegenüber darauf hinzuweisen, dass der durchschnittliche Fleischverbrauch der Kommunen mit unter 10000 Einwohnern von 1882 bis 1892 von ca. 21,9 auf ca. 26,2 kg gestiegen ist. Dabei wird geflissentlich übersehen, dass der Fleischkonsum dieser Kommunen auch im Zeitraum von 1862

[1]) Der besseren Vergleichbarkeit wegen wurden die Jahre 1878 und 1889, in welchen die Ausstellungen einen grossen Bevölkerungszufluss nach Paris verursachten, ausgeschlossen.

bis 1882 von 18,6 auf 21,9 kg gestiegen ist. In der zuletzt genannten Periode der liberaleren Handelspolitik hatte demnach der Fleischkonsum der städtischen und der ländlichen Bevölkerung eine Steigerung aufzuweisen, während umgekehrt der agrarische Hochschutz der letzten Jahrzehnte ein rasches Sinken des Fleischkonsums der städtischen Bevölkerung zur Folge gehabt hat. Der Vergleich wäre aber noch ungünstiger für die Anhänger des Hochschutzzolles ausgefallen, könnte man den Einfluss der Verschiedenheit des Preisstandes aussondern. Das Jahr 1882 zeichnete sich nämlich durch ausserordentlich hohe Fleischpreise aus, wie das aus folgenden Angaben der Agrarenquête von 1892 hervorgeht:

	Preis pro kg in Centimes		
	1862	1882	1892
Rindfleisch	111	158	146
Hammelfleisch	124	176	169
Schweinefleisch . . .	126	151	131

Würde der Preis des Jahres 1882 weniger hoch gewesen, so wäre — unter gleichen Umständen — auch der Konsum dieses Jahres ein grösserer. Das hätte aber eine Steigerung des Konsumzuwachses von 1862 bis 1882 und eine Verminderung des Konsumzuwachses von 1882 bis 1892 zur Folge gehabt. Die Verbrauchszunahme der ländlichen Bevölkerung in der Periode der liberalen Handelspolitik würde dann noch schärfer hervortreten. Zur Illustrierung des Gesagten können folgende Angaben genügen. Im Jahre 1894 kostete 1 kg Ochsenfleisch in Paris ca. 1,62 Franken und 1 kg Schweinefleisch ca. 1,44 Franken, gegen ca. 1,31 bezw. 1,13 Franken im vorhergehenden Jahr. Im Zusammenhang damit und unter Mitwirkung der hohen Getreidezölle sank dementsprechend auch der Gesamtkonsum an frischem Fleisch in Paris von ca. 188 Millionen kg im Jahre 1893 auf ca. 177 Millionen kg im Jahre 1894. Die Wirkungen dieser Verteuerung der wichtigsten Lebensmittel liessen sich noch in den folgenden Jahren beobachten. Demgegenüber folgte z. B. dem beträchtlichen Sinken der Preise des Ochsen- und des Schweinefleisches von 1886 auf 1887 von 1,50 bezw. 1,29 Franken auf 1,33 bezw. 1,17 Franken pro kg eine Zunahme des Gesamtkonsums der Pariser Bevölkerung von 176,2 auf 185,0 Millionen kg. Selbstverständlich spielen bei allen diesen Veränderungen des Konsums auch zahlreiche andere Momente eine grosse Rolle, deren Einfluss nur schwer festzustellen ist, so insbesondere der Wechsel der allgemeinen Konjunktur.[1])

Unter dem Einfluss der liberalen Handelspolitik der 60er und 70er Jahre stieg nach Angaben der Agrarenquêten der Verbrauch an Fleisch vom in Frankreich geschlachteten Vieh von ca. 26 kg pro Kopf der Bevölkerung im Jahre 1862 auf ca. 33 kg im Jahre 1882, d. h. jährlich um ca. 1,35%, während im Zeitraum von 1882 bis 1892 der Verbrauch nur von 33 auf 35 kg[2]) gestiegen ist, was einem jährlichen Zuwachs von 0,6% gleichkommt.

Noch drastischere Zahlen ergeben sich wenn man nur den Verbrauch an Rindfleisch in Betracht zieht. Während der Konsum desselben pro Kopf der Bevölkerung Frankreichs von 1862 bis 1882 sich von 12,8 auf 18,2 kg hob, betrug die Steigerung im Zeitraum von 1882 bis 1892 nur 0,8 kg. Der jährliche Verbrauchszuwachs belief sich demnach im Zeitraum 1862 bis 1882 auf ca. 2,1%, im Zeitraum 1882 bis 1892 dagegen nur auf 0,4%. Um eine richtige Würdigung dieser Erscheinung zu ermöglichen, muss noch hinzugefügt werden, dass der Getreidekonsum, wie wir bald sehen werden, in der ersteren Zeitperiode rasch zugenommen hat, während er seit Inaugurierung des Hochschutzes in rascher Abnahme begriffen ist.

Der agrarische Hochschutz hat demnach nicht nur den Fortschritt der Landwirtschaft gehindert, indem er einen langsamen Zuwachs des Viehstandes zur Folge hatte, sondern er hat auch zur Einschränkung des Konsums in den besten Absatzgebieten der Landwirtschaft — in den Städten — Anlass gegeben.

* * *

Der geringe Viehstand Frankreichs hat eine mangelhafte Düngung der Felder zur Folge, zumal, wie wir gesehen haben,

[1]) Bei Verfolgung des Einflusses der hohen Schutzzölle auf den Fleischverbrauch darf natürlich auch der Einfluss des Ernteertrages, sowie der Getreidepreise nicht übersehen werden. Dabei kommen natürlich auch die Getreidepreise und Ernteergebnisse des vorhergehenden Jahres in Betracht. Der Weizenertrag des Jahres 1882 war besser als im Jahre 1892 (17,7 hl per ha gegen ca. 15,7 hl). Die Erträge der Jahre 1881 und 1891 waren beide sehr schlecht (13,9 und 13,5 hl per ha). Der Weizenpreis betrug in den Jahren 1881 und 1882 22,2 bezw. 19,3 Franken per hl, 1891 und 1892 20,5 und 17,8 Franken. Die relativ sehr hohen Preise der Jahre 1881 und 1882 konnten zwar die Kaufkraft der Getreide verkaufenden Landwirte erhöhen, mussten aber bei dem Teile der ländlichen Bevölkerung, der Getreide hinzukaufen muss, eine entgegengesetzte Wirkung hervorrufen.

[2]) Ohne Esel- und Pferdefleisch, deren Konsum vorher nicht ermittelt wurde.

der französische Bauer nur ganz unbedeutende Mengen von künstlichen Düngstoffen verwendet. Kein Wunder, dass unter diesen Umständen die Erträge der französischen Landwirtschaft — trotz der vorherrschenden Kleinkultur — um mehr als die Hälfte geringer sind als im Vereinigten Königreich. Die französische Agrarenquête vom Jahre 1892 giebt diesbezüglich folgende Mitteilungen. Der Ertrag pro ha betrug:

	in Frankreich	im Vereinigten Königreich	im Vereinigten Königreich mehr
Weizen	16,4 hl	23,8 hl	45 %
Hafer	22,8 „	35,8 „	57 „
Gerste	18,5 „	31,2 „	69 „

Diese Unterschiede werden aber noch grösser, wenn man die Erträge im Jahresdurchschnitt 1890/94 mit einander vergleicht. Denn das Jahr 1892 war für England sehr ungünstig. Im Jahresdurchschnitt 1890/94 betrug nämlich der Ertrag pro ha:

	in Frankreich	im Vereinigten Königreich	im Vereinigten Königreich mehr
Weizen	15,5 hl	26.2 hl	69 %
Hafer	21,7 „	36,4 „	68 „
Gerste	18,5 „	30,3 „	64 „

Ähnliche Differenzen wurden bereits im 18. Jahrhundert von Arthur Young in seinem Werke Voyages en France (II. Band, S. 328) festgestellt. Young schätzte das Verhältnis des Durchschnittsertrages an Weizen und Roggen in England zu dem Durchschnittsertrag in Frankreich gleich etwa 25 zu 18. Der um ca. 40% grössere Ertrag der englischen Landwirtschaft wird von ihm dabei ausschliesslich der intensiveren Kultur zugeschrieben. Auf S. 330 sagt er z.B.: „Qu'il me soit encore permis d'observer que le sol de France est presque partout meilleur que celui d'Angleterre."

In Übereinstimmung damit vertreten auch alle unparteiischen Beobachter seit Jahrzehnten die Ansicht, das zur Überwältigung der Krise die französische Landwirtschaft die jetzt noch vielfach sehr extensive Kultur in eine intensivere verwandeln müsse. „Mehr künstlichen Dünger, Vergrösserung der Fläche unter Wiesen und Verminderung der Fläche unter Getreide, das allein kann, sagt Broch, dazu führen, ein richtiges Verhältnis zwischen der kultivierten Fläche und dem zur Verfügung stehenden Dungstoffen herzustellen."[1]) Und ähnlich

[1]) Vgl. Broch, La crise agricole en Europe, J. de la Soc. de Stat. 1885, S. 34.

äussert sich darüber Victor Riston: „Weniger Getreide, mehr Wiesen, mehr Milch und Käse, eine verständige Aufzucht gut ausgewählter Viehrassen, eine sorgfältige und intelligente Wirtschaftsweise — das ist das ganze Geheimnis“.[1])

Das Verständnis dafür schreitet aber in Frankreich nur sehr langsam fort. Denn die Enquêten der Jahre 1862, 1882 und 1892 ergeben folgende prozentuelle Verteilung der Fläche Frankreichs:

	1862		1882		1892	
Getreide	28,77		28,56		28,06	
Gemüse- und Gartenbau	1,32		1,46		1,33	
Kartoffel	2,27		2,53		2,68	
Zuckerrüben	0,25		0,45		0,51	
Weinbau	4,27		4,15		3,40	
Futterpflanzen	0,71		2,64		3,16	
Künstliche Wiesen	5,10	15,05	6,15	19,27	6,16	20,52[2])
Natürliche Wiesen und Weiden	9,24		10,48		11,20	
Waldfläche	17,16		17,88		18,03	
Fläche unter anderen Kulturen und Brache	12,41		9,00		8,62	
Nicht kultivierte Fläche	14,17		12,36		12,32	
Fläche unter Häusern, Eisenbahnen etc.	4,33		4,34		4,53	

Die Fläche unter Futterpflanzen, künstlichen und natürlichen Wiesen und Weiden nimmt demnach in Frankreich nur sehr langsam zu. Von grösster Wichtigkeit ist dabei, dass gerade das letzte Jahrzehnt, das unter dem Stern des Hochschutzzolles für Getreide und Vieh stand, auch hier den geringsten Fortschritt aufweist. Denn die Fläche unter Futterpflanzen, künstlichen und natürlichen Wiesen und Weiden nahm in diesem Zeitraume etwa zwei Mal[3]) langsamer zu als in der vorhergehenden Periode. Besonders auffällig ist, dass nicht nur der Antheil der künstlichen Wiesen an der Gesamtfläche 1882 und 1892 fast unverändert blieb, sondern dass auch der Anbau der Futterpflanzen in diesem Zeitraume relativ nur ganz geringe Fortschritte aufwies, während von 1862 bis 1882 die Fläche unter Futterpflanzen sich beinahe vervierfachte. Die Agrarkrisis selber kann man schon deshalb nicht als Ursache des langsamen Fortschrittes bezeichnen, weil England, das weder Vieh- noch Getreidezölle besitzt, gerade

---

[1]) Vgl. Victor Riston. Quelques mots sur la crise agricole et l'industrie fromagière en Lorraine, Nancy 1892, S. 14.

[2]) In Grossbritannien umfasst die Fläche unter Futterpflanzen, Wiesen und Weiden ca. $^2/_3$ der Gesamtfläche des Landes.

[3]) Die Verschiedenheit der Zwischenzeiträume ist hierbei in Anrechnung gebracht.

unter dem Einfluss der Krise eine rasche Ausbreitung der Fläche unter Wiesen und Weiden mit der damit verbundenen Ausdehnung der Viehzucht und Milchwirtschaft vorgenommen hat.

Der hohe Schutzzoll hat demnach den Fortschritt gehindert. Dies tritt noch klarer zu Tage, wenn man den Wert der Getreideernte mit dem Wert der geernteten Futterpflanzen und des Heus vergleicht. Den Schätzungen der amtlichen Euquêten von 1862, 1882 und 1892 zufolge betrug dieser:

	Wert der Ernte an Weizen, Roggen, Gerste, Mengkorn, Mais und Buchweizen (Stroh einbegriffen)	Wert der Produktion an Heu und Futterpflanzen	Wert der Produktion an Heu und Futterpfl. in % des Wertes der Ernte der in der 1. Spalte gen. Getreidearten
1862[1])	4076 Mill. Fr.	1589 Mill. Fr.	39 %
1882	4390 „ „	1889 „ „	43 „
1892	3726 „ „	2086 „ „	56 „

Zieht man noch den Wert der Halerernte in Betracht, deren Ertrag 1892 auf ca. 941 Millionen Franken geschätzt wurde, so belief sich der Wert der Produktion an Futtermitteln im letzten Jahr bereits auf mehr als 80 % des Wertes der Getreideproduktion.

Der agrarische Hochschutz schädigte aber die Landwirtschaft nicht nur in der Weise, dass er den Fortschritt verlangsamte. Er hat auch direkt zur Verminderung des Getreidekonsums beigetragen, wie das aus nachstehenden Zahlen zu ersehen ist. Der Weizenkonsum Frankreichs belief sich nämlich pro Kopf der Bevölkerung:[2])

Im Jahresdurchschnitt		
1862/71	auf ca.	2,20 hl
1872/81	„ „	2,50 „
1882/85	„ „	2,85 „
1886/90	„ „	2,70 „
1891/94	„ „	2,70 „
1895/97	„ „	2,45 „

---

[1]) Einschliesslich von Elsass-Lothringen. Da es sich hier vorwiegend um die Verhältniszahlen in der 3. Spalte handelt, so fällt der sich daraus ergebende Fehler nicht schwer ins Gewicht.

[2]) Die Angaben bis zum Beginn der 90er Jahre sind der Agrarenquête des Jahres 1892 entnommen, die für die neueste Zeit in gleicher Weise wie dort ermittelt worden. Von der geschätzten Produktionsmenge + Überschuss der Einfuhr über die Ausfuhr wurden nämlich 2,07 hl per ha als Saatgut — und ferner ca. 4 bis 5 % als industrieller Verbrauch (Kuchen-, Teig- etc. Waren) in Abzug gebracht. Vgl. darüber Enquête agricole de 1892, S. 115. Die dem Konsum zur Verfügung stehende Menge Roggens, dessen Verbrauch in Frankreich übrigens relativ sehr unbedeutend ist, blieb 1892/97 die gleiche wie 1886/90.

Nach Ausschluss des Jahres 1891, für welches die Produktionsangaben, wie bereits angedeutet, sehr unzuverlässig zu sein scheinen, belief sich der Weizenkonsum im Zeitraum 1892/97 auf ca. 2,65 hl. Auch hier sehen wir demnach, dass unter dem Einfluss der liberalen Handelspolitik der 60er und 70er Jahre der Verbrauch rasch zugenommen hat, während seit der Inaugurierung des agrarischen Hochschutzes ein bedeutender Rückgang zu verzeichnen ist. Am traurigsten gestalteten sich dabei die Verhältnisse in den letzten drei Jahren, nach der im Jahre 1894 erfolgten Erhöhung des Zolles auf Weizen von 5 auf 7 Franken pro 100 kg. Wesentlich unter dem Einfluss dieses Prohibitivzolles sank die Mehreinfuhr von ca. 15 Millionen hl im Jahresdurchschnitt 1882/91 auf ca. 5,5 Millionen hl im Jahresdurchschnitt 1895/97. Die heimische Produktion vermochte diesen Ausfall nicht zu decken, und so ergab sich ein Sinken des Weizenkonsums von ca. 2,85 hl im Jahresdurchschnitt 1882/85 auf ca. 2,45 hl in den Jahren 1895/97. Dabei ist noch zu bemerken, dass die Jahre 1895 und 1896 ausserordentlich gute Ernten zu verzeichnen hatten. Der geschätzte Ertrag an Weizen betrug nämlich 120,0 bezw. 119,7 Millionen hl gegen ca. 109 Millionen hl im Jahresdurchschnitt 1881/90. Bei schlechteren Ernten würde die Konsumabnahme sich noch grösser gestaltet haben.

Von grösserem Interesse ist es, diesen traurigen Folgen des agrarischen Hochschutzes, die Hoffnungen gegenüberzustellen, die bei der Inaugurierung der Hochschutzzollära von den französischen Agrariern ausgesprochen wurden. „Es ist mehr als Zeit, erklärte Louis Blairet, dass die Landwirtschaft nicht weiter deklassiert wird und einem Schiffe gleicht, das ohne Kompass segelt. Sie muss im Gegenteil vorwärts schreiten, wieder zum Gedeihen gelangen und gross und kräftig werden; sie muss den Handel und die Industrie wieder beleben; sie muss Allen, wenn nicht einen Reichtum, so doch wenigstens eine Wohlhabenheit sichern.“ [1])

Statt Wohlhabenheit zu verbreiten, hat der agrarische Hochschutz den Fortschritt der Landwirtschaft verlangsamt und den Konsum der arbeitenden Klasse vermindert.

* * *

---

[1]) La Question agricole devant les Chambres, 1888, S. 5 ff.

Wie vieles auch in Frankreich noch erreicht werden könnte, wenn die französischen Landwirte statt unter dem Hochschutzzoll zu schlummern, der Bodenkultur mehr Aufmerksamkeit zugewandt hätten, lässt sich aus den von Charles Brunot citierten Mitteilungen Grandeaus u. a. ersehen.[1]) Den a. a. O. gemachten Angaben zufolge wurden auf der Domäne der landwirtschaftlichen Schule Mathieu de Dombasle 13 Parzellen desselben Ackers je von einem Flächengehalt zwischen 7 bis 20 Ar mit 13 Getreidevarietäten bestellt. Das Ackerfeld, das in allen seinen Teilen durchaus homogen war, lag vorher brach. Im Herbst 1883 wurden nun sämtliche Parzellen dieses Ackers in durchaus gleicher Weise gepflügt und gedüngt, so dass die Ertragsdifferenz in erster Linie von der Getreidevarietät abhing. Die erzielten Erträge gestalteten sich pro ha folgendermassen:

Art des Getreides	Ertrag (Centner)	Wert der geernteten Menge (Franken)	Gewinne per ha (Franken)	Herstellungskosten pro Centner (Franken)
Chiddam	14,7	421	21	19,0
Aleph	16,0	457	57	16,9
White Victoria	17,9	511	111	14,3
Haye	18,8	537	137	13,2
Galand	18,9	541	141	13,0
Poulard (Lisse)	19,2	549	149	12,7
Dattel	20,0	572	172	11,9
Golden Dropp	20,3	580	180	11,6
Hunter White	21,8	623	223	10,2
Blond de Flandre	23,8	680	280	8,7
D'Australie	23,9	684	284	8,6
Blood Red	28,0	800	400	6,2
Lamed	29,7	849	449	5,4

Bloss die richtige Auswahl der Varietät des Getreides konnte danach den Ertrag verdoppeln. Noch grösser war aber die Steigerung der Gewinne, da die Ausgaben sich nur unwesentlich änderten. Von grösster Wichtigkeit zur Beurteilung der Konkurrenzfähigkeit der inländischen Landwirtschaft gegenüber dem Auslande sind ferner die Angaben in der letzten Spalte über die Herstellungskosten. Diese waren bei der zuletzt genannten Varietät mehr als 3 mal geringer als bei der ersten und zweiten. Die im grossen — auf Feldern von 0 bis 12 ha — auf der Farm zu Tantonville wiederholten Versuche gaben analoge

[1]) Vgl. Les syndicats et la crise agricole, Paris 1885, S. 34.

Resultate, indem die Varietät Blood Red ca. 30 Centner lieferte gegen ca. 20 der Chiddam.

Durchaus ähnliche Ergebnisse lieferten ferner nach Brunot auch die 40 Jahre lang (1843 bis 1884) wiederholten Versuche auf der Farm zu Rothamsted, wo 9 Parzellen eines sehr homogenen Ackers, mit gleichen Getreidevarietäten unter Anwendung von verschiedenen Düngmitteln bestellt wurden. Man erziehlte dabei folgende Resultate:

	Durchschnittlicher Ertrag Metercentner	Ausgaben Franken	Wert der geernteten Menge Franken	Gewinn Franken
Ohne Düngung	11,8	200	252	52
Animalische Dungstoffe	30,1	480	672	192
Mineraldünger	13,7	313	292	— 21
„ ferner 48 kg Ammoniaksalze	21,7	409	478	69
„ „ 96 „ „	29,4	506	669	163
„ „ 144 „ „	32,6	602	758	156
„ „ 96 „ Salpeter	32,6	485	763	278

Von einer grossen Rückständigkeit der Bodenkultur berichtete um die Mitte der 80er Jahre Le Roux, in seinen Schilderungen des Zustandes der Wiesen in einigen Gegenden des Nordwestens Frankreichs. „Haben wir," sagte er, „die wir uns in einem Gebiet befinden, das schon jetzt auf die Viehzucht angewiesen ist, und von dem wir erwarten, dass es die Viehzucht bald zu seiner Hauptbeschäftigung machen wird, haben wir denn gute Wiesen? Nein! Unsere Wiesen sind gewöhnlich schlecht unterhalten und schlecht gepflegt. Ein unwiderleglicher Beweis dafür, dass unser Heu sehr schlecht ist, ist die Thatsache, dass die Militär- und Marineverwaltung in Brest deren Annahme stets schonungslos verweigern. Es wäre aber so leicht, die Qälität nicht nur zu bessern, sondern sogar zu einer sehr guten zu machen."

Und das Gleiche wird noch neuerdings von der Provinz Franche-Comté (Departements Doubs, Haute-Saône, Jura) berichtet. „Um mit Erfolg gegen die importierten Produkte zu konkurrieren," sagte in einem Vortrage Truchi de Varennes, „müsste unsere Landwirtschaft, statt stationär zu bleiben, ihre Anbaumethoden verändern ... Man merkt leider hier nichts davon. Unsere Landeskultur hat seit Mitte des Jahrhunderts

---

[1]) Le Roux, Conférences sur la crise agricole dans la région nord-Finistère, Brest 1885, S. 26.

keine Fortschritte gemacht ... Man fängt kaum an chemische Dungstoffe anzuwenden und von dem Boden grössere Erträge zu verlangen.“[1]) Und doch beträgt, wie Grandeau berechnet, der Mehrertrag, den man bei Verwendung von chemischen Dungstoffen im Werte von 100 Franken erzielen kann, auf 299 bis 717 Franken. Es wird dabei von ihm festgestellt, dass man unter gewöhnlichen Umständen einen Centner Weizen einschliesslich des Strohes mit einer Ausgabe von 4 bis 8 Franken herstellen kann, wenn man die genannte Summe zum Einkauf guter chemischer Dungstoffe für Grundstücke verwendet, die bisher ungedüngt blieben.[2])

Ein ähnliches Urteil über die Rückständigkeit der französischen Landwirtschaft giebt in seinem „Cours d'économie rurale“ der berühmte Agronom Lecouteux ab: „Das beste Mittel,“ sagt er, „die landwirtschaftliche Produktion gewinn bringend zu gestalten, besteht in der Gegenwart darin, den schlechten Boden in Wälder zu verwandeln, die Fläche unter Getreide zu vermindern, sowie überall dort Weiden und Wiesen zu schaffen, wo der Boden für die Weidewirtschaft günstiger ist, als für den Getreidebau.“[3]) Dieselben Forderungen werden auch von Grandeau verfochten.[4])

Und, wie seltsam das auch erscheinen mag, die gleichen Ansichten wurden noch 1884 von dem Vater des agrarischen Hochschutzes in Frankreich, Jules Méline, damals, Minister der Landwirtschaft, geäussert. „Die Getreideproduktion, die lange Zeit mit Erfolg in allen Teilen Frankreichs erweitert wurde, ist heutzutage, will sie sich verteidigen, zur Einschränkung und Konzentration gezwungen. Um sie mit Gewinn zu betreiben, ist es daher notwendig, sich mit den Ländereien der besten Qualität zu begnügen, die zur Lieferung sehr hoher Erträge ge-

---

[1]) Truchi de Varennes, La population rurale et la crise agricole. Besançon 1898, S. 16.

[2]) Und zwar bei Verwendung von 100 Franken zum Ankauf:

von mineralischen Phosphaten	einen Mehrertrag von 717	Franken.
„ Schlacken	„ „ „ 661	„
„ Superphosphaten	„ „ „ 496	„
„ Phosphatniederschlägen (phosphate précipité)	„ „ „ 299	„

Vgl. Le mouvement agricole, Journal des Economistes, November 1898, S. 197 ff.

[3]) a. a. O., II. Band, S. 503.

[4]) Vgl. Le mouvement agricole, J. des Economistes, November 1898. Schlusskapitel.

eignet sind. Was die Ländereien von mittelmässiger Güte anbelangt, so muss man sie für andere Kulturen benutzen, und insbesondere überall, wo es möglich ist, sie in Wiesen und Weiden verwandeln."[1])

Die Rückständigkeit der französischen Landwirtschaft wird aber noch durch viele andere Momente erwiesen, so z. B. durch die Angaben der letzten Agrarenquête über die Zahl der Motoren, die in der landwirtschaftlichen Produktion zur Verwendung kamen. Man zählte nämlich in Frankreich:

	Wasserräder		Motoren, bewegt durch den Wind		Dampfmotoren		Zusammen	
	Zahl	Pferdekraft	Zahl	Pferdekraft	Zahl	Pferdekraft	Zahl	Pferdekraft
1862	—[2])	—	—	—	2 849	—	—	—
1882	12 883	54 607	9428	27 438	9 288	42 591	31 599	124 636
1892	11 591	57 115	6167	16 424	12 037	55 215	29 795	128 754

Die Gesamtzahl der mechanischen Kräfte, die der französischen Landwirtschaft zur Verfügung standen, hat sich demnach im letzten Jahrzehnt nur unbedeutend vermehrt. Dabei lässt sich aber auch hier die Erscheinung beobachten, dass der grösste Fortschritt in den Departements zu verzeichnen war, die die grossen Bevölkerungsagglomerationen umgeben. Die Pferdekraft der im Dienste der Landwirtschaft thätigen Dampfmotoren nahm z. B. in den 11 Departements, welche die 12 Grossstädte Frankreichs umgeben,[3]) um ca. 53 % zu, während die Zunahme im übrigen Frankreich nur ca. 24 % betrug.

Bei dieser Gelegenheit muss noch folgender Erscheinung gedacht werden. Auf die Empfehlung, den Wiesenbau auszudehnen, antworteten die Anhänger des Hochschutzzolles auf Getreide, dass eine solche Ausdehnung, indem sie zahlreiche Arbeitskräfte brodlos machen würde, zur Vergrösserung der Landflucht und somit zur weiteren Verlangsamung des Bevölkerungszuwachses führen müsse. Es ist daher von grossem Interesse zu untersuchen, ob denn zwischen dem Charakter der Bodenkultur und der Bevölkerungsabnahme ein derartiger nachweisbarer Zusammenhang besteht. Ordnet man zu diesem Zweck die 40 Departements Frankreichs, die im Zeitraum 1881 bis 1891 eine Bevölkerungsabnahme aufwiesen, und in denen die land-

---

1) Vgl. Peytral, Discours à la Chambre des députés, 5. März 1887, S. 10.

2) Unbekannt.

3) Vgl. S. 105 ff.

wirtschaftliche Bevölkerung zugleich mindestens so stark vertreten war als im Durchschnitt für ganz Frankreich, in 3 Gruppen nach der Zu- oder Abnahme der Fläche unter Weizen, Gerste, Mengkorn, Roggen und Buchweizen, so erhält man nachstehende Übersicht:

	Bevölkerung		Bevölkerungsabnahme	Fläche unter Weizen, Gerste, Mengkorn, Roggen und Buchweizen		
	1881	1891	1881/91	1881/85 ha	1886/90 ha	Zu- oder Abnahme in %
I. Gruppe.[1]) 9 Départements, in denen die Fläche unter diesen Getreidearten um 13,6 bis 3,9 % zugenommen hat.	3 012 500	2 902 500	— 3,7 %	1 072 000	1 171 000	+ 9,2
II. Gruppe.[2]) 21 Départements mit einer Zunahme von 3,8 bis zu einer Abnahme von 5,8 %	7 865 000	7 670 500	— 2,5 „	2 655 000	2 605 000	— 1,9
III. Gruppe.[3]) 10 Départements mit einer Abnahme der Fläche unter diesen Getreidearten von 5,9 bis 15,7 %	3 492 200	3 419 400	— 2,1 „	1 200 000	1 069 000	— 10,9

Die Departements, die den grössten Zuwachs der Fläche unter Getreide zeigten, haben demnach keineswegs eine geringere Bevölkerungsabnahme aufzuweisen, wie die Departements, in denen der Getreidebau stark zurückgegangen ist. Ja im Gegenteil, die Bevölkerungsabnahme scheint in einem direkten Gegensatz mit der Zunahme des Getreideanbaus zu stehen, indem sie in der Gruppe, die die grösste Verminderung des Getreidebaues aufwies, viel geringer war als in den anderen Gruppen. Noch deutlicher tritt dies hervor, wenn man statt der Bevölkerung ganzer Departements nur die Bevölkerung ihrer ländlicher Distrikte in Betracht zieht. Die Ergebnisse gestalten sich dann folgendermassen:

	Bevölkerung der Kommunen mit weniger als 2000 Einw.[4])		Abnahme	Fläche unter Weizen, Mengkorn, Roggen, Gerste u. Buchweizen		Zu- oder Abnahme
	1881	1891		1881/85	1886/90	
I. Gruppe . .	2 268 000	2 120 000	6,5 % (5,0)	1 072 000	1 171 000	+ 9,2 %
II. „ . .	6 393 000	6 065 000	5,1 „ (4,0)	2 655 000	2 605 000	— 1,9 %
III. „ . .	2 698 000	2 575 000	4,6 „ (3,9)	1 200 000	1 069 000	— 10,9 %

---

[1]) Die erste Gruppe umfasst die Departements: Aude, Lot, Tarn-et-Garonne, Lot-et-Garonne, Mayenne, Calvados, Charente-Infér., Aveyron, Pyrénées-Orientales.

[2]) Zur zweiten Gruppe gehören: Charente, Savoie, Gers, Lozère, Hautes-Pyrénées, Dordogne, Saône-et-Loire, Côtes-du-Nord, Landes, Ain, Ariège, Hautes-Alpes, Puy-de-Dôme, Basses-Pyrénées, Sarthe, Côte-d'Or, Isère, Maine-et-Loire, Basses-Alpes, Yonne, Orne.

[3]) Die dritte Gruppe umfasst: Haute-Savoie, Vaucluse, Ardèche, Nièvre, H.-Saône, Drôme, Garonne, Jura, Sèvres, Manche.

[4]) Die amtliche Statistik giebt in ihren Vergleichsübersichten nur die rohe Bevölkerungsziffer der Kommunen mit mehr und weniger als 2000 Einw. an. Um ver-

Die Einführung des verbesserten Pfluges, der Säe-, der Dresch- und der sonstigen landwirtschaftlichen Maschinen und Geräte, die übrigens auch selber nicht selten als Folge der höheren Lohnforderungen der Arbeiter auftritt, scheint demnach einen grösseren Einfluss auf die Zunahme der Landflucht auszuüben, als die mit der Ausbreitung der Weiden verbundene Viehzucht und Milchwirtschaft. Die höheren Profite, welche die letzteren abwerfen, gestatten eben auch eine relativ bessere Entlohnung der Arbeitskräfte. Dadurch wird aber ein sehr wichtiger Faktor, der die Leute so oft zur Auswanderung veranlasst — der niedrige Stand der Löhne — teilweise beseitigt. Dementsprechend kann auch die Ansicht nicht als richtig anerkannt werden, dass die Ausbreitung der Wiesen und Weiden, die, wie wir gesehen haben, die Vorbedingung für eine Steigerung der Intensität des landwirtschaftlichen Betriebes bildet, eine weitere Verlangsamung des Bevölkerungszuwachses in Frankreich herbeiführen werde.[1]) Das geht besonders klar hervor, wenn die oben behandelten Departements — nach Ausscheidung von Basses-Alpes, Hautes-Alpes, Savoie, Haute-Savoie, Basses-Pyrénées, Hautes-Pyrénées, deren gebirgiger Charakter von vornherein eine grosse Bevölkerungsdichte unmöglich macht — nach dem Verhältnis ihrer Fläche unter Wiesen und Weiden zur Fläche unter dem Getreide in 3 Gruppen einteilt. Man erhält dann folgende Zahlen:

	Auf 1000 ha unter Weizen, Gerste, Mengkorn, Roggen und Buchweizen kamen 1886/90 ha unter Wiesen und Weiden	Gesamte Bevölkerung, die 1891 ihre Nahrung in der Landwirtschaft fand	Gesamtfläche dieser Départements in Quadratkilom.[2])	Zahl der von der Landwirtschaft lebenden Personen pro Quadratkilometer der Gesamtfläche	d. sog. „territoire agricole"
I. Gruppe[3])	250	2 524 000	73 640	34,3	36,5
II. „ [4])	440	2 396 000	71 460	33,5	35,5
III. „ [5])	825	2 447 000	69 330	35,3	36,8

gleichbare Daten zu erhalten, musste der Bevölkerungszahl von 1891 die Bevölkerung der Kommunen hinzugefügt werden, die erst in der Zwischenzeit einen Bevölkerungsstand von 2000 Personen erreichten. Zugleich mussten natürlich die Kommunen in Abzug gebracht werden, die 1881 mehr als 2000, 1891 dagegen weniger als 2000 Einwohner hatten. Die in Parenthesen angeführten Zahlen deuten die Bevölkerungsabnahme an, die sich aus dem Vergleich der rohen Ziffern ergiebt.

[1]) Auch Leroy-Beaulieu soll sich — allerdings sehr vorsichtig — in dieser Weise ausgesprochen haben. „Le pâturage à outrance amène la dépopulation", sagte er gelegentlich. Vgl. Lagneau, Des mesures propres à rendre moins faible l'accroissement de la population de la France, Paris 1890, S. 20.

[2]) Darunter befanden sich nach den Angaben der Agrarenquête von 1892:

Die erste Gruppe, in der der Getreidebau sehr ausgedehnt war, hatte demnach keineswegs eine bedeutendere von der Landwirtschaft lebende Bevölkerung aufzuweisen, als die beiden anderen Gruppen.

* * *

Wir haben im Vorhergehenden gesehen, dass der Getreidebau in Frankreich langsam zurückgeht, während die Fläche unter Wiesen und Weiden, verbunden mit Viehzucht und Milchwirtschaft in Zunahme begriffen ist. Um zu zeigen, dass der Übergang zu den kapital- oder kapital- und arbeitsintensiveren Systemen auch in Frankreich hauptsächlich von der zunehmenden Agglomeration der Bevölkerung veranlasst wurde, genügen nachstehende Beobachtungen aus älterer und neuerer Zeit.

Um die Mitte des 18. Jahrhunderts berichtete Forbonnais, dass die Provinzen Normandie, Picardie, Flandre und Languedoc, die zahlreiche Manufakturen hatten und daher dicht bevölkert waren,[6]) zu gleicher Zeit auch die beste Landeskultur aufwiesen.[7]) Ähnliche Beobachtungen machte Mirabeau in der 2. Hälfte des 18. Jahrhunderts in der Umgebung von Paris. „Überall, schreibt er in seinem „L'Ami des Hommes", wo die Wohnungsstätten der Reichen der Landwirtschaft irgend ein Plätzchen frei liessen, wird sie mit äusserstem Fleiss in ausserordentlich vervollkommneter Weise betrieben. Ich spreche dabei nicht nur von den Dörfern Montreuil und Bagnolet, sondern von der ganzen 4 Meilen umfassenden Zone. Den Weinbergen folgen Fruchtbäume und überall dazwischen wachsen Johannisbeeren. Erbsen und Artischoken spriessen am Fuss der Bäume empor, und

---

	Pflügbares Land (Terres labourables)	Weinberge
	Qu.-Kilometer	
I. Gruppe	36 380	3690
II. „	36 500	3080
III. „	29 770	1320

[3]) Vaucluse, Drôme, Aude, Yonne, Tarn-et-Garonnne, Lot-et-Garonne, H.-Garonne, Lot, Côtes-du-Nord, Landes, Mayenne, Sarthe.

[4]) Isère, Maine-et-Loire, Sèvres, Charente-Infér., Côte-d'Or, Charente, Gers, Dordogne, Ardèche, Nièvre.

[5]) Ariège, Ain, Aveyron, Saône-et-Loire, H.-Saône, Calvados, Manche, Lozère, Jura, Puy-de-Dôme, Orne.

[6]) Vgl. auch S. 12.

[7]) Vgl. Forbonnais, Recherches et considérations sur les finances de France depuis 1595 jusqu'en 1721, Liège 1758, S. 172 ff.

Spargelgräben umgeben das Feld.“[1]) Das Gleiche berichtete zu Beginn des 19. Jahrhunderts Peuchet von dem Departement Seine-et-Oise, das die blühende Lage seiner Dörfer der Sicherheit und Leichtigkeit des Absatzes seiner landwirtschaftlichen Produkte auf den Pariser Märkten verdankte.[2])

Und ähnlich stellte Léonce de Lavergne für die Mitte dieses Jahrhunderts fest, dass die Drainage im grösseren Umfange fast ausschliesslich in den Departements wie Seine-et-Marne, Oise, Aisne, Seine-et-Oise etc. etc. anzutreffen ist, die entweder selber eine grosse Bevölkerungsdichte haben oder wenigstens in der Nähe von Grosstädten liegen.[3]) „In allen übrigen Departements,“ sagt er an einer anderen Stelle (S. 197), „litt die Landwirtschaft infolge des Mangels an Absatzgebieten.“ Deshalb blieb auch — seiner Ansicht nach — Mittelfrankreich, in welchem die Industrie wenig entwickelt war, sehr arm (S. 23).

In einer, einige Jahre später erschienenen Schrift, „Economie rurale de la France“ berichtete derselbe Léonce de Lavergne, dass dank dem immer wachsenden Absatz in Paris . . . Ile-de-France das einzige Gebiet in Frankreich ist, wo man ebenso reiche Farmer findet, wie in England. „Ganze Vermögen wurden hier von jeher, insbesondere aber im letzten halben Jahrhundert in der Agrikultur gewonnen.“[4]) Im gleichen Werke S. 115 erzählt er ferner, dass die Gärten in der Umgebung von Paris wahre Schätze produzieren; denn Paris bietet für die Früchte wie für die Blumen ein unermessliches Absatzgebiet. Ähnlich lautet das Urteil von Léonce de Lavergne über die Wirkungen, die Lyon auf seine Umgebung äussert. Das Gleiche erzählt auch Legoyt von dem Einflusse Marseilles. Der von ihm citierte Präsident der statistischen Kommission giebt zwar zu, dass Marseille seiner Umgebung eine Anzahl ländlicher Arbeiter entzieht. Die Nähe dieser Grosstadt, berichtet er aber weiter, begünstigt durch die Leichtigkeit des Absatzes und durch die vorteilhaften Preise in hervorragendem Masse unsere Agrikultur.[5])

Die Rolle, die Paris in der zweiten Hälfte dieses Jahrhunderts

---

[1]) Mirabeau, L'Ami des Hommes, citiert nach der Ausgabe von 1883, S. 69 ff.

[2]) Peuchet, Description topographique et statistique de la France, Paris 1807, III. Band, S. 10.

[3]) L'Agriculture et la population, Paris 1857, S. 92.

[4]) Économie rurale de la France depuis 1789, Paris 1860, S. 109.

[5]) Legoyt, Du progrès des agglomerations urbaines, S. 144 ff.

als Absatzgebiet für die französische Landwirtschaft spielt, lässt sich daraus beurteilen, dass Kaufleute, welche die Milch bei den Farmern aufkaufen, um sie nach Paris zu senden, schon im Jahre 1875 auf den Linien der Nordbahn bis Verberie (72 Kilometer), Ailly-sur-Noye (112 Kilometer) und Beauvais (88 Kilometer) kamen. Auf der Westbahn (rechtes Ufer) holten sie die Milch aus den Dörfern bis zu Serifontaine (77 Kilometer), von Gaillon (94 Kilometer) und Evreux (108 Kilometer). Die Linie der Westbahn auf dem linken Ufer beförderte Milch aus den Orten bis zu Dreux (82 Kilometer) und Chartes (88 Kilometer). Die Orléansbahn brachte nach Paris Milch aus den Dörfern bis Artevay (102 Kilometer). Die Lyonerbahn holte sie aus den Dörfern bis zu Sens (113 Kilometer) und endlich die Ostbahn aus den Orten bis Longueville (89 Kilometer).[1]) Und in der neuesten Zeit lässt sich der Einfluss der Grosstädte auf die Landwirtschaft der sie umgebenden Gebiete u. a. aus folgenden Angaben beurteilen. Die Zahl der Kühe betrug in den Paris umgebenden Departements Seine und Seine-et-Oise:

Im Jahresdurchschnitt	Zahl der Kühe
1886/87	65 100
1888/89	77 300
1890/91	76 300
1892/93	81 500
1894/95	84 800
1896/97	83 000

Während die Gesamtzahl der Kühe in Frankreich im Jahresdurchschnitt 1896/97 nur 6 397 000 betragen hat, d. h. beträchtlich geringer war als im Jahresdurchschnitt 1886/90 (6 428 000 Stück), nahm ihre Zahl in der Umgebung von Paris rasch zu. Zu gleicher Zeit stieg die Milchproduktion dieser beiden Departements von ca. 1 1/4 Millionen hl im Jahresdurchschnitt 1886/87 auf ca. 1,8 Millionen hl in den Jahren 1896/97. Dabei steht die Viehzucht in den Departements, die Paris und andere Grosstädte umgeben oder für die Grosstädte Fleisch- und Milchprodukte liefern, auf einer viel höheren Stufe als im übrigen Frankreich. Der durchschnittliche jährliche Milchertrag, den eine Kuh im Departement Bouches-du-Rhône (Marseille) lieferte, beträgt z. B. ca. 4800 bis 5000 Liter, im Departement Seine ca. 3800 bis 4000 Liter, d. h. mindestens das Doppelte des Durchschnitts-

[1]) Husson, Les consommations de Paris, II. Auflage, Paris 1875, S. 342 ff.

ertrages im übrigen Frankreich. Ähnlich beträgt der geschätzte Durchschnittswert der Milch im Departement Bouches-du-Rhône ca. 30 Franken und im Departement Seine sogar ca. 33 Franken per hl, während der Durchschnittswert im übrigen Frankreich auf ca. 15 bis 16 Franken geschätzt wird.

Ein grösseres Interesse verdienen dabei die Mitteilungen von Léonce de Lavergne, dass die Kühe in den Paris umgebenden Departements sohon in den 50er Jahren nur zu dem Zwecke gehalten wurden, um Milch nach Paris zu liefern. Diese Kühe wurden aus der Normandie bezogen, und so war Paris schon damals die direkte Ursache für das Aufblühen der Landwirtschaft in dieser Provinz. Und genau die gleichen Wirkungen übte das rasche Anwachsen von Paris und von anderen Grosstädten auf zahlreiche andere Departements aus. Noch vor wenigen Jahrzehnten liessen z. B. die Bauern der Gascogne, wie das vielfach heute noch in manchen Gegenden Russlands vorkommt, einen Teil der Weinernte auf dem Felde verfaulen, weil der Ertrag den lokalen Bedarf übertraf. Gegenwärtig wird dieser Überschuss mittelst Eisenbahnen mit grossem Profit nach den Städten abgeführt.[1]) Gleiche Wirkungen rief das Aufblühen der Grosstädte im Departement Loire-Inférieure hervor. Im Annuaire du Morbihan für 1837 wird — allerdings etwas übertrieben — die Lage dieses Departements so geschildert: „Fast die ganze Umgebung von Nantes stellt ein wildes Land dar; wilde Stechkräuter bedecken hier ewige Heiden, deren Oberfläche von Felsblöcken durchbrochen ist. Diese Gegend ist der bergigste, unfruchtbarste und unkultivierteste Teil des Landes, und die Agrikultur hat hier die geringsten Fortschritte gemacht.“ Ein halbes Jahrhundert später konnte dem gegenüber Andouard in seinem Schriftchen „Les progrès de l'agriculture dans la Loire-Inférieure“ konstatieren, dass die Landeskultur in diesem Departement unter dem Einfluss der neu eröffneten Absatzgebiete bedeutende Verbesserungen aufweist. Die Fläche unter künstlichen Wiesen stieg dort z. B. von 800 ha im Jahre 1820 auf 8700 im Jahre 1840 und ca. 20400 ha im Jahre 1882.[2])

Ähnliches lässt sich von den anderen Departements berichten. Während z. B. früher die Dörfer, die Paris unmittelbar umgeben,

[1]) Vgl. Alfred de Foville, La Transformation des moyens de transport et ses conséquences économiques et sociales, Paris 1880, S. 253.

[2]) Vgl. Andouard, A., Les progrès etc. Nantes 1889, S. 10 ff.

beinahe das Monopol hinsichtlich der Versorgung dieser Stadt mit Milch, Gemüse und Früchten inne hatten, und die Normandie, die Picardie und die anderen Provinzen mit dem Departement Seine-et-Oise gar nicht konkurrieren konnten, haben die Eisenbahnen in neuerer Zeit dieses Monopol durchbrochen. Von allen Enden Frankreichs kommen nunmehr Gemüse und Frühobst nach Paris. Die Bretagne schickt Blumenkohl, Lorraine-Pflaumen, Bordelais-Erdbeeren, Languedoc-Trauben, Provence-Pfirsiche, Algerien-Artischoken.[1]) Und die Milch, die vor der Einführung der Eisenbahnen aus einer Umgebung von höchstens 25 Kilometer geholt werden konnte, wird jetzt, wie wir sahen, mit Vorteil aus 5 mal grösseren Entfernungen gebracht. Das Gleiche berichten die amtlichen Agrarenquêten von der Versorgung der Grosstädte mit Fleisch. Im Jahre 1882 hat z. B. das Departement Maine-et-Loire nach Paris ca. 46000 Ochsen geliefert, das Departement Calvados ca. 27600, Vendée 21800, Orne 16800, Nièvre 16100, Charente 12900, Saône-et-Loire 11900, Dordogne 11700 etc. etc. Ähnlich versorgten die Thäler der Garonne die Städte Bordeaux, Toulouse etc. etc.[2])

Was würden nun die Hunderttausende von Landwirten, die alle diese Produkte liefern, thun, wenn die so verlästerten Grosstädte, die ihre besten Absatzgebiete sind, überhaupt nicht da wären oder nur langsam wüchsen?!

Von Interesse ist dabei festzustellen, dass auch Frankreich Staatsmänner hatte, die der Einführung von Eisenbahnen grosse Schwierigkeiten in den Weg legten. Der berühmte Astronom und Mathematiker Arago, der eine Zeitlang Minister war, erklärte alles Ernstes, man könne eine Provinz nicht dadurch fruchtbar machen, dass man dort zwei Eisendreiecke (damit sind die Eisenbahnschienen gemeint) hinlege. Die Einführung der Eisenbahnen könne, meinte er, eine Ersparnis an Transportkosten von 2 Millionen Franken verursachen, die übrigens zum grössten Teil von dem Auslande getragen würden. Die Ersparnis würde also hauptsächlich dem Auslande zu gute kommen, während sie bisher den inländischen Kommissionären, Gastwirten, Pferdehändlern etc. etc. in die Taschen floss.

* * *

[1]) Vgl. A. de Foville, La transformation des moyens de transport, Paris 1880, S. 256.

[2]) Vgl. Enquête agricole de 1882, S. 239.

Wir haben bereits gesehen, dass die Ausbreitung der Viehzucht und Milchwirtschaft einerseits und die Einführung verbesserter Konstruktionen auf dem Gebiete des landwirtschaftlichen Maschinenwesens andererseits in vielen Teilen des Landes einen Überschuss an Arbeitskräften entstehen liessen, denen nichts anderes übrig blieb, als nach den Städten, nach den Industriedistrikten oder nach solchen Gebieten auszuwandern, wo infolge der bedeutenden Ausdehnung der kultivierten Fläche eine grosse Nachfrage nach ländlichen Arbeitskräften vorhanden ist. Letzteres war eine Zeit lang insbesondere im Bassin der Loire der Fall, wo der durch Ausdehnung des Eisenbahnnetzes bewirkte Anschluss an grosse Absatzgebiete zur Verwandlung zahlreicher bisher unkultivierter Grundstücke in Äcker und Wiesen Anlass gab.[1]) Ähnliche Beobachtungen hat auch Baudrillart gemacht, der im Auftrage der Akademie eine Enquête über die Lage der bäuerlichen Bevölkerung Frankreichs veranstaltete. Oft werden dabei die Wechselwirkungen zwischen dem von den Landwirten beklagten Arbeitermangel und der Einführung der landwirtschaftlichen Maschinen hervorgehoben. Die gesammelten Beobachtungen gehen dahin, dass bald Abwanderung und damit verbundene Steigerung der Arbeitslöhne die Einführung neuer Maschinen, bald umgekehrt neue Maschinen und die Veränderungen im Charakter der Landeskultur eine mehr oder weniger bedeutende Auswanderung von Arbeitern zur Folge haben.

Bei dieser Gelegenheit müssen noch etwas eingehender die Massnahmen besprochen werden, die zur Verhinderung der Landflucht und zur Wiederbevölkerung der Dörfer in Frankreich thatsächlich ergriffen oder zur Einführung warm empfohlen wurden. Auf diesem Gebiete herrscht völlige Übereinstimmung zwischen den Forderungen französischer Agrarier mit den Forderungen, die von derselben Seite in Deutschland verfochten werden und die noch vor wenigen Jahrzehnten mit ebenso viel Eifer in England vertreten wurden.

Sehr offenherzig äussert sich in dieser Hinsicht Eugène Greliche, der zahlreiche, sehr einflussreiche öffentliche Stellungen bekleidete, dessen Ansichten also zur Charakteristik gewisser Strömungen von grösserem Interesse sind.[2]) Der Arbeitermangel

[1]) Vgl. u. a. A. Foville, La transformation des moyens de transport, S. 391.

[2]) Remède contre la dépopulation des campagnes par Eugène Greliche, ancien magistrat, doyen des avocats, membre de la commission scolaire de Valcivières, délégué

und die Bedrängnis der Arbeitgeber finden sich seiner Ansicht nach überall; ihnen auf dem Fusse folgen Strikes und als Krone — die Anarchie. Im Anschluss daran citiert Greliche die Worte Jules Simons, der „die Landwirtschaft als die Kraft- und Machtquelle Frankreichs in der Gegenwart und in der Zukunft bezeichnete und sich für einen Aristokraten gehalten haben würde, hätte er Kraft genug, Ochsen zu treiben oder Getreide- und Heuschober aufzurichten; denn in den Städten — unter dem Regime der Dampfmaschine — sind wir doch nur Sklaven.“ Greliche legt dann dar, dass die Thätigkeit der Landwirte ein grosses patriotisches Werk sei und schliesst den Dithyrambus mit der Empfehlung von Massnahmen, die der verderblichen Landflucht ein Ende machen könnten. Als Hauptmassregel wird dabei eine Abänderung des Unterrichtsprogramms gefordert, die bei den Knaben auf eine Erweiterung der Kenntnisse auf dem Gebiete der Gärtnerei, bei den Mädchen auf die Vermehrung ihrer landwirtschaftlichen Kenntnisse hinausläuft. „Ich verlange“, meint dabei Greliche, „für die letzteren viel weniger Unterricht in der Geschichte, Geographie und selbst in der Orthographie, sowie fast keine Grammatik . . .“

Diese Bestrebungen, den ohnedies sehr mangelhaften Unterricht in den Dorfschulen noch mehr zu verschlechtern, sind in Frankreich leider nicht vereinzelt anzutreffen. Ende der 70er Jahre berichtete z. B. Bertillon, dass die ländlichen Arbeitgeber sogar einen Bund geschlossen hatten, dessen Ziele darauf hinausgingen nur Analphabeten als Arbeiter anzustellen.[1]) Die Arbeitgeber haben demnach selber die Auswanderung des gebildeteren Teiles der Arbeiterschaft künstlich gefördert, was angesichts des Umstandes, dass die Auswanderung ohne dies — wie das auch von Bertillon konstatiert wird[2]) — den thätigsten und den intelligentsten Teil der Bevölkerung umfasst, gewiss kaum zur Hebung der landwirtschaftlichen Kultur beitragen konnte.

Ähnliche der Bildung der Arbeiter feindliche Bestrebungen finden wir in den landwirtschaftlichen Enquêten.[3]) Und dabei

cantonal, vice-président du syndicat agricole, président du comité consultatif des établissements de bienfaisance etc. Ambert 1895, S. 4 ff.

[1]) Vgl. Mouvements de la population dans les divers Etats de l'Europe, Annales de Démographie 1877, S. 196.

[2]) Vgl. a. a. O., S, 194.

[3]) Vgl. u. a. Enquête agricole, publiée par le ministère de l'Agriculture, du Commerce et des Travaux publics, Paris 1867, S. 28, 43 ff. Von einem anderen

waren noch zu Beginn der 60er Jahre ca. 40% aller in den Dörfern heiratenden Personen vollständige Analphabeten.

Man zählte unter den Personen, die zur Heirat schritten, solche, die keinen Unterricht genossen haben:[1])

Im Jahre	Männer	Frauen	Zusammen
1855	32,3	48,4	39,9
1860	29,8	44,9	37,6
1865	27,3	41,1	34,2

Nach der Ausscheidung der Städte ergeben sich folgende Verschiebungen:

	1856	1865
Dep. Seine einschl. Paris .	10,2	7,4
Städte	34,6	29,4
Dörfer	43,2	38,2

In der neueren Zeit ist der Prozentsatz der Analphabeten gesunken, beträgt aber nach den Angaben der Statistique générale de la France für 1895 doch noch ca. 6,3% aller heiratenden Männer und ca. 9,4% aller heiratenden Frauen. Alle diese Personen mussten die Heiratsurkunde mit einem Kreuze unterzeichnen. Bei Hinzurechnung der Personen, deren Bildung nicht weiter reicht, als dass sie ihren Namen schreiben können, würde dieser Prozentsatz sich natürlich noch bedeutend erhöhen. Von Interesse ist ferner, dass auch gegenwärtig das Departement Seine und die Städte in dieser Hinsicht bedeutend günstiger stehen als das platte Land. Der Prozentsatz der Personen, die ihre Heiratsurkunde mit einem Kreuze unterzeichnet haben, betrug nämlich in den Jahren:

	1890	1895
Im Departement Seine einschl. Paris . .	1,74 %	1,70 %
in anderen Städten	10,30 „	6,70 „
auf dem platten Lande	13,48 „	9,53 „

Gesichtspunkt behandelt diese Frage Dr. Dunant in der Abhandlung „Influence de l'immigration de la population des campagnes dans les villes“ (Annales de démogr. intern. 1877, S. 437. „Un premier effet de cet abandon est de priver l'agriculture d'un nombre considérable de bras qui lui seraient extrêmement précieux. Il en résulte une augmentation de prix de main-d'œuvre, très avantageux sans doute à l'ouvrier de campagne, mais grave au point de vue de la santé des populations, car il en decoule forcément un rencherissement des produits alimentaires.“ Gegenwärtig, in der Epoche der hohen Zölle auf Getreide und sonstige Lebensmittel, wird dieser Gesichtspunkt nicht mehr hervorgehoben. Ist doch die Verteuerung der wichtigsten Lebensmittel der Volksmassen, die Dr. Dunant befürchtete, heutzutage zum Hauptzweck der agrarischen Politik geworden.

[1]) Vgl. Du mouvement de la population. J. de la Soc. de Stat. 1870, S. 67 ff.

Von anderen Massnahmen, die zur Verhinderung der Landflucht empfohlen wurden, ist zunächst zu erwähnen, die Erhebung hoher Munizipaltaxen resp. hoher Einzugsgelder von Personen, die sich in einer Stadt niederlassen wollen. Diese Massregel wurde, wie wir sahen,[1]) schon vor mehr als 2 Jahrhunderten von Colbert für sehr notwendig erklärt und ist seitdem mehrere Male — mit verschiedenen Abänderungen versehen — wieder ans Tageslicht gekommen.[2]) Bei dieser Gelegenheit ist es von Interesse folgende historische Reminiszenz aufzufrischen. Nach Verlust von Canada, erzählt Forbonnais, beabsichtigte die französische Regierung die Kolonisten, die nicht unter englischer Herrschaft in Canada bleiben wollten, in den Dörfern anzusiedeln, deren Grundeigentümer seit langem über die Teuerung und Seltenheit der Arbeitskräfte klagten. Zu ihrem grossen Erstaunen erhielt aber die Regierung von den Lokalbehörden, die wegen Mittel und Wege zur Durchführung dieser Ansiedelung befragt wurden, die Antwort, dass die Landwirtschaft keinen Mangel an Arbeitskräften verspüre. Die Grundbesitzer befürchteten offenbar, meint Forbonnais, dass man ihnen eine Anzahl von Bettlern und arbeitsunfähiger Personen aufhalsen wolle.[3]) Um die Dörfer wieder zu bevölkern, empfahl Forbonnais neben der Erleichterung der drückenden Steuerlast, die die Landwirte damals zu tragen hatten, insbesondere eine hohe Besteuerung der Lakaien; denn der Adel soll angeblich so viel Bediente nach den Städten genommen haben, dass dadurch ein Arbeitermangel auf dem Lande entstehen musste. Dieses Projekt wurde später durch ein Dekret vom 7. Thermidor des Jahres III verwirklicht, das eine progressive Steuer in der Höhe von 10 Franken für den ersten, von 30 für den zweiten, von 90 für den 3., von 270 für den 4. etc. Bedienten verfügte. Bei dieser Progression hätte bei Haltung von 10 Bedienten ein Steuerbetrag von ca. 295000 Franken

[1]) Vgl. S. 35 ff.

[2]) In Deutschland war es u. a. Adolf Wagner, der nach Schanz (Neue Beiträge zur Frage der Arbeitslosenversicherung, Berlin 1897, S. 13) diese Massnahmen als erwägenswert empfohlen hat.

[3]) Vgl. Recherches sur les finances de France, Liège 1758. A. a. O. Band V, S. 254 berichtet Forbonnais auch von zahlreichen Massnahmen, die in früheren Jahrhunderten von Regierungen zur Wiederbevölkerung der Dörfer ergriffen wurden. Im ersten Viertel des 18. Jahrhunderts wollte man dieses Ziel vorwiegend durch Ansiedelung von entlassenen Soldaten erreichen. Um sie dazu zu bewegen, gewährte man ihnen für eine Anzahl von Jahren volle oder partielle Steuerfreiheit.

entrichtet werden müssen. Das Direktorium ermässigte aber durch das Dekret von 7. Nivôse des Jahres VII die Taxe folgendermassen: für den ersten Bedienten auf 6 Franken, für den zweiten auf 25, für den dritten auf 75, für die übrigen auf je 100 Franken.[1])

In neuerer Zeit werden die Vorschläge von Zwangsmassnahmen immer mehr durch Projekte verdrängt, die dasselbe Ziel — entsprechend den Prinzipien des modernen Rechtes —, d. h. ohne Einschränkung der Freizügigkeit, erreichen wollen. In seinem Werke „Du progrès des agglomerations urbaines" widmet nun Legoyt diesem Gegenstand volle 70 Seiten. Er empfiehlt dabei als Mittel zur Verhinderung der Landflucht in erster Linie Massnahmen, die die Lage der ländlichen Bevölkerung verbessern könnten. Seit dem Erscheinen seines Werkes sind volle 30 Jahre verflossen. Obwohl aber die Mehrzahl seiner Vorschläge, wie z. B. die Errichtung von ländlichen Sparkassen, die Verbesserung der Armenpflege u. d. m. seit langem im umfangreichem Masse verwirklicht sind, lässt sich — im Gegensatz zu seinen Hoffnungen — keine Abnahme der Landflucht konstatieren.

Ein Jahrzehnt später empfahl der Akademiker Lagneau fast dieselben Massnahmen, wie Legoyt, wobei das Hauptgewicht von ihm auf die Steuerentlastung des Bauernstandes, auf die Begünstigung der Auswanderung nach den Kolonieen und fremden Ländern, sowie auf die Dezentralisation der Verwaltung gelegt wurde.[2])

Fast zu gleicher Zeit erklärte Bertillon Vater, dass die Landflucht sich durch künstliche Mittel nicht verhindern liesse. Um dieses Ziel zu erreichen, solle seiner Ansicht nach das Leben auf dem Lande angenehmer gestaltet werden. Man solle dort öfters Volksfeste, Tanzkränzchen und Abendunterhaltungen veranstalten und nebenbei das Verbot der Ermittelung der Vaterschaft aufheben.[3])

In den letzten Jahren war es Tounissoux, der in seiner Abhandlung: „La désertion des campagnes"[4]) eine ganze Serie

---

[1]) Vgl. L. Schöne, Histoire de la population française, Paris 1893, S. 233.

[2]) Vgl. Du depeuplement, de la décroissance de la population etc., Orléans 1883, S. 37.

[3]) Vgl. Mouvements de la population dans les divers Etats de l'Europe, S. 196 ff.

[4]) Journal de la Soc. de Stat. 1884, S. 201 ff.

von Massnahmen zur Bekämpfung der Landflucht vorschlug. Er verlangt u. a.:

1. Aufgabe der weiteren Verschönerung der Städte, weil das der Landwirtschaft Arbeitskräfte entzieht, und Durchführung gründlicher sanitärer Verbesserungen auf dem Lande;
2. Unterbringung der von ihren Eltern verlassenen Kinder in den Dörfern;
3. Dezentralisation der Armenpflege;
4. Ausgleichung der Steuerlast zu Gunsten der Landbevölkerung;
5. Verminderung der Abgaben beim Immobilienwechsel;
6. Dezentralisation der Verwaltung;
7. Öftere Ordensverleihung an Leute, die sich der Landwirtschaft widmen, um auf diese Weise die Achtung vor diesem Beruf zu erhöhen;[1])
8. Mahnungen der Bürgermeister, Pfarrer etc.
9. Beispiel der Grossgrundbesitzer, die auf dem Lande bleiben sollen;
10. Ansiedelung der Kleinindustrieen auf dem Lande.

Im übrigen teilt auch Tounissoux die Ansicht, dass das Wachsen der Grosstädte, das dem platten Lande die Arbeitskräfte entzieht, das Gedeihen der Landwirtschaft und damit auch die Machtstellung Frankreichs untergrabe.

Demgegenüber lässt sich auf Grund der Ergebnisse der Volkszählungen, sowie der Agrarenquêten feststellen, dass gerade in der Umgebung der Grosstädte sowohl die relative Zahl der in der Landwirtschaft beschäftigten Personen als auch die Erträge der Landwirtschaft am grössten sind. Die 11 Departements, welche die grössten Städte Frankreichs umgaben, hatten nämlich:

Departements	Zahl der von der Landwirtschaft lebenden Personen im Jahre 1891	Kultivierte Fläche in Quadratkilometern[2])	Darunter Fläche unter Garten ha	Zahl der von der Landwirtschaft lebenden Personen pro Quadratkilometer
Bouches-du-Rhône (Marseille)	127 800	1250	6 300	102
Garonne (Toulouse)	241 000	3870	5 800	62
Gironde (Bordeaux)	329 500	2490	8 700	132

[1]) Das durch Dekrete vom 7. Juli 1883 und 18. Juni 1887 geschaffene besondere Ordenszeichen — Mérite agricole — erfreut sich in Frankreich einer grossen Beliebtheit. Der Landwirtschaftsminister hat daher jährlich mehrere Tausende von Gesuchen um Ordensverleihung zu prüfen.

[2]) Damit ist gemeint die Fläche unter: Weizen, Roggen, Gerste, Mengkorn, Buchweizen, Hafer, Mais, Hirse, Kartoffeln, Rüben, Klee, Esparsette, natürlichen Wiesen und Weiden, Raps, Rübsen, Mohn, Hanf, Flachs, Zuckerrüben, Tabak, Hopfen, Gärten und Weinreben.

Departements	Zahl der von der Landwirtschaft lebenden Personen im Jahre 1891	Kultivierte Fläche in Quadratkilometern	Darunter Fläche unter Garten ha	Zahl der von der Landwirtschaft lebenden Personen pro Quadratkilometer
Loire (St. Etienne)	198 600	2890	4 300	69
Loire-Infér. (Nantes)	338 300	4250	10 200	80
Marne (Reims)	166 400	4750	6 600	35
Nord (Lille, Roubaix) . . .	396 600	4010	9 400	99
Rhône (Lyon)	172 900	2000	5 000	87
Seine-Infér. (Le Havre, Rouen)	205 100	3920	7 000	52
Seine-et-Oise } (Paris)	205 700	3100	18 100	66
Seine . . . } (Paris) . . .	52 300	180	4 800	291
	2 434 200	32 710	86 200[1])	74
Übriges Frankreich	15 010 000	240 450	375 500[2])	62

Die Departements, welche die Grosstädte umgeben, haben demnach mit wenigen Ausnahmen pro Quadratkilometer der kultivierten Fläche eine bedeutend grössere Anzahl von der Landwirtschaft lebenden Personen aufzuweisen, als die übrigen Teile des Landes. Auch hier zeigt sich eine volle Analogie mit England, indem z. B. in Lancashire auf 1000 Acres kultivierter Fläche 72, in den drei London umgebenden Grafschaften Kent, Surrey und Middlesex sogar ca. 100 in der Landwirtschaft einschl. Gärtnerei erwerbsthätige Personen im Alter von über 10 Jahren kamen, während der Durchschnitt für das übrige England nur etwa 46 betrug.[3]) Dabei darf nicht übersehen werden, dass der Einfluss der Grosstädte, wie wir gesehen haben, weit über die Grenzen der sie unmittelbar umgebenden Departements reicht. So zählte man z. B. im Departement Seine-et Marne ca. 11 200 ha unter Gärten, im Departement Somme ca. 10 300, im Departement Ille-et-Vilaine ca. 10 700 ha. Alle diese Departements senden

[1]) Darunter ca. 19 500 ha, die vorwiegend zum Zweck des Verkaufs produzierten.

[2]) Darunter ca. 61 000 ha, die vorwiegend zum Zweck des Verkaufs produzierten. Der Gesamtwert der Gärtnereiprodukte wurde im Jahre 1892 auf ca. 296 Millionen Franken geschätzt, wovon ca. 136 Mill. Franken auf zum Verkauf bestimmte Produkte entfielen.

[3]) Man zählte in England:

	Landwirtschaft treibende Bevolkerung im Alter von über 10 Jahren im Jahre 1891	Gesamte kultivierte Fläche im Jahre 1890 Acres
Lancashire	59 700	825 000
Kent, Middlesex, Surrey	117 000	1 170 000
Die übrigen Grafschaften Englands	1 059 000	23 013 000

aber den grössten Teil der Erzeugnisse ihrer Gärtnereien nach Paris und nach den anderen Städten. Ein besonderes Interesse beansprucht hier noch der Umstand, dass während der Anteil der oben genannten 11 Departements an der gesamten kultivierten Fläche nur ca. 11,8 % betrug, ihr Anteil an der Gartenfläche sich auf ca. 18,6 % belief.

Man kann mit Bezug auf diesen Punkt aber noch eine andere ausserordentlich wichtige Erscheinung beobachten. Vergleicht man nämlich die Verhältniszahl der von der Landwirtschaft lebenden Personen in den Departements, welche die Grosstädte umgeben, mit der entsprechenden Verhältniszahl in anderen Teilen Frankreichs, so kommt die Thatsache deutlich zum Vorschein, dass sogar bei intensivster Kultur, wie sie gewöhnlich in der Umgebung der Grosstädte anzutreffen ist, die Landwirtschaft nur eine eng begrenzte Anzahl von Menschen ernähren kann.

Nun ist aber Frankreich ein Land, dass sehr arm an Grosstädten ist. Dazu kommt noch, dass auch die vorhandenen Grosstädte relativ nur sehr langsam wachsen. Ähnliches muss von der französischen Grossindustrie berichtet werden, die im Vergleich zur Grossindustrie Deutschlands und Englands sich nur sehr langsam entwickelt. Es genügt in dieser Hinsicht darauf hinzuweisen, dass während Frankreichs Verbrauch an Rohbaumwolle in den 50er Jahren dieses Jahrhunderts den Baumwollekonsum Deutschlands übertraf, im letzten Jahrzehnt der Baumwolleverbrauch der deutschen Industrie etwa anderthalb Mal so gross war wie in Frankreich. Bei Gegenüberstellung aller dieser Thatsachen drängt sich die Antwort auf die Frage nach den Ursachen des Bevölkerungsstillstandes in Frankreich von selbst auf. Und dies um so mehr, wenn man berücksichtigt, dass die Bevölkerung Frankreichs eine ausserordentlich geringe Neigung zur Auswanderung zeigt. Wir wollen indes die sich aufdrängende Schlussfolgerung nicht aussprechen, solange noch eine Reihe von Mittelgliedern fehlt.

Dagegen sei hier noch kurz des Einflusses gedacht, den die Grosstädte und die industriellen Zentren auf die Erträge der Landwirtschaft in ihrer Umgebung ausüben. Besonders klar tritt dieser Einfluss aus nachstehender Übersicht hervor, in der die Weizenerträge in den Departements Nord und Pas-de-Calais, Zentren der französischen Grossindustrie und des französischen

Bergbaues,[1]) und in dem Paris umgebenden Departement Seine aufgeführt sind.

Der Weizenertrag betrug nämlich pro Hektar:

	1876/85	1886/95	Zunahme absolut	Zunahme in %
Pas-de-Calais	19,0 hl	20,9 hl	1,9 hl	10,0
Nord	23,5 „	25,4 „	1,9 „	8,1
Seine	24,8 „	26,6 „	1,8 „	7,2
im übrigen Frankreich	14,4 „	15,2 „	0,8[2]) „	5,8

Der Ertrag war hier also um 40 bis 70% höher als in den übrigen Teilen des Landes. Wenn diese Erscheinung teilweise auch den besseren natürlichen Eigenschaften des Grund und Bodens in diesen Dapartements zugeschrieben werden könnte, so muss doch die rasche Steigerung der Erträge vorwiegend der intensiveren Kultur zugeschrieben werden, die ihrerseits wesentlich als Folge des raschen Bevölkerungszuwachses in diesen Gebieten auftritt. Diese 3 Departements absorbierten nämlich von dem gesamten Bevölkerungszuwachs Frankreichs im Zeitraum 1876 bis 1896, der sich auf ca. 1612000 Personen belief, ca. 1335000 Personen, d. h. ca. **83%**. Dabei muss noch hervorgehoben werden, dass während in ganz Frankreich ein Lebendgewicht an Vieh von ca. 128 kg pro ha d. sog. „territoire

[1]) Vgl. darüber S. 139ff.

[2]) In den einzelnen Jahrfünften dieser Zeitperioden betrug der durchschnittliche Weizenertrag pro ha in ganz Frankreich:

Im Jahresdurchschnitt	1876/80	13,7 hl
„ „	1881/85	15,7 „
„ „	1886/90	15,5 „
„ „	1891/95	15,6 „

Der Einfluss der seit Mitte der 80er Jahre inaugurierten Hochschutzzollära kann demnach auch in dieser Hinsicht keineswegs als günstig bezeichnet werden. Sehr charakteristisch sind daher die Ausführungen des in Frankreich sehr bekannten Agrikulturtechnikers, Grandeau, im Novemberheft des Journal des Economistes für 1899. Grandeau, der dafür schwärmt, Frankreich zu einem Getreide exportierenden Lande zu machen, vergleicht in dieser Abhandlung den Ernteertrag von 1898 mit dem von 1889 und findet dann, dass dank den Kulturverbesserungen Frankreich im Jahre 1899 auf den Weltmarkt ca. 20 Millionen hl Weizen werfen könne. 1899 war aber — nach eigenen Angaben Grandeaus — ein Jahr, das eine der besten Ernten dieses Jahrhunderts aufwies, während die Ernte des Jahres 1889 sehr mittelmässig war. Die von uns angeführten Zahlen, die den Durchschnittsertrag in den einzelnen Jahrfünften kennzeichnen, einerseits, und die oben konstatierte Verminderung des Weizenverbrauchs andererseits, zeigen deutlich genug, wie unbegründet die Hoffnungen sind, Frankreich zu einem dauernd Getreide exportierenden Lande zu machen.

agricole" traf, das entsprechende Gewicht im Departement Pas-de-Calais ca. 180, Nord ca. 299 und im Departement Seine sogar ca. 318 kg betragen hat. Auch hier also war der Einfluss der starken Bevölkerungsagglomeration äusserst günstig für die Landwirtschaft.

Und ähnliche Erscheinungen hinsichtlich der Intensität der Kultur lassen sich auch für die übrigen industriell mehr oder weniger hoch entwickelten Departements Frankreichs feststellen. Teilt man nämlich die — nach Ausschluss des Paris umgebenden Departements Seine — übrig bleibenden 86 Departements nach der relativen Vertretung der von der Landwirtschaft lebenden Bevölkerung in 5 gleiche Gruppen ein, so ergeben sich folgende Durchschnittserträge:[1])

Gruppe	Zahl der Departements	Prozentsatz der von der Landwirtschaft lebenden Bevölkerung im Jahre 1891	Durchschnittlicher Weizenertrag pro ha im Jahresdurchschnitt 1886/95
Departement Seine (Paris)		1,6 %	26,6 hl
I. Gruppe	8	20,1 — 31,5 %	18,3 „
II. „	13	31,6 — 42,9 „	18,1 „
III. „	18	43,0 — 54,3 „	16,3 „
IV. „	31	54,4 — 65,7 „	14,7 „
V. „	16	65,8 — 77,0 „	12,6 „
Frankreich	87	46,0 %	15,6 „

Je grösser demnach der Anteil der Landwirtschaft treibenden Bevölkerung an der Gesamtbevölkerung, oder mit a. W., je schwächer die Grossindustrie vertreten war, desto geringer waren auch die Erträge. In den 8 Departements, in denen die landwirtschaftliche Bevölkerung relativ am schwächsten vertreten war, war der durchschnittliche Weizenertrag mit ca. 18,3 hl pro ha um ca. 45 % grösser als in der letzten Gruppe, in welcher die von der Landwirtschaft lebende Bevölkerung etwa ²/₃ und darüber der Gesamtbevölkerung umfasste. Dementsprechend erscheint auch der agrarische Hochschutz, der, wie wir gesehen haben, den Konsum der städtischen und industriellen Bevölkerung vermindert hat, als Feind des landwirtschaftlichen Fortschrittes.

Man kann dabei aber noch eine andere äusserst wichtige Gesetzmässigkeit feststellen. Ordnet man nämlich die 87 Departe-

[1]) Die zu jeder Gruppe gehörenden Departements sind auf S. 60ff. aufgeführt. Die dort mit V bezeichnete Gruppe steht hier an I. Stelle u. s. w. Natürlich sind in dieser Übersicht auch die drei Departements: Alpes-Maritimes, Savoie und Haute-Savoie berücksichtigt.

ments Frankreichs nach der Höhe der Jahreslöhne der zahlreichsten und wichtigsten Gruppe der dauernd angestellten landwirtschaftlichen Arbeiter (laboureurs, charretiers etc),[1]) so erhält man nachstehende Übersicht:

	Von der Landwirtschaft lebende Bevölkerung im Jahre 1891	Weizenertrag pro ha im Jahresdurchschnitt 1886/95	Pferdekraft der Motoren, die im Jahre 1892 zu landwirtschaftlichen Zwecken benutzt wurden, pro 10000 von der Landwirtschaft lebenden Personen
I. Gruppe[2])	3523000	13,5 hl	44,2
II. „ [3])	3437000	13,7 „	65,8
III. „ [4])	3464000	14,3 „	69,1
IV. „ [5])	3564000	16,6 „	79,0
V. „ [6])	3446000	18,9 „	111,7

Die letzte Gruppe der Departements, welche die höchsten Löhne zahlte, wies demnach einen um ca. 40% höheren Ertrag auf als die erste Gruppe mit sehr niedrigen Löhnen. Zu gleicher Zeit traf in der Gruppe mit den höchsten Löhnen auf die gleiche Zahl der von der Landwirtschaft lebenden Personen eine ca. 2½ mal grössere Zahl von motorischen Kräften, die zu landwirtschaftlichen Zwecken benutzt werden, als in der Gruppe der Departements mit sehr niedrigen Löhnen. Die Zunahme des

[1]) Unter den 1832000 sog. „domestiques de ferme", die bei der Enquête des Jahres 1892 ermittelt wurden, zählte man in der Gruppe „laboureurs, charretiers" etc. ca. 499000.

[2]) Diese Gruppe umfasst 15 Departements: Morbihan, Finistère, Côtes-du-Nord, Landes, H.-Pyrénées, Ille-et-Vilaine, Corrèze, Rhin, Lozère, Lot, Corse, Savoie, Dordogne, Aveyron, H.-Savoie.

[3]) 16 Departements: Haute-Loire, B.-Pyrénées, Jura, Loire-Infér., H.-Vienne, Manche, Gers, H.-Alpes, Charente, Drôme, Sarthe, H.-Saône, Loire, Puy-de-Dôme, Ariège, Mayenne.

[4]) 17 Departements: Saône-et-Loire, Cantal, Ardèche, Vendée, Alpes-M., Vienne, Isère, Lot-et-Garonne, Calvados, Ain, Vosges, Charente-Infér., Meurthe-et-Moselle, Maine-et-Loire, Tarn-et-Garonne, Orne, B.-Alpes.

[5]) 20 Departements: Cher, Tarn, H.-Marne, Indre, Loir-et-Cher, Nièvre, Pas-de-Calais, Côte-d'Or, Creuse, Indre-et-Loire, Seine-Infér., Allier, Doubs, Rhône, Pyrénées-Or., H.-Garonne, Vaucluse, Somme, Meuse, Gard.

[6]) 19 Departements: Eure, Sèvres, Nord, Ardennes, Eure-et-Loir, Loiret, Yonne, Marne, Aube, Var, Hérault, Aude, Oise, Gironde, Aisne, Seine-et-Oise, Seine-et-Marne, Bouches-du-Rhône, Seine. — Sämtliche Departements sind nach der Höhe des durchschnittlichen Jahresgehaltes der über 16 Jahre alten „laboureurs, charretiers" etc. geordnet. Um die Gesetzmässigkeit der Erscheinung hervortreten zu lassen, wurden die Gruppen in der Weise gebildet, dass jeder eine möglichst gleiche Anzahl der von der Landwirtschaft lebenden Personen zugeteilt wurde.

Ertrages und der motorischen Kräfte von Gruppe zu Gruppe zeigt dabei deutlich genug, dass es sich hier um keine zufällige Erscheinung handelt. Das gleiche wird durch die Thatsache bestätigt, dass von den ca. 52400 Säemaschinen (semoirs mécaniques), die im Jahre 1892 in Frankreich zur Verwendung kamen, ca. 28500, d. h. mehr als 54%, auf die letzte Gruppe der Departements, die die höchsten Löhne zahlte, trafen. Auf die übrigen 4 Gruppen mit niedrigeren Löhnen, die mehr als $^4/_5$ der landwirtschaftlichen Bevölkerung Frankreichs beherbergten, entfielen demnach weniger als 46% aller angewandten Säemaschinen. Das Wachsen der Grossindustrie und der Grosstädte und die daraus resultierende Steigerung der Löhne der ländlichen Arbeiter durch künstliche Massnahmen zu verhindern suchen, hiesse demnach die Rückständigkeit begünstigen.

III.

Leicht bei einander wohnen die Gedanken,
Doch hart im Raume stossen sich die Sachen.
Schiller.

Die vermeintlichen Ursachen der geringen Geburtenfrequenz. Ansichten Arsène Dumonts, Bertillons u. A. Geburtenfrequenz in verschiedenen Teilen des Landes. Die wichtigsten Zweige der französischen Grossindustrie und ihre Entwickelung im Vergleich zu England und Deutschland. Geburtenfrequenz und Verteilung des Grundeigentums. Geburtenfrequenz und bäuerliche Wohlhabenheit. Die Ausdehnung des Getreidebaues und ihre Wirkungen. Die Binnenwanderungen und ihr Einfluss auf die Geburtenfrequenz. Die Geburtenfrequenz in den Centren der französischen Grossindustrie. Geburtenfrequenz und Kohlenkonsum. Die alten und die neuen Quellen des Bevölkerungszuwachses. Die Wirkungen des agrarischen Hochschutzzollsystems.

Im I. Kapitel wurde bereits dargelegt, dass fast sämtliche Forscher darin übereinstimmen, dass der langsame Bevölkerungszuwachs nicht auf die physische Degeneration,[1]) sondern darauf zurückzuführen ist, dass die Franzosen keine oder nur wenig Kinder haben wollen.

Grosse Meinungsverschiedenheiten ergeben sich dagegen bei Beantwortung der Frage nach den Ursachen dieser Erscheinung. Je nach der politischen Parteistellung, dem religiösen Standpunkt, den persönlichen Sympathieen oder Antipathieen werden dabei bald das angeblich zu hohe Alter der Heiratenden,[2]) bald die die Er-

[1]) Über die Rolle, welche dabei die geschlechtlichen Krankheiten spielen resp. spielen können, vgl. insbesondere die interessanten Ausführungen von Flesch in den Jahrbüchern für Nationalökonomie und Statistik, Jahrgang 1896, I. Band. Von den französischen Fachmännern behandeln diese Frage ausführlich: Dr. Mireur in seinem Werke „Le mouvement comparé de la population à Marseille, en France et dans les Etats de l'Europe" (Paris 1889), sowie der Akademiker Lagneau in seinem Schriftchen: „Des mesures propres à rendre moins faible l'accroissement de la population de la France (Paris 1890).

[2]) Vgl. S. 31 ff. Auch Lagneau klagt lebhaft darüber, obwohl von ihm selber festgestellt wird, dass viele Departements, so insbesondere in der Bretagne, wo das durchschnittliche Heiratsalter höher ist als in Frankreich, trotz alledem eine sehr hohe Geburtenfrequenz haben. Vgl. Lagneau, „Des mesures propres à rendre moins faible l'accroissement de la population, S. 14 ff.

mittelung der Vaterschaft verbietende Gesetzgebung, bald das Umsichgreifen des Atheismus und des Sozialismus,[1]) bald die mit dem Erbrecht in Verbindung stehende eigentümliche Verteilung des Grundbesitzes, bald die schwache Auswanderung, bald das Sinken des Zinsfusses,[2]) bald die Eitelkeit, die Genussucht und die Emanzipationsbestrebungen der französischen Frauen in den Vordergrund geschoben.

In Bezug auf den angeblichen Einfluss der Emanzipationsbestrebungen der Frauenwelt sind besonders charakteristisch die Ausführungen Arsène Dumonts. „Solange die Sache des Fortschrittes, die Sorge um das Auffinden neuer Wege und das Streben nach der Verbesserung der Rasse dem Manne zufallen, genügt der Selbsterhaltungstrieb an und für sich, die Frauen zu absorbieren. Aber von dem Zeitpunkt an, wo sie den Mutterpflichten entsagen und je mehr sie sich dieser natürlichen Funktion entziehen, um so unglücklicher und entarteter werden sie. In jeder Gesellschaft, die in moralischer Hinsicht Fortschritte aufweist, folgt die Frau dem Manne oder begleitet sie ihn bescheiden. In jeder Gesellschaft dagegen, die dem Verfall entgegengeht, drängt sich die Frau, kaum dass sie von der Korruption berührt ist, nach vorwärts und geht dem Manne voran.“[3]) Dumont scheint die Thatsache wenig berücksichtigt zu haben, dass weder in England, noch in den meisten Staaten Nord-Amerikas, noch in Schweden und Norwegen, wo die Frauen in Bezug auf die Beteiligung am öffentlichen Leben am weitesten vorgedrungen sind, ein Bevölkerungsstillstand zu bemerken ist.

Der mehr oder weniger bedeutende Einfluss der meisten eingangs genannten Momente soll aber dennoch nicht geleugnet werden. Man muss sich nur vor Übertreibungen hüten und nicht ausser Acht lassen, dass fast alle diese Ursachen auch in anderen Ländern, so insbesondere in Belgien und in verschiedenen Teilen Deutschlands, wirken, ohne dass dies einen Bevölkerungsstillstand zur Folge gehabt hätte.

Über die ausserordentlich starke Vertretung des Kleingrundbesitzes in Belgien hat schon Legoyt berichtet. „Belgien ist

---

[1]) Vgl. Nadaillac, Un cri d'alarme. Paris 1894. S. 18 ff.

[2]) Vgl. Lucien Schöne, Histoire de la population française, S. 389. Das Sinken des Zinsfusses veranlasst zu grösseren Ersparnissen, um sich für das hohe Alter eine ausreichende Rente zu beschaffen, und wirkt daher hemmend auf die Geburtenfrequenz.

[3]) Vgl. Dépopulation et Civilisation, S. 48 ff.

auch," schrieb er im Jahre 1866, „und sogar in einem noch bedeutenderem Masse als Frankreich, ein Land der Kleinkultur."[1]) Ähnliche Angaben für die neuere Zeit sind in der französischen Agrarenquête von 1882 veröffentlicht.[2])

Der Einfluss der gleichen Teilung der Erbschaften mit ihrer Folge, der starken Bodenzerstückelung, wird sehr scharf von Leroy-Beaulieu angegriffen. „Man wollte den Bürger wie den Bauer verhindern, das einzusetzen, was man ehemals einen Anerben nannte, d. h. eines der Kinder testamentarisch zu bevorzugen. Man hat das nur zum Teil erreicht. Man kann eben immer einen Anerben schaffen, sobald die Jüngeren ganz ausbleiben. Dieses Resultat haben eine Masse französischer Familien im Auge. Wenn die Gesetze die Mehrzahl der Bevölkerung darauf hindrängen, nicht mehr als 1 Kind pro Familie zu haben, dann muss zugestanden werden, das sie, mag man sie sonst noch für so heilig halten, nicht nur gegen die Moral verstossen, sondern auch die Machtstellung des Vaterlandes untergraben."[3]) Demgegenüber hebt Nadaillac mit Recht hervor, dass man bei manchen Völkern beinahe die gleichen wirtschaftlichen Thatsachen feststellen kann, denen in Frankreich der Bevölkerungsstillstand zugeschrieben wird, ohne dass sich jene Erscheinung dort zeigte. In allen diesen Ländern zeigt sich eine bedeutende Vermehrung der Wohlhabenheit; überall, in den Dörfern wie in den Städten, kann eine bedeutende Steigerung der Arbeitslöhne, Verbesserung der Kleidung, Sanierung der Wohnstädten etc. etc. festgestellt werden, und in allen diesen Ländern haben die genannten Momente günstig auf die Geburtenfrequenz bezw. auf den Überschuss der Geburten über die Sterbefälle eingewirkt. Warum hat also Frankreich, als ob über ihm ein Verhängnis hinge, ganz andere Resultate aufzuweisen?[4]) In Frankreich müssen daher noch andere wichtige Ursachen mitspielen, die in jenen Ländern gar nicht oder nur sehr wenig hervortreten.

---

[1]) De l'état actuel de l'Agriculture. J. de la Soc. de Stat. 1866, S. 187, 195 ff.

[2]) S. 303, 330 ff.

[3]) Citiert nach Truchi de Varennes, La population rurale et la crise agricole, Besançon 1898, S. 12. Ähnlich äussert sich J. Bertillon: „Das beste wäre, uns, was das Erbrecht anbelangt, den Gesetzen von Kanada zu nähern. Diesen Gesetzen und ihrer Anwendung haben es unsere Brüder in Kanada zu verdanken, dass ihre Geburtenfrequenz mit 48 pro 1000 Einwohner die Geburtenhäufigkeit der in dieser Hinsicht fruchtbarsten Gegenden Europas übertrifft.

[4]) Vgl. Nadaillac, Affaiblissement de la natalité, S. 10.

Das Vorhandensein solcher speziell Frankreich eigentümlicher Ursachen ist von vielen französischen Forschern betont worden. Zu welch seltsamen Schlussfolgerungen man dort aber auf der Suche nach diesen Ursachen gelangte, beweist die Theorie des in Frankreich sehr bekannten Demographen und Anthropologen Arsène Dumont, dessen Ansichten über die Beteiligung der Frauen am öffentlichen Leben wir soeben kennen gelernt haben. Dumont, dessen Werk „Dépopulation et Civilisation" von Tarde als eines der geistreichsten Bücher empfohlen wird,[1]) spricht die Ansicht aus, dass die Ursache des Bevölkerungsstillstandes der speziell den Franzosen eigentümliche Charakterzug sei, dass sie eine von der Monarchie façonnierte Demokratie darstellen. „Die sich daraus ergebende völlige Abwesenheit der Harmonie in verschiedenen Sphären unserer geistigen Thätigkeit und das daraus resultierende Verschwinden des inneren Friedens, ist eben ein Charakterzug, der nur dem modernen Frankreich eigentümlich ist, und dazu noch ein Charakterzug, der sich immer schärfer ausprägt." [2])

---

[1]) „Ich habe wenig Bücher gelesen, die so tiefsinnig und anziehend waren." Vgl. G. Tarde, Etudes pénales et sociales, S. 400 ff.

[2]) Vgl. Dépopulation et Civilisation S. 99. „Dieser Erklärung lässt Dumont folgende Ausführungen vorausgehen: „Was für Momente sind es, die den Bevölkerungsstillstand verursacht haben?" Wir können zunächst konstatieren, dass diese Ursachen allgemeiner Natur sein müssen, denn sie wirken auf die ganze Nation mit Ausnahme von vier Departements, die allein in ganz Frankreich keine Abnahme der Geburtenfrequenz aufzuweisen hatten. — Diese Ursachen müssen ferner sehr tiefgehender Natur sein, weil jedermann ihnen gehorcht und niemand bisher dazu gelangte, sich dessen bewusst zu werden und sie zu kennzeichnen. Schliesslich reichen ihre Wirkungen nur bis an unsere Grenzen; dort aber hören sie auf — ein Beweis, dass sie sich an Umstände knüpfen, in deren Bereich die ganze Nation und nur unsere Nation sich befindet. Es muss der unserer Civilisation eigentümliche Charakterzug sein, der notwendigerweise seit langer Zeit eindringen musste, um die ganze Nation zu durchtränken. Und dieser Faktor musste sich endlich seit Anfang unseres Jahrhunderts entwickelt hnben, wie das Übel, das ihn offenbart. Über den von Dumont zur Erklärung der Vorgänge des Bevölkerungsstillstandes gewählten Ausdruck „soziale Capillarität", worunter er „die Sehnsucht nach Reichtum, Eleganz und Genuss, das feurige Verlangen nach Gerechtigkeit und Wahrheit bis zur Hinopferung des Individuums für das Wohl der Allgemeinheit, das unbesiegliche Streben nach dem leuchtenden Ideal des Glücks" versteht, vgl. Dépopulation et Civilisation S. VI ff. Im übrigen sind diese Gedanken Dumonts nicht ganz neu. In der bereits öfters citierten Arbeit Bertillon Vaters „Mouvements de la population etc. kann man z. B. auf S. 55 lesen, dass die Civilisation die Bedürfnisse steigert und daher die Geburtenfrequenz herabdrückt. Im Anschluss daran fragt der

Ähnlich spricht sich Dumont auch auf S. 97 seines Werkes aus: „Die wahre Ursache der Verminderung unserer Geburtenfrequenz," sagt er hier, „ist der Wille keine oder nur wenig Kinder zu haben, und dieser Wille selbst wird bestimmt durch das Zusammenwirken geistiger, moralischer und ästhetischer Anlagen, die nur unserer Nation eigentümlich sind. Man muss hier von Neuem an den Grundsatz von August Comte erinnern, den man bei der Behandlung der Probleme der modernen Soziologie sich stets vergegenwärtigen soll: Die Krankheit der Gesellschaft wird als eine physische betrachtet, während sie ausschliesslich eine moralische Krankheit ist." Das gleiche wird von Dumont auf S. 92 wiederholt. Das in Frankreich scharf hervortretende Streben, sich eine Staatsstellung zu verschaffen, statt in der Industrie oder im Handel ein Fortkommen zu suchen, giebt ihm Anlass zur Erklärung, dass diese Erscheinung auf einen geistigen Zustand der Nation hinweist, der die wahre Ursache der Verminderung der Geburtenfrequenz ist, während der Mangel an annehmbarem Absatz für die Arbeitskraft nur sein äusseres Anzeichen ist.

Zu ähnlich seltsamen Schlussfolgerungen gelangte einige Jahrzehnte vorher der berühmte Demograph Bertillon Vater, dessen Forschungen sonst — nebenbei bemerkt — zu den besten gehören, die die französische Litteratur aufweist. „Als Moses die Juden zu einer grossen Nation machen wollte, hat er weder Budgets geschaffen, noch Vergünstigungen, noch Steuerbefreiungen für

Verfasser: „Prétendrions nous que seule elle (France) progresse? Ne la voit-on pas, cette même natalité, augmenter chez nos plus puissants voisins." Zur Erklärung werden von ihm zwei Ursachen angeführt: „D'abord c'est en France, que les populations ont été le plus profondement pénétrées des idées modernes, c'est en France que les sentiments d'égalité, de responsabilité personelle, sont plus entrés dans les mœurs et dans les institutions et surtout que le privilège de la propriété terrienne est devenu à un plus haut degré celui du grand nombre; c'est pour cela que les influences de la propriété ont dû aller croissant chez nous plus qu'ailleurs. En outre en France les personnages du haut rang n'ont plus comme autrefois de providence royale ou de privilèges de castes qui assurent la table et le logement à leurs enfants, quelque multipliés, qu'ils soient; il en faut donc modérer le nombre. De son côté, la bourgeoisie, toujours, circonspecte en fait de progéniture, doit aujourd'hui (les privilèges de maîtrise étant détruits) se défendre contre l'assaut que lui livrent les couches ouvrières, et a leur tour, les meuilleurs de ces manouvriers aspirent à la bourgeoisie, et se gardent d'une famille trop lourde, qui paraliserait leur force. Eu nul autre pays qu'en France, ces passions légitimes n'ont penetré les masses; et leur résultat necessaire, c'est la diminution de la natalité."

die Junggesellen: er hat die Letzteren mit dem Abzeichen der Entartung gebrandmarkt, während den fruchtbaren Familien die Hoffnung gegeben wurde, einen Gott zu erzeugen! Unsere Gesetzgeber und die Führer der Nation sollen doch dem Beispiele des grossen Gesetzgebers der Juden folgen .... Sie können zwar den Müttern nicht die Geburt eines Gottes versprechen; sie können aber auf Kosten der sterilen Familien Erleichterungen für die fruchtbaren Familien schaffen, für deren Kinder Kolonieen mit gesundem Klima zur Erweiterung des Vaterlandes ins Leben gerufen werden sollten. Endlich sollen sie die fruchtbaren Familien der allgemeinen Achtung und Begünstigung empfehlen; denn je schneller eine zahlreiche Nachkommenschaft geliefert wird, desto leichter wird es uns fallen, darunter Menschen für das Wiedergutmachen unserer schweren Missgeschicke, sowie Genies zu finden, die uns unsere Erniedrigung vergessen machen. Wäre es denn nicht möglich, durch Feierlichkeiten zu Ehren der Familien, aus denen unsere grossen Männer hervorgingen, diesen edlen Ehrgeiz, den das Genie von Moses entflammt hat, wieder zu beleben: Diese Sehnsucht der Mädchen Israels nach der Mutterschaft? Wenn die Hoffnung einen Gott zu gebären, die Frauen der Juden fruchtbarer machen konnte, warum sollte die Hoffnung, ein Genie zur Welt zu bringen — welche Fälle in Frankreich weniger selten sind, als die Geburt eines Gottes bei den Juden — nicht die Frauen Frankreichs zur Mutterschaft anfeuern können?"[1])

Diese Beispiele zeigen zur Genüge, wohin man gelangen muss, wenn statt Thatsachen Wünsche und Illusionen den Leitstern des Forschers bilden.

* * *

Wir haben nunmehr zu untersuchen, welche Bevölkerungsschichten denn eigentlich zur Einschränkung der Kinderzahl ihre Zuflucht nehmen. Dass die social höher stehenden Kreise auf die Einschränkung der Kinderzahl besonders bedacht sind, ist auch in anderen Ländern öfters festgestellt worden. Diese Kreise bilden indes nur einen ganz kleinen Bruchteil der Bevölkerung, so dass ihr unmittelbarer[2]) Einfluss auf die vorliegende Er-

---

[1]) Vgl. Bertillon, Mouvements de la population dans les divers Etats de l'Europe, Annales de démographie internationale 1877, S. 59.

[2]) Bedeutend stärker kann der mittelbare Einfluss sein. Bei dessen Beurteilung lässt sich indessen Dr. Gibert Übertreibungen zu Schulden kommen: „Depuis

scheinung nur ganz gering sein kann. Die Bevölkerungsschicht dagegen, die nach der am weitesten verbreiteten Ansicht die Urquelle des Bevölkerungszuwachses bildet, soll die ländliche Bevölkerung im allgemeinen und insbesondere die Bauernschaft sein.

Nun ist aber die ländliche Bevölkerung Frankreichs im Vergleich zu den meisten Staaten Deutschlands und insbesondere zu England und Belgien eine ausserordentlich starke! Zählten doch in England schon im Jahre 1891 die städtischen Sanitätsdistrikte mit mehr als 5000 Einwohnern ca. 19,8 Millionen Personen, d. h. ca. 68% der Gesamtbevölkerung Englands; ebenso wohnten in Belgien im Jahre 1890 ca. 2,9 Millionen, d. h. ca. 48% der Gesamtbevölkerung in den Städten mit mehr als 5000 Einw. Demgegenüber entfielen in Frankreich im Jahre 1891 auf die Städte mit mehr als 5000 Einwohnern nur etwa 29% der Gesamtbevölkerung!

Und ähnliches lässt sich hinsichtlich der wichtigsten Zweige der Grossindustrie feststellen. Der Konsum an roher Baumwolle betrug z. B. in Tonnen à 1000 kg:[1])

	Im Vereinigten Königreich	In Frankreich
1846/50	217 000	58 200
1856/60	427 000	86 600
1866/70	516 000	86 800
1887/96	699 000	128 000

Während der Baumwolleverbrauch Frankreichs um die Mitte dieses Jahrhunderts ca. 26,8% des Baumwollekonsums Englands ausmachte, ist er im letzten Jahrzehnt auf ca. 18,3% des englischen Verbrauchs gesunken. Und noch ungünstiger stellt sich das Verhältnis Frankreichs Deutschland gegenüber. Noch in den 50er Jahren dieses Jahrhunderts übertraf der Baumwolle-

longtemps ce n'est pas seulement la bourgeoisie qui pratique l'onanisme conjugal; toutes les classes de la société usent de ce strategème avilissant: le bourgeois, l'ouvrier, l'agriculteur. On ne veut qu'un fils pour l'élever bien timidement, rien que pour soi." Vgl. Gibert, Causes de la dépopulation française, S. 330.

[1]) Die Angaben für die Zeit von 1846/50 bis 1866/70 sind der Abhandlung Toussaint Louas „L'industrie cotonnière de France comparée à celle du Zollverein et du Royaume-Uni" im Journal de la Soc. de Stat. 1873, S. 275 ff. entnommen. Seine Angaben hinsichtlich des Zollvereins sind nicht ganz richtig, weshalb sie auch weggelassen werden. Le tableau décennal du Commerce für 1887/96 berechnet den Baumwollekonsum Frankreichs im Jahresdurchschnitt 1857/66 auf ca. 74200 t, gegen 86000 t im Jahresdurchschnitt 1867/1876 und 99600 t bezw. 127800 t in den Jahrzehnten 1877/86 und 1887/96.

verbrauch Frankreichs bei weitem den des Zollvereins. Seitdem ist wesentlich unter dem Einfluss des Krieges, durch den Frankreich eines der Hauptzentren seiner Baumwolleindustrie — Elsass-Lothringen — verlor, auch hier ein bedeutender Umschwung eingetreten. Schon zu Anfang der 80er Jahre war der Baumwolleverbrauch Deutschlands beträchtlich grösser als der Frankreichs und im Jahresdurchschnitt 1889/96 war er mit ca. 237000 Tonnen beinahe $1^3/_4$ mal so gross als jener. Auch bei Berücksichtigung der Bevölkerungszahl würde der durchschnittliche Baumwolleverbrauch der deutschen Industrie um mindestens 40% höher sein als der Frankreichs.

Eine andere Thatsache, welche den langsamen Fortschritt der französischen Baumwolleindustrie kennzeichnet, ist die Zahl der in derselben im Gebrauch befindlichen Spindeln. Toussaint Loua machte darüber im Jahre 1873 folgende Angaben:

	Vereinigtes Königreich	Frankreich	Zollverein
1846/50	14475000	3580000	1011000
1866/70	32000000	4950000	3112000

Während demnach die Zahl der Spindeln im Vereinigten Königreich um ca. $17^1/_2$ Millionen, d. h. um ca. 120%, und im Zollverein um ca. 2,1 Millionen, d. h. um mehr als 200%, zugenommen hatte, war die Zunahme Frankreichs mit ca. 1,4 Mill. Spindeln = 38% absolut wie relativ weit geringer als der Zuwachs in England und Deutschland. Und in der neueren Zeit hat sich die Stellung Frankreichs noch mehr verschlechtert. Im Jahre 1896 zählte man in den Baumwollspinnereien Frankreichs nur ca. 4 Mill. Spindeln (einschliesslich der Spindeln zum Zwirnen), während ihre Zahl im Vereinigten Königreich schon im Jahre 1890 sich auf ca. $44^1/_2$ Millionen belief.

Das gleiche wie von der Baumwolleindustrie lässt sich auch von dem Kohlenbergbau berichten. Es wurde nämlich gewonnen an Kohle:

	Im Vereinigten Königreich	In Deutschland	In Frankreich
		Tonnen zu 1000 kg	
1887/88	169000000	79000000	22000000
1895/96	196000000	108000000	28600000
Zunahme	27000000	29000000	6600000

Die Zunahme der Kohlenproduktion war demnach in Frankreich — im Vergleich zu England und Deutschland —

ausserordentlich gering. Von grösster Wichtigkeit ist es dabei noch festzustellen, dass Frankreich auch heute noch — trotz des hohen Schutzzolles im Betrage von 1 Fr. 20 Ctm. pro Tonne, der ca. 12% des Wertes an Hauptgewinnungsorten ausmacht[1]) — etwa 1/4 bis 1/3 seines Kohlenbedarfs importiert. In wie geringem Masse dieser Schutzzoll dazu beigetragen hat, Frankreich vom ausländischen Kohlenimport zu emancipieren, lässt sich aus folgenden Angaben ersehen. Die Inlandsproduktion und der Kohlenimport betrugen in Tonnen zu 1 000 kg:

Im Jahresdurchschnitt	Produktion an Kohle	Mehreinfuhr an Kohle	Mehreinfuhr in % der inländischen Produktion
1875/76	17 000 000	7 500 000	44,1
1895 96	28 600 000	10 700 000	37,4

Die absolute Menge der Mehreinfuhr nahm demnach rasch zu, da die Steigerung der inländischen Produktion zur Deckung des Bedarfes nicht genügte. Aber auch das Verhältnis der Mehreinfuhr zur inländischen Produktion hat nur eine unwesentliche Veränderung erfahren. Noch deutlicher kommt die Bedeutung der ausländischen Kohleneinfuhr in folgenden Ziffern zum Vorschein. Nach Angaben im Tableau décennal du Commerce für 1887/96 betrug der Wert der ausländischen Kohleneinfuhr nach Frankreich:

Im Jahresdurchschnitt	Wert in Millionen Franken
1827 36	9,9
1847 56	65,5
1867/76	152,2
1887/96	178,0

Ähnliches lässt sich ferner noch hinsichtlich der Eisenproduktion feststellen, indem die im Vereinigten Königreich hergestellte Menge von Eisen etwa 2 1/2 mal und die Deutschlands etwa 2 mal grösser war als die Frankreichs.

Man sollte daher glauben, dass Frankreich — dieses Dorado der Bauernschaft — im Gegensatz zu Deutschland, Beigien und England, deren Bevölkerung durch die mächtige Entwickelung der Grosstädte und der Grossindustrie, wie von den Agrariern behauptet wird, immer mehr geistig und körperlich korrumpiert wird, einen ausserordentlich grossen Bevölkerungszuwachs aufweisen werde.

Wir sahen bereits, dass dies für Frankreich nicht zutrifft.

Die Vorstellung, dass die Bauernschaft an und für sich die Quelle des raschen Bevölkerungszuwachses sei, wird aber noch mehr erschüttert, wenn man vernimmt, dass es gerade grosse Schichten der Bauern sind, die in Frankreich ihre Kinderzahl mit Vorliebe einschränken. Dies geht klar hervor aus der Gegenüberstellung der Geburtenfrequenz in verschiedenen Departements zu Beginn und zu Ende des 19. Jahrhunderts. So betrug z. B. die Zahl der Geburten pro 1000 Personen der Bevölkerung:[1])

Im Departement	Im Jahresdurchschnitt 1801/10	Im Jahresdurchschnitt 1886/91	Abnahme	Prozentsatz der von der Landwirtschaft lebenden Bevölkerung im Jahre 1891[2])	Jährlicher Kohlenkonsum pro Kopf der Bevölkerung im Jahresdurchschnitt 1893/96 (in Tonnen zu 1000 kg)
Yonne	30	18	40 %	57 %	0,35
Charente . . .	32	19	41 „	61 „	0,39
Côte-d'Or . . .	32	18	42 „	46 „	0,55
Puy-de-Dôme . .	33	19	42 „	68 „	0,48
Maine-et-Loire .	34	19	44 „	53 „	0,37
Gers	30	15	50 „	72 „	0,05
Lot-et-Garonne .	30	15	50 „	62 „	0,34
Frankreich . .	**32**	**23**	**28** „	**46** „	**1,02**

Die aufgeführten Departements, in denen die landwirtschaftliche Bevölkerung sehr stark, die Grossindustrie dagegen, wie das aus dem ausserordentlich geringen Kohlenkonsum hervorgeht, sehr schwach vertreten ist, haben demnach eine bedeutend grössere Abnahme der Geburtenfrequenz zu verzeichnen, als der Durchschnitt des ganzen Landes. Ein besonderes Interesse beansprucht dabei die Thatsache, dass — das Departement Seine-Inférieure ausgenommen — die übrigen 4 Departements der alten Provinz Normandie, die schon im 18. Jahrhundert[3]) eine äusserst geringe Geburtenfrequenz hatten, im 19. Jahrhundert wiederum eine sehr beträchtliche Abnahme der Geburtenzahl

[1]) Die Zahl der Geburten pro 1000 Frauen im gebärfähigen Alter lässt sich für den Beginn des Jahrhunderts wegen Mangels an Daten über die Altersgliederung der Bevölkerung nicht ermitteln.

[2]) Die Ergebnisse der Berufszählung von 1896 sind noch nicht erschienen. Die Veränderungen können übrigens nur ganz unbedeutend sein.

[3]) „Or ces départements qui .... renferment des populations très aisées, sont ceux qu'on a toujours signalés pour leur faible fécondité. Et, pour plusieurs de ces départements, ceux surtout qui appartiennent à l'ancienne Normandie, cette observation avait été faite par plusieurs auteurs du XVIIIe siècle." Vgl. Loua, Les accroissements de la population, J. de la Soc. de Stat. 1886, S. 91 ff.

aufweisen. In der oben untersuchten Zeitperiode hatten nämlich diese 4 Departements der Normandie folgende Geburtenfrequenz:

Departements	Im Jahresdurchschnitt 1801/10	1886/91	Abnahme
Calvados	23,7	20,5	13 %
Manche	26,3	22,0	16 „
Eure	25,8	18,7	28 „
Orne	26,0	17,5	33 „

Dabei zeichnen sich die Departements der Normandie durch eine relativ sehr hohe Sterblichkeit aus, so dass von 1856 bis 1876 die Bevölkerung der städtischen Kommunen einen Überschuss der Sterbefälle über die Geburtenzahl von ca. 51 600 und die Bevölkerung der ländlichen Kommunen einen solchen von ca. 40 000 aufwies.[1]) In dem nicht einmal volle 5 Jahre umfassenden Zeitraum zwischen den Volkszählungen von 1886 und 1891 gestaltete sich die Sachlage aber noch trauriger. Der Überschuss der Sterbefälle über die Geburtenzahl belief sich in den städtischen Kommunen der Departements Calvados, Manche, Eure und Orne auf ca. 12 500 und in den ländlichen sogar auf ca. 18 700. Die vor kurzem veröffentlichten Ergebnisse der Volkszählung von 1896 lassen eine weitere Verschlechterung erkennen, indem der Überschuss der Sterbefälle im Zeitraum 1891/96 in den städtischen Gemeinden ca. 13 600 und in den ländlichen sogar 30 900 betragen hat.

Dass diese geringe Geburtenfrequenz und die entsprechend hohe Sterblichkeit nicht irgend welchen besonderen Rasseneigenschaften der Bevölkerung der Normandie zugeschrieben werden können, beweist schon allein der Umstand, dass die französischen Kolonisten in Kanada, die vorzugsweise von Auswanderern aus der Provinz Normandie abstammen, sich ausserordentlich rasch vermehren. Man zählte ihrer kaum 60 000, als Louis der XIV. Kanada an England abtreten musste. Gegenwärtig schätzt man die französische Bevölkerung in Kanada auf ca. 1½ Millionen, wobei gegen 500 000 Auswanderer, die sie an die Vereinigten Staaten abgegeben hat, nicht inbegriffen sind.[2])

---

[1]) Vgl. Toussaint Loua, La Bretagne et la Normandie, J. de la Soc. de Stat. 1880, S. 288 ff.

[2]) Vgl. Cheysson, La Question de la population en France et à l'Etranger. J. de la Soc. de Stat. 1883, S. 446 ff. Interessante Angaben über die Art und Weise, wie man in Kanada stationierte Soldaten zum Heiraten zwang, um die Bevölkerung

Fragt man nach den Ursachen der hohen Geburtenfrequenz in dem der Normandie zugehörenden Departement Seine-Inférieure und nach den Ursachen der niedrigen Geburtenfrequenz in den übrigen 4 Departements der alten Normandie sowie in den Departements Yonne, Charente, Côte-d'Or, Puy-de-Dôme, Maine-et-Loire, Gers, Lot-et-Garonne u. s. w., so findet man, dass die Departements, die eine geringe Geburtenfrequenz bezw. eine sehr grosse Geburtenabnahme aufweisen, zu gleicher Zeit eine zahlreiche und dazu noch meist eine sehr wohlhabende Bauernschaft haben. Schon Bertillon Vater suchte den Zusammenhang zwischen der geringen Geburtenfrequenz und der starken Vertretung der Grundeigentümer nachzuweisen. Er schied zu diesem Zweck die Departements Seine, Rhône etc., welche grosse Städte umgaben, in denen also die ländlichen Eigentümer nur einen unbedeutenden Prozentsatz der Bevölkerung ausmachten, aus und ordnete die übrigen 82 Departements in 3 Gruppen. Die von ihm erhaltenen Resultate lauten folgendermassen:[1])

Gruppe	Zahl der Departements	Zahl der Eigentümer pro 1000 Einwohner	Zahl der Eheschliessungen pro 1000 heiratsfähiger Personen[2])	Zahl der Geburten pro 1000 Einwohner	Zahl der Sterbefälle pro 1000 Einwohner	Überschuss der Geburten über die Sterbefälle pro 1000 Einw.
I.	30	285	25,3	24,8	23,2	1,6
II.	31	240	25,6	25,7	23,0	2,7
III.	21	175	25,9	28,1	23,2	4,9

Daraus lässt sich entnehmen, dass sofern den Angaben über die Zahl der Grundeigentümer überhaupt Vertrauen geschenkt werden darf,[3]) die Departements mit einem zahlreichen Bauernstand eine geringere Geburtenfrequenz und einen bedeutend geringeren Überschuss der Geburten über die Sterbefälle hatten, als die Departements, in denen die Grundbesitzer relativ schwach vertreten sind.

Zu ähnlichen Ergebnissen gelangte Tallquist, der in seiner Schrift „Recherches statistiques sur la tendence à une moindre fécondité des mariages" (Helsingfors 1886, S. 90) die Frage der Wohlhabenheit vom Gesichtspunkte der finanziellen Leistungs-

zu erhöhen, findet man bei Schöne, a. a. O., S. 158 ff. Man sandte zu diesem Zwecke ganze Transporte von Mädchen, deren „Qualität" übrigens oft zu Klagen seitens der Intendanten Anlass gab, nach Kanada.

[1]) Vgl. Bertillon, Mouvement de la population dans les divers Etats de l'Europe, S. 37 ff.

[2]) Ledige im heiratsfähigen Alter, Witwer und geschiedene Personen.

[3]) A. a. O., S. 37 ff. spricht Bertillon selber diesbezüglich Zweifel aus.

fähigkeit aus untersuchte. Er ordnete nach Ausschluss der 23 industriellen Departements die übrigen 63 nach der relativen Grösse des Wertes der Erbschaften und fand dabei nachstehende Zahlen:

Zahl der Departements	Wert der Erbschaften pro Kopf der Bevölkerung Franken	Zahl der Geburten pro 100 Frauen im Alter von 15—45 Jahren
10	48—57	23,0
8	62—68	22,2
9	73—82	18,5
16	85—102	15,7
7	109—112	14,1
7	124—129	14,3
6	134—203	15,4

Dieser Zusammenhang zwischen der Wohlhabenheit sowie der Vertretung der Grundeigentümer in der Bevölkerung einerseits und der geringen Geburtenfrequenz andererseits tritt noch deutlicher hervor, wenn man die 47 Departements, die den geringsten Kohlenkonsum und die geringste Verwendung der Dampfkraft pro Kopf der Bevölkerung aufweisen[1]) nach dem Verhältnis der in der Landwirtschaft beschäftigten „selbständigen" (patrons) zur Zahl der in denselben Departements beschäftigten landwirtschaftlichen Arbeiter ordnet. Teilt man dann diese 47 Departements mit sehr schwach entwickelter Grossindustrie in zwei Gruppen ein, von denen die erste 28 Departements umfasst, die im Jahre 1891 einen geringeren Prozentsatz an landwirtschaftlichen Arbeitern als ganz Frankreich hatten, während der zweiten Gruppe die übrigen 19 Departements zugeteilt werden, so erhält man nachstehende Übersicht:

Gruppe	Zahl der Geburten im Jahresdurchschnitt 1876/77	Zahl der Frauen im Alter von 15—45 J. im J. 1876	Zahl der Geburten pro 1000 Frauen	Zahl der Geburten im Jahresdurchschnitt 1895/96	Zahl der Frauen im Alter von 15—45 J. im J 1896.	Zahl der Geburten pro 1000 Frauen	Abnahme der Geburtenfrequenz von 1876/77 bis 1895 96
I. Gruppe, in w. auf 1000 selbstandige Landwirte 132 bis 771 landwirtschaftliche Arbeiter trafen[2]) . . .	218 350	1 907 900	114,5	171 030	1 803 900	94,8	— 17,2 %
II. Gr., in w. auf 1000 selbst. Landw. 824 bis 1626 landw. Arbeiter trafen[2])	202 900	1 695 000	119,7	177 200	1 701 200	104,2	— 13,0 „

---

[1]) Vgl. darüber die entsprechende Tabelle im Anhang.

[2]) Savoie, H.-Alpes, H.-Savoie, B.-Alpes, Ariège, Ardèche, H.-Loire, Puy-de-Dôme, Charente, H.-Pyrénées, Jura, Lozère, Charente-Inf., Tarn-et-Garonne, Alpes-

Die Departements, in denen das ländliche Proletariat stark vertreten war, hatten demnach nicht nur eine bedeutend grössere Geburtenfrequenz zu verzeichnen, als die Departements, in denen die selbständigen Landwirte sehr zahlreich waren, sondern sie hatten auch eine beträchtlich geringere Abnahme der Geburtenfrequenz aufzuweisen, und zwar eine solche von nur ca. 13,0 % gegen ca. 17,2 % in der ersten Gruppe.

* * *

Die Erscheinung, dass die Wohlhabenheit hier auf die Geburtenfrequenz vermindernd einwirkt, wird fast von allen Beobachtern bestätigt. Baudrillart hat darüber in einem Bericht an die Académie des Sciences Morales et Politiques die interessante Mitteilung gemacht, dass als in einem ländlichen Distrikt der Picardie die Kinderzahl der reichsten Bauern der Gegend gezählt wurde, man in 35 Haushaltungen nur 37 Kinder ermittelte. U. a. hat auch Arsène Dumont viel Material über diesen Punkt gesammelt. Die von ihm eingehend beschriebene Kommune Maisy mit ca. 600 Einwohnern hatte z. B. im Zeitraum von 1802 bis 1813 ca. 21,4 Geburten pro 1000 Einwohner, während zu gleicher Zeit die Geburtenfrequenz Frankreichs 32 pro 1000 Einwohner überstieg. Noch um die Mitte des Jahrhunderts, im Jahresdurchschnitt 1843—53, betrug die Geburtenfrequenz ca. 22,5 pro 1000 Personen der Bevölkerung gegen ca. 27 in Frankreich. Seitdem ist aber unter dem Einfluss der raschen Zunahme der proletarischen Schicht der ländlichen Bevölkerung ein grosser Umschwung eingetreten. Die Geburtenfrequenz betrug im Jahrzehnt 1864/73 und 1874/83 29,9 bezw. 35,3, ist demnach dort bedeutend grösser geworden als in den, in dieser Beziehung fruchtbarsten Departements Frankreichs. Dabei lässt sich in dieser Kommune das interessante Schauspiel beobachten, dass während das ländliche Proletariat eine zahlreiche Nachkommenschaft liefert, die wohlhabenden bäuerlichen Familien dem Zweikindersystem huldigen.[1]) Diesem Umstande ist es —

Maritimes, Lot, Dordogne, Corrèze, Lot-et-Garonne, Gers, H.-Garonne, Creuse, Yonne, Drôme, Haute-Vienne, Pyrenees-Orientales, B.-Pyrenees, Vienne.

[2]) Tarn, Sarthe, Cantal, Maine-et-Loire, Orne, Var, Manche, Finistère, D.-Sèvres, Loir-et-Cher, Mayenne, Vendée, Ille-et-Vilaine, Indre, Corse, Eure-et-Loir, Côtes-du-Nord, Aude, Morbihan.

[1]) Von grösserem Interesse ist dabei die Feststellung Dumonts, dass der Prozentsatz der unehelichen Geburten in manchen ländlichen Kommunen bis zu 30, ja sogar bis zu 34 % der Gesamtzahl der Geburten steigt. Vgl. Dumont, Dépopulation et Civilisation, S. 78.

nebenbei bemerkt - wesentlich zuzuschreiben, dass im Departement Nord, dessen Bauernschaft ausserordentlich wohlhabend ist, ein Sinken der Geburtenfrequenz beobachtet wird. Im Jahresdurchschnitt 1886/91 zählte man nämlich in den ländlichen Kommunen dieses Departements nur ca. 19 Geburten pro 1000 Einwohner, während die Geburtenfrequenz der städtischen Kommunen sich auf ca. 35 belief,[1]) d. h. annähernd der Geburtenfrequenz zu Beginn des Jahrhunderts gleich war.

Ganz anders als in Maisy gestalteten sich die Verhältnisse in einer anderen von Dumont untersuchten ländlichen Gemeinde. Diese Kommune, namens Saint-Germain-des-Vaux (Departement Manche) hatte folgende Ehe-, Geburten- und Sterbefrequenz aufzuweisen:

Jahr	Bevölkerung	Im Jahresdurchschnitt	Zahl der Eheschliessungen pro 1000 Einwohner	Zahl der Geburten pro 1000 Einwohner	Zahl der Sterbefälle pro 1000 Einwohner	Überschuss der Geburten (+) bezw. Sterbefälle (—) pro 1000 Einw
1831	1049	1833 — 42	8,7	25,7	17,7	+ 8,0
1841	1000	1843 — 52	7,3	20,4	15,7	+ 4,7
1851	922	1853 — 62	7,6	17,2	23,4	— 6,2
1861	777	1863 — 72	7,2	17,6	25,2	— 7,6
1872	684	1873 — 82	8,4	16,7	25,4	— 8,7
1881	583	1883 — 90	8,5	17,8	30,8	— 13,0
1891	508					

Obwohl die Heiratsfrequenz in den letzten Jahrzehnten in rascher Zunahme begriffen war, blieb die Geburtenfrequenz in dieser Gemeinde ziemlich unverändert auf einem sehr niedrigen Niveau stehen. Die Lebenshaltung der Einwohner dieser Gemeinde wird von Dumont folgendermassen geschildert. Die Gemeinde, die vom übrigen Departement durch 20 Thäler, die den Verschanzungen ähnlich aussehen, abgesondert ist, hatte bis zur Neuzeit keine Wege und führte daher auch fast keinen Handel mit dem Innern des Landes. Gleichförmigkeit und Einfachheit der Lebensweise, der Kleidung, der Sitten und der Anschauungen ist daher dort bis zum heutigen Tag erhalten geblieben. Ausserdem sind auch die Arbeitsweise, die Bildung u. d. m. bei arm und

[1]) Diese Zahlen können natürlich die Verhältnisse nur annähernd kennzeichnen, da die Altersgliederung der Bevölkerung sowie der Prozentsatz der verheirateten Frauen in den Städten und auf dem platten Lande verschieden sind. Dazu kommt noch der Umstand, dass die schwangeren Mädchen vom Lande nicht selten nach den Städten kommen, um dort zu gebären, wodurch insbesondere die uneheliche Geburtenfrequenz der Städte erhöht wird.

reich fast gleich. Die Kommune zählt zahlreiche kleine Grundeigentümer und hat keinen einzigen Bettler. Es giebt dort weder grosse noch kleine Farmen und der Grund und Boden gehört ganz den Einwohnern. Die Unterschiede in der Vermögenslage, die in neuerer Zeit in Bezug auf das Einkommen bis zu 2500 Franken gestiegen sind, waren früher ganz unbedeutend. Alle Bevölkerungsklassen der Gemeinde haben in den letzten 25 Jahren bedeutende Steigerung des Wohlstandes zu verzeichnen. Die Lebensweise war vor 25 Jahren ziemlich ärmlich. Die gewöhnliche Nahrung aller bestand aus Schwarzbrot, einem Brei aus Buchweizen, schlechtem Gemüse; hier und da kaufte man einen Fisch. Da der rauhe Wind, der vom Meere kam, das Wachsen der Apfelbäume hinderte, und der schlechte Zustand der Wege die Zustellung von Apfelwein oder sonstigem Obstwein erschwerte, so hat man fast ausschliesslich Wasser getrunken. Fleisch ward nie gegessen, und Alkohol und sonstige Reizmittel wurden fast nie gebraucht.[1]) Man kannte keine Vergnügen sowie keine ästhetischen und intellektuellen Kulturbedürfnisse.[2])

Über die Ursachen, die einen Teil der Einwohner dieser Kommune zur Auswanderung veranlassten, erzählt Dumont, der die bäuerliche Bevölkerung sonst als Urquelle des Bevölkerungszuwachses ansieht, dass diese Erscheinung sich in früherer Zeit dadurch erklärte, dass die Bevölkerung die Aussicht vor sich hatte, in alle Ewigkeit äusserst notdürftig zu leben und in schlechten Jahren sogar direkt zu verhungern. Es sei daher ganz natürlich, dass die jungen Leute, die zum Militärdienst nach den Städten gingen, es vorzogen, nicht nach der Heimat zurückzu-

[1]) Die Feststellung, dass diese Kommune — trotz des geringen Alkoholkonsums — eine bedeutende Abnahme der Geburtenfrequenz zeigt, verdient besonderes Interesse, weil man neuerdings öfters den Bevölkerungsstillstand auf den Alkoholismus zurückzuführen sucht. Vgl. darüber u. a. das Referat Dr. Labordes über Alkoholismus, veröffentlicht in der Revue d'Hygiène et de Police sanitaire, Nov. 1896, S. 1022, 1030 ff. In der Diskussion, die diesem Vortrag folgte, machte Dr. Barthès die interessante Mitteilung, dass viele Arbeitgeber die landwirtschaftlichen Arbeiter selber zum Alkoholkonsum aneifern und ihnen sogar Alkohol verkaufen. „So kommt es vor, berichtet Barthès, dass die Arbeiter nach 15 tägiger Arbeit nicht nur keinen Lohn erhalten, sondern noch dem Arbeitgeber etwas schuldig bleiben. Will dann der Arbeiter die Stelle verlassen, so wird sein Koffer so lange zurückbehalten, bis die Schuld beglichen ist.“ S. a. a. O., S. 1032.

[2]) Vgl. Dumont, La population d'une commune rurale, Revue Scientifique, Tome L, S. 327, 338 ff.

kehren. Die unangenehmsten Berufe in den Städten mussten ihnen im Vergleich zu dieser trostlosen Existenz beneidenswert erscheinen.[1])

Ähnlich schildert den Einfluss der zunehmenden Wohlhabenheit des Bauernstandes Dr. Dubest, der zu diesem Zwecke 18 ländliche Gemeinden im Departement Puy-de-Dôme untersuchte. Nur eine einzige darunter zeigte einen mehr oder weniger bedeutenden Überschuss der Geburten über die Sterbefälle. Von den übrigen 17 sagt er, dass ihre betrübende Entvölkerung im direkten Verhältnis zur Zunahme der Wohlhabenheit der Bauernschaft stehe, da sie fast gar keine Auswanderung aufweisen. Als eines der Motive bezeichnet Dubest die grosse Parzellierung des Bodens und den daraus resultierenden Wunsch, die Nachkommenschaft möglichst zu beschränken.[2])

In neuester Zeit hat Arsène Dumont weitere Untersuchungen — und zwar in einem der wohlhabendsten Departements Frankreichs — angestellt. Dieses Departement — Orne — wird von ihm irrtümlicherweise als solches bezeichnet, das die geringste Geburtenfrequenz in Frankreich aufweise. Trotz dieses Irrtums sind auch diese Feststellungen Dumonts von grösserem Interesse, da er von 512 Kommunen nicht weniger als 366 untersucht hat.[3]) Seine Berechnungen, die auf die Feststellung der Geburtenfrequenz im Zeitraum 1883/92 und auf die Ermittelung der Bevölkerungsabnahme im Zeitraum 1876—1896 hinzielten, ergaben, dass die Geburtenfrequenz in manchen Kommunen unter allem stand, was man bisher in dieser Hinsicht bei irgend welchen menschlichen Gemeinschaften angetroffen hat. In 19 Gemeinden trafen z. B. im angegebenen Zeitraum auf 1000 Einwohner jährlich weniger als 12 Geburten. Darunter waren einige mit 9 bis 10 und zwei sogar nur mit 8,7 Geburten pro 1000 Einwohner gegen ca. 24 in ganz Frankreich. Nur in 18 Kommunen von 366 gab es einen Überschuss der Geburten über die Sterbefälle. Dagegen gab es in diesem Departement viele Kommunen, in denen auf 100 Sterbefälle weniger als 75 Geburten kamen. Darunter zählte man sogar 22 Kommunen, in denen die Zahl der Sterbefälle

---

[1]) A. a. O. S. 338 ff.

[2]) Citiert nach Bertillon, Mouvements de la population etc. S. 53.

[3]) Im Jahre 1891 wohnten ca. 78,8 % der Bevölkerung des Departements Orne in den Kommunen mit weniger als 2000 Einwohnern.

doppelt so gross war als die der Geburten. Endlich gab es 2 Kommunen, in denen die Zahl der Geburten im Jahrzehnt 1883/92 nur ca. 35 % der Sterbefälle ausmachte.

Kein Wunder, dass unter diesen Umständen im Zeitraum von 1876 bis 1896 nur 20 Kommunen einen Bevölkerungszuwachs zeigten, während 346 eine mehr oder weniger bedeutende Bevölkerungsabnahme aufwiesen. Darunter zählte man nicht weniger als 143, in denen die Bevölkerungsabnahme mehr als 20% betragen hat. Und zwar wiesen auf:[1])

124	Kommunen eine Bevölkerungsabnahme von	20—30 %
15	" " " "	30—40 "
4	" " " "	40—43,3 %.

Dumont stellt fest, dass in Bezug auf die Ehefrequenz die Kommunen mit grösserer oder geringerer Geburtenfrequenz fast keinen Unterschied aufweisen, und dass die Häufigkeit von unehelichen[2]) Geburten im Departement Orne grösser ist als der Durchschnitt für ganz Frankreich. Die Ursachen dieser geringen Zahl ehelicher Geburten und der grossen Zahl der unehelichen, werden von einem anderen Beobachter, Dr. Ledé, klargelegt; „Im Departement Orne, sagt dieser, giebt es viele kinderlose Familien; die jungen Leute heiraten früh, gehen aber Geldehen (union d'intérêt) ein; zu oft wird die von den Eltern gewünschte Heirat von langer Hand her gierig vorbereitet.“[2])

Der wichtigste Schluss, der aus diesen Untersuchungen von Dumont, Ledé u. a. gezogen werden kann, ist der Nachweis, dass die Ansicht vieler französischer Forscher, der zufolge die durchschnittliche Geburtenfrequenz Frankreichs sich kaum weiter verringern werde, nicht als begründet gelten kann. Denn wenn auch Dumont, gleich den meisten französischen Forschern, nur mit den rohen Geburtenziffern (d. h. pro 1000 Einwohner, statt pro 1000 gebärfähiger Frauen) operiert, so sind die Unterschiede zwischen der von ihm in zahlreichen Kommunen gefundenen Zahl von weniger als 12 Geburten pro 1000 Einwohner und dem Durchschnitt für Frankreich, der im entsprechenden Zeitraum ca. 24 betragen hat, zu gross, als dass angenommen werden

---

[1]) Vgl. Dumont, La Dépopulation dans le département de l'Orne, Journal de la Soc. de Stat. 1897, S. 407, sowie 1898, S. 306 ff.

[2]) Citiert nach Lagneau, Des mesures propres à rendre moins faible l'accroissement de la population, S. 19 ff.

könnte, dass sie bei Berücksichtigung der Altersgliederung der Bevölkerung verschwinden würden. Es ist also noch ein weiteres beträchtliches Sinken der Geburtenziffer möglich, wenn nicht sogar wahrscheinlich. Die nötigen Beweise dafür werden im Folgenden erbracht werden. Hier dagegen sei zunächst der Ansichten Dumonts über die Ursachen der Entvölkerung im Departement Orne gedacht. Er führt aus, dass die Bevölkerung früher deshalb grösser war, weil ein grosser Teil der Leute einen guten Nebenerwerb in der Hausindustrie fand. In den letzten Jahrzehnten habe aber die Konkurrenz der Grossindustrie diese Nebenerwerbsquelle fast völlig vernichtet. Den ehemaligen Hausindustriellen blieb kein anderer Ausweg übrig, als zu verhungern oder auszuwandern, da die Landwirtschaft keine Arbeiternachfrage im Umfange der plötzlich frei gewordenen Arbeitskräfte entwickeln konnte. Die Schwierigkeit, ausserhalb der Landwirtschaft eine gesicherte und behagliche Existenz zu begründen, und die rasche Zunahme des Wohlstandes der Bauernschaft waren demnach auch in diesem Departement die Hauptursachen der raschen Verminderung der Geburtenfrequenz der ländlichen Bevölkerung.

Um die künftige Gestaltung der Geburtenfrequenz dieser Bevölkerungsschichten mit einiger Wahrscheinlichkeit voraussagen zu können, müssen daher zwei Fragen beantwortet werden. Man muss zunächst die Ursachen der Zunahme der bäuerlichen Wohlhabenheit feststellen und dann untersuchen, welche Momente es fertig bringen könnten, der ländlichen Bevölkerung so günstige Absatzgebiete für ihre Kinder zu verschaffen, dass daraus für sie ein Anreiz zur Erhöhung der Geburtenfrequenz entstehen könnte.

* * *

Eine Reihe von Momenten, die eine Zunahme der Wohlhabenheit der bäuerlichen Bevölkerung zur Folge hatten, wurden bereits im Vorhergehenden erörtert. Einen starken Einfluss haben in dieser Hinsicht die stetig fortschreitende Vermehrung der Bevölkerung der grossen und mittleren Städte sowie die Ausbreitung des Eisenbahnnetzes ausgeübt. In letzter Zeit sind hinzugekommen die hohen Schutzzölle, die durch Einschränkung der auswärtigen Konkurrenz einem Teil der Bauernschaft in mancher Hinsicht eine Monopolstellung verschafften.

In gleicher Richtung wirkte ferner die rasche Ausbreitung des landwirtschaftlichen Genossenschaftswesens und der landwirtschaftlichen Schulen, die zur Steigerung der Erträge und damit zur Erhöhung der Rentabilität der Güter beitrugen. Im Jahre 1897 sollen z. B. nach Mabilleau die landwirtschaftlichen Genossenschaften bereits über 600000 Mitglieder gehabt haben. Im vorhergehenden Jahre hatte übrigens das Handelsministerium nur 1275 Genossenschaften mit ca. 423500 Mitgliedern gezählt, während de Rocquigny und Georges Maurin ihre Zahl auf 1700 mit 680000 Mitgliedern schätzten.[1])

Bei dieser Gelegenheit muss noch im Anschluss an das, was auf S. 92 ff. hinsichtlich des Einflusses der Ausdehnung des Getreidebaues bezw. der Weidewirtschaft entwickelt wurde, noch der Wirkungen dieser Faktoren auf die Grösse und die Veränderungen der Geburtenfrequenz gedacht werden. Die dort untersuchten 40 Departements, die im Zeitraum 1881 bis 1891 eine Bevölkerungsabnahme aufwiesen, und in denen die landwirtschaftliche Bevölkerung zugleich mindestens so stark vertreten war als im Durchschnitt für ganz Frankreich, hatten nämlich folgende Geburtenfrequenz zu verzeichnen:

	Zu- oder Abnahme der Fläche unter Weizen, Mengkorn, Roggen, Gerste u. Buchweizen von 1881/85 bis 1886/90	Auf 1000 Frauen im Alter von 15—45 Jahren trafen Geburten 1881/82[2])	1890/91[2])	Abnahme der Geburtenfrequenz
I. Gruppe	+ 9,2 %	108,1	91,3	— 15,5 %
II. „	— 1,9 „	107,0	93,5	— 12,6 „
III. „	— 10,9 „	109,9	97,3	— 11,5 „

Im Gegensatz zu den üblichen Behauptungen,[3]) dass die Erhaltung und Ausdehnung des Getreidebaues im Interesse der weiteren Volksvermehrung notwendig seien, zeigen diese Untersuchungen, dass die Gruppe, in welcher die Fläche unter Getreidebau sehr rasch zugenommen hat, nicht nur die geringste absolute Geburtenzahl, sondern auch die grösste Abnahme der Geburtenfrequenz aufweist. Die 3. Gruppe dagegen, in der die

[1]) Vgl. Mabilleau, Le mouvement agraire en France, Revue de Paris 1897, S. 120, 123 ff. Die letzte Agrarenquête liefert diesbezüglich folgende Angaben. Im Jahre 1884 sollen in Frankreich nur 5 landwirtschaftliche Genossenschaften vorhanden gewesen sein. 1887 zählte man deren bereits 214, 1890 — 648, 1895 — 1188. Die Zahl der Mitglieder betrug 1890 234000, 1895 398000.

[2]) Die Volkszählung von 1881 fand im Dezember, die von 1891 im April statt. Daher wurde für die erste Periode die Geburtenzahl von 1881 und 1882, für die zweite von 1890 und 1891 zum Vergleich herangezogen.

[3]) Vgl. S. 93 ff.

mit den wichtigsten Getreidearten bebaute Fläche beträchtlich abgenommen hat, zeigt gegenwärtig die grösste Geburtenfrequenz. Der agrarische Hochschutz hat demnach auch hier die erwarteten günstigen Wirkungen nicht zur Folge gehabt.

Dabei lässt sich aber noch eine andere äusserst interessante Erscheinung feststellen. Im Vorhergehenden wurde gezeigt, dass die berühmtesten französischen Forscher die Lösung des Bevölkerungsproblems in der Einschränkung der Auswanderung vom platten Lande sahen. Verfolgt man aber den Zusammenhang zwischen der Grösse der Auswanderung nach dem Binnenlande und der Höhe der Geburtenfrequenz in den 47 Departements mit dem geringsten Kohlenkonsum bezw. der schwächsten Verwendung der Dampfkraft, so ergeben sich 4 Gruppen, die in der Weise gebildet sind, dass jede derselben eine annähernd gleiche Zahl von Frauen im gebärfähigen Alter enthält:[1])

Gruppen	Zahl der Geburten im Jahresdurchschnitt 1890/91	Zahl der Frauen im Alter von 15—45 Jahren im Jahre 1891	Auf 1000 gebärfähige Frauen trafen Geburten	Prozentsatz der nach dem Binnenlande Ausgewanderten[6])
I.[2])	100 300	887 000	113,1	11,9 %
II.[3])	73 700	838 000	88,0	16,2 „
III.[4])	89 100	932 000	94,5	20,0 „
IV.[5])	90 200	883 000	102,1	27,7 „

Die ausserordentlich geringe Auswanderung nach dem Binnenlande erklärt sich in der ersten Gruppe dadurch, dass

---

[1]) Die nachstehenden Berechnungen sind vor dem Erscheinen der Ergebnisse der Volkszählung von 1896 ausgeführt. Daher auch die Anführung der Zahlen von 1890/91. Die Umrechnung wurde unterlassen, weil die entsprechenden Verhältniszahlen (proportion p. % des émigrants) in der neuesten offiziellen Publikation (Résultats statistiques du Dénombrement de 1896, S. 74) zahlreiche Rechenfehler (s. z. B. die Departements Corse, Gers, Puy-de-Dôme etc.) aufweisen.

[2]) Die erste Gruppe umfasst die Departements: Pyrénées-Orientales, Finistère, Vendée, Aude, Alpes-Maritimes, Morbihan, Basses-Pyrénées, Ille-et-Vilaine, Charente-Inférieure.

[3]) Maine-et-Loire, Puy-de-Dôme, Lot-et-Garonne, Gers, Tarn, Haute-Vienne, Deux-Sèvres, Haute-Garonne, Vienne, Corse.

[4]) Manche, Charente, Var, H.-Pyrénées, Dordogne, H.-Savoie, Tarn-et-Garonne, Côtes-du-Nord, Lot, Drôme, H.-Loire, Sarthe.

[5]) Corrèze, Indre, Jura, Mayenne, Loir-et-Cher, Ardèche, Basses-Alpes, Hautes-Alpes, Ariège, Eure-et-Loir, Orne, Savoie, Yonne, Cantal, Creuse, Lozère.

[6]) Damit ist das Verhältnis der in den einzelnen Departements geborenen und nach anderen Departements verzogenen Franzosen zur Zahl der im Geburtsdepartement verbliebenen gemeint. Die Namen der Departements sind nach der Grösse dieses Verhältnisses geordnet aufgeführt.

sämtliche 9 hierher gehörenden Departements am Meeresufer liegen. Die überschüssige Bevölkerung solcher Distrikte kann aber, wie das von Turquan in einem anderen Zusammenhang bereits hervorgehoben wurde, leicht nach dem Auslande [1]) auswandern oder findet leicht in der Fischerei und in der Handelsmarine Unterkunft. Ähnliche Hinweise findet man auch bei Emile Levasseur: „Die Bretagne", sagt z. B. dieser, „bildet eine Ausnahme; das kommt daher, weil das Meer einen Teil der Bevölkerung mittels der Fischerei oder der Schiffahrt ernährt." [2]) Und ähnliche Beobachtungen machte auf den Inseln Noirmoutier Arsène Dumont. „So lange es Fische und Schiffe giebt", berichtet er von ihnen, „wird es den Bewohnern nicht schwer fallen, ihre Kinder unterzubringen." [3]) Dieser Leichtigkeit, ausserhalb der Landwirtschaft eine Beschäftigung zu finden, ist demnach die relativ sehr hohe Geburtenfrequenz dieser Gruppe zuzuschreiben.

In den übrigen 3 Gruppen steht demgegenüber die Geburtenfrequenz in einem direkten Verhältnis zur Grösse der Auswanderung nach dem Binnenlande, indem die dritte Gruppe, welche die grösste Auswanderung nach dem Binnenlande zeigt, zugleich die grösste Geburtenfrequenz hatte. Die von den Agrariern gewünschte künstliche Einschränkung der Abwanderung vom platten Lande würde demnach auch in diesen Departements einen Bevölkerungsüberschuss ergeben, der die Bevölkerung zur weiteren Einschränkung der Geburtenfrequenz veranlassen müsste. Ähnliche Beobachtungen für andere Länder hat bereits Bertillon Vater gemacht; er bezeichnet die starke Auswanderung aus England und Deutschland als eine der Hauptursachen der grossen Geburtenfrequenz dieser Länder.[4]) Ein ähnlicher Gedankengang liegt ferner der a priori ausgesprochenen und etwas übertriebenen Bemerkung Arsène Dumonts zu Grunde, dass das Übermass an Geburten zur Auswanderung zwinge, während das Defizit an Geburten eine Einwanderung veranlasse.[5])

---

[1]) Vgl. Levasseur, La population française, III. Band, S. 352 ff.

[2]) Citiert nach Bertheau, Essai sur les lois de la population, S. 365 ff.

[3]) Vgl. Note sur la natalité aux îles de Noirmoutier, S. 264.

[4]) Vgl. Bertillon, Mouvements de la population dans les divers États de l'Europe, S. 199.

[5]) Vgl. Dumont, Dépopulation et Civilisation, S. 93.

Bei dieser Gelegenheit muss noch folgendes erwähnt werden. Ebenso wie in England und Deutschland sucht man auch in Frankreich die Behauptung als eine unumstössliche Wahrheit hinzustellen, dass die ländliche und insbesondere die Landwirtschaft treibende Bevölkerung eine bedeutend grössere Geburtenfrequenz aufweise, als die städtische und industrielle.

Nun ist es aber ausserordentlich wichtig, zunächst festzustellen, dass die Geburtenfrequenz in verschiedenen grossen Städten beträchtliche Differenzen aufweist. Schon der Akademiker Hippolyte Passy wies in den 30er Jahren dieses Jahrhunderts darauf hin, dass, während die von der grossen und kleinen Bourgeoisie bewohnten Städte eine äusserst geringe Geburtenzahl aufwiesen, die Städte mit einer starken Arbeiterbevölkerung eine grosse Geburtenfrequenz zu verzeichnen hatten. So zählte man nach seinen Angaben in den Städten Le Mans 2,4, Tours 2,5, Versailles und Angers 2,6, Caen und Clermont-Ferrand 2,7 Geburten auf eine Ehe, in St. Etienne dagegen, einer Stadt mit einer starken proletarischen Bevölkerung, ca. 4,6, in Nîmes und Boulogne ca. 4, in Marseille und Dunkerque 3,8, in Limoges 3,7.[1]) Im Anschluss daran konstatierte Passy, dass in den Städten, in welchen die Fabrikindustrie stark entwickelt war, die Geburtenfrequenz nicht nur den Durchschnitt der Städte mit mehr als 20000 Einwohnern, sondern sogar die durchschnittliche Geburtenfrequenz in ganz Frankreich übertraf. Die gleiche Erscheinung wurde von Passy innerhalb von Paris konstatiert. Für das Jahrfünft, das dem Jahre 1837 vorausging, fand er für die einzelnen Arrondissements dieser Stadt folgende Zahlen:

Arrondissements	Geburten pro Ehe	Arrondissements	Geburten pro Ehe
II.	1,9	IX.	2,4
X.	1,9	VII.	2,6
III.	2,0	VI.	2,6
I.	2,1	VIII.	2,7
XI.	2,1	V.	2,9
IV.	2,4	XII.	3,2

Die Arrondissements II, X. III und I, die zu den wohlhabendsten gehörten, hatten auch die geringste Zahl von Geburten zu verzeichnen, während die an letzter Stelle genannten, in denen vorzugsweise Arbeiter wohnten, eine bedeutend höhere

[1]) Vgl. Passy, De la division des héritages, S. 291 ff.

Geburtenfrequenz aufwiesen.[1]) Natürlich darf dabei, wie das übrigens Passy selber schon hervorgehoben hat, nicht vergessen werden, dass in den Mansardenwohnungen und in den Hinterhäusern reicher Viertel nicht selten Arbeiterfamilien Obdach finden, während in Arbeitervierteln auch viele wohlhabende Familien anzutreffen sind. Die oben angeführten Zahlen können daher keineswegs als genauer Ausdruck für die Geburtenfrequenz wohlhabender und armer Familien dienen. Was sie beweisen sollen, ist vielmehr nur, dass im allgemeinen die ärmeren Klassen der städtischen Bevölkerung eine bedeutend grössere Geburtenzahl haben als die wohlhabenden Schichten des Bürgertums und der Bauernschaft.

Ganz ähnlich lauten die Ergebnisse der Untersuchungen J. Bertillons, Chefs des statistischen Bureaus der Stadt Paris. Im Anschluss an die citierten Arbeiten Passys suchte J. Bertillon den Zusammenhang zwischen der Wohlhabenheit und der Geburtenhäufigkeit für die neuere Zeit festzustellen. Zu diesem Zwecke gruppierte er die 20 Arrondissements von Paris nach 5 Merkmalen:

1. Nach der Anzahl der weiblichen Dienstboten pro 1000 Haushaltungen bestehend aus mindestens 2 Personen;
2. Nach der Anzahl der abgeschlossenen Heiratskontrakte pro 1000 abgeschlossener Ehen;
3. Nach der Anzahl der Arbeiter unter 1000 Bewohnern;
4. Nach der Anzahl der Individuen, die in übervölkerten Wohnungen wohnten;
5. Nach der Anzahl auf 1000 Bewohner entfallender Unterstützungsbedürftiger.

Die Ergebnisse seiner Untersuchungen für die Zeit von 1889 bis 1893 lauten folgendermassen. Auf 1000 Frauen im Alter von 15 bis 50 Jahren trafen jährlich Geburten:

---

[1]) Bei Besprechung der Geburtenfrequenz in Paris lässt sich übrigens Passy einen groben methodischen Fehler zu Schulden kommen. Er berechnete nämlich die durchschnittliche Geburtenfrequenz für die 4 ersten und die 4 letzten Arrondissements in der Weise, dass die Geburtenfrequenz der einzelnen Arrondissements miteinander summiert und die Summe durch 4 dividiert wurde. Die Unterschiede hinsichtlich der Grösse der Bevölkerung u. dgl. m. wurden von ihm also unberücksichtigt gelassen.

In den Arrondissements[1])	weniger als 50 Dienstboten weniger als 100 Heiratskontrakte mehr als 650 Arbeiter mehr als 200 in übervölkerten Wohnungen (sehr arm)	50—100 100—150 500—650 150—200 (ärmlich)	100—200 150—200 400—500 100—150 (wohlhabend)	200—300 200—250 300—400 80—100 (sehr wohlhabend)	300—400 250—300 300—350 60—80 (reich)	870 346 190 40 (sehr reich)
1.	"	"	"	"	Louvre 54	
2.	"	"	"	Bourse 63	"	
3.	"	"	Temple 74	"	"	
4.	"	"	Hôtel-de-Ville 78	"	"	
5.	"	"	Panthéon 78	"	"	
6.	"	"	"	Luxemburg 65	"	
7.	"	"	"	"	Palais Bourbon 57	
8.	"	"	"	"	"	Elisée 34
9.	"	"	"	"	Opéra 47	
10.	"	"	St. Laurent 69	"	"	
11.	"	Popincourt 93	"	"	"	
12.	"	Reuilly 94	"	"	"	
13.	Gobelins 109	"	"	"	"	
14.	"	Observatoire 99	"	"	"	
15.	Vaugirard 105	"	"	"	"	
16.	"	"	"	"	Passy 56	
17.	"	"	Batignolles 71	"	"	
18.	Montmartre 100	"	"	"	"	
19.	Buttes-Chaumont . . 115	"	"	"	"	
20.	Ménilmontant . . . 116	"	"	"	"	
	Im Durchschnitt 108	95	72	65	53	34

[1]) Vgl. darüber J. Bertillon, De la dépopulation de la France et des remèdes à y apporter. Journal de la Soc. de Stat. 1895, S. 416 ff.

In den sehr reichen und reichen Arrondissements trafen demnach auf 1000 Frauen im Alter von 15—50 Jahren jährlich 34 bis 57 Geburten, in armen und sehr armen dagegen 95 bis 108, d. h. zwei bis dreimal mehr.[1])

Von grossem Interesse sind in dieser Hinsicht auch die Untersuchungen von Dr. Guiraud.[2]) Guiraud untersuchte die Bevölkerungsbewegung in Montauban (Departement Tarn-et-Garonne). Diese im Süden Frankreichs gelegene Stadt wies seit 1826 folgende Geburten- und Sterbefrequenz auf:

Im Jahresdurchschnitt	Zahl der Geburten pro 1000 Einwohner		Zahl der Sterbefälle pro 1000 Einwohner	
	Montauban	Frankreich	Montauban	Frankreich
1826/30	24,7	30,1	25,1	25,1
1831/35	23,8	29,1	27,0	25,7
1836/40	24,1	28,2	24,7	23,5
1841/45	27,8	28,0	25,8	22,5
1846/50	21,7	26,5	27,0	23,7
1851/55	21,8	25,8	25,4	23,8
1856/60	22,3	26,2	28,5	23,6
1861/65	20,6	26,4	24,6	22,6
1866/70	21,3	25,7	26,8	24,2
1871/75	19,6	25,5	29,2	24,9
1876/79	19,2	26,2	26,2	22,6 (1876)

Die Geburtenfrequenz war demnach in Montauban bedeutend niedriger als der Durchschnitt für Frankreich, die Sterblichkeitsziffer dagegen bedeutend grösser. Da die Sterblichkeitsziffer ausserdem die Geburtenfrequenz überstieg, so hätte Montauban ohne Zuwanderung aus anderen Gebieten fast Jahrfünft für Jahrfünft eine Bevölkerungsabnahme zu verzeichnen gehabt. Ein hohes Interesse beansprucht angesichts dessen die Schilderung der Lebensweise der Bevölkerung in dieser Stadt. In älterer Zeit hatte Montauban einige mehr oder weniger prosperierende Industriezweige aufzuweisen, die seine Bevölkerung ernährten. In den letzten Jahrzehnten kam indessen die Industrie allmählich in Verfall. Die Wohlhabenheit ist aber trotz dieses industriellen Rückganges infolge der einfachen und sparsamen Gewohnheiten der Bevölkerung auch jetzt noch ziemlich verbreitet. Es sind

[1]) Natürlich kann auch diese Zahl wegen der auf S. 134 genannten Momente nur als annähernd zutreffender Ausdruck für die wirkliche Geburtenfrequenz in reichen und armen Stadtvierteln dienen.

[2]) Vgl. Annales de Démographie internationale 1881, S. 282 ff.

zwar nur wenige grosse Vermögen vorhanden, zugleich aber auch wenig Elend.[1]) Im Bürgertum giebt den Ton an die Klasse der kleinen Grundeigentümer, die eine halb städtische, halb ländliche Lebensweise führt. Den höchsten Ehrgeiz aller, die noch arbeiten, bildet der Wunsch, sich eine aurea mediocritas zu schaffen, die ihnen gestattet, ein Rentierleben zu führen. Das ist nach Ansicht Guirauds mit einigen Worten charakterisiert, das physische und soziale Milieu, in welchem die Bevölkerung Montaubans — gleich der Bevölkerung der Mehrzahl anderer Städte dieser Region — vegetiert.

Als ein Ergebnis dieses Strebens nach dem Rentierdasein ist denn auch die künstliche Einschränkung der Kinderzahl in Montauban zu betrachten, und zwar wird die Tendenz zu letzterem noch dadurch verstärkt, dass unter dem Einfluss der schwachen Entwickelung von Handel und Industrie starke Bodenzerstückelung vorherrscht. Denn die Mehrzahl der Vermögen ist in Grundstücken angelegt, die nur eine unbedeutende, langsam wachsende Rente abwerfen. „Die Überzeugung, dass die Kinder lediglich auf die Erbschaft angewiesen sind, um existieren zu können, und dass sie nur wenig Aussicht haben, diese Erbschaft zu vergrössern, das ist die wahre Ursache der geringen Geburtenzahl unseres Landes.“ Und auf S. 316 erklärt im Anschluss daran Guiraud, dass die Abnahme der Geburtenfrequenz in Montauban weder physischen noch physiologischen Ursachen zugeschrieben werden könne. Sie ist vielmehr ganz dem Einfluss der Veränderungen in den wirtschaftlichen Bedingungen zuzuschreiben — und zwar der fortschreitenden Bodenparzellierung und des Verfalls der Industrie. Unter dem Einfluss dieser Umstände übertraf in Montauban, obwohl die Stadt von der Cholera und von anderen Epidemieen verschont blieb, im Zeitraum 1826/79 die Zahl der Sterbefälle die Zahl der Geburten um ca. 1150.

Und hier kommen wir zu dem Hauptpunkt der Untersuchung. Es fragt sich, aus welchen Kreisen sich denn eigentlich die Bevölkerung Frankreichs vermehrt, wenn die in ihrer Mehrzahl wohlhabende französische Bauernschaft und der zahlreiche, relativ gut situierte französische Mittelstand ihre Kinderzahl immer mehr einschränken!

---

[1]) Trotz dieser Wohlhabenheit war indessen die Sterblichkeit der Kinder im Alter bis zu 5 Jahren grösser als der Durchschnitt für Frankreich.

Untersucht man die Geburtenfrequenz und die Bevölkerungsbewegung in den einzelnen französischen Departements in den letzten Jahrzehnten, so gelangt man zu dem Ergebnis, dass es zwei wirtschaftlich durchaus entgegengesetzte Gruppen von Departements giebt, denen Frankreich bisher seinen Bevölkerungszuwachs verdankte. Als ein besonders günstiges Gebiet sind in dieser Hinsicht zunächst die Departements der alten Provinz Bretagne zu bezeichnen. Interessante Schilderungen über die Lebensweise grosser Schichten der bretonischen Bauern geben uns für den Anfang der 40er Jahre dieses Jahrhunderts Chateauneuf und Villermé in ihrem an die Akademie erstatteten Bericht. Die beiden Verfasser, die im Auftrage der Akademie die Bretagne bereisten, erzählen folgendes: „Was für eine Unmenge von Unglücklichen giebt es in der Bretagne! Um sich einen Begriff von ihrer Hilfslosigkeit zu bilden, muss man alles selbst gesehen haben! Man muss dazu in die Wohnung eines armen bretonischen Bauern einzutreten wagen, deren Dach beinahe an die Erde reicht, und deren Inneres durch den Rauch ganz geschwärzt ist. In dieser elenden Hütte, wohin das Licht nur durch die Thür eindringen kann . . . wohnt er und seine halbnackte Familie. Ihr ganzes Mobiliar und Gerät besteht aus einem schlechten Tisch, einer Bank, einem Kochkessel und einigen Hausgeräten aus Holz oder Thon. Als Bett dient eine Kiste mit einem Strohbündel ohne Bettuch. In der gegenüberliegenden Ecke kaut auf einem Düngerhaufen eine magere und schmächtige Kuh, deren Milch ihn und die Seinen nährt. Er muss sich übrigens glücklich schätzen, wenn er überhaupt eine Kuh besitzt".[1]) Dieser trostlosen Schilderung fügen beide Akademiker hinzu, dass es in der Bretagne, und zwar nicht selten, Familien gab, die sich mit 250 Francs im Jahr ernähren mussten.

Und diese armen Bauern, von denen der Übergang zur Industrie resp. der Eintritt in die Handelsmarine — nach übereinstimmendem Urteil aller Forscher — als eine Standeserhöhung und eine wesentliche Besserung ihrer wirtschaftlichen Lage angesehen wird, diese armen Bauern bilden die eine der Hauptquellen, aus denen sich der Bevölkerungszuwachs Frankreichs rekrutiert.

---

[1]) Vgl. Rapport d'un voyage etc. S. 644 ff.

Die zweite Quelle bilden die Departements Nord und Pas-de-Calais. Ihre Bedeutung für den Bevölkerungszuwachs Frankreichs lässt sich leicht aus folgenden Daten ersehen:

Zeitperiode	Der gesamte natürliche Bevölker.-Zuwachs Frankreichs	Der natürl. Bev.-Zuw. der Depart. Nord und Pas-de-Calais absolut	Der natürl. Bev.-Zuw. der Depart. Nord und Pas-de-Calais in % des gesamten natürlich. Bev.-Zuw. Frankreichs	Der natürl. Bev.-Zuw. der sog. städtisch. Kommunen in d. Dep. Nord u. Pas-de Calais absolut	Der natürl. Bev.-Zuw. der sog. städtisch. Kommunen in d. Dep. Nord u. Pas-de Calais in % des ges. natürl. Bev.-Zuw. Frankreichs
1861/65	716000	91000	13%	44000	6%
1876/80	532000	109000	20 „	63000	12 „
1881/85	469000	111000	24 „	73000	16 „
1886/90	201000	102000	51 „	69000	34 „
1891/95	— 1400	103000	!!!	66000	!!!

Während demnach noch zu Beginn der 60er Jahre der Überschuss der Geburten über die Sterbefälle in diesen beiden Departements nur ca. 13% des gesamten Geburtenüberschusses Frankreichs ausmachte, hat sich dieser Prozentsatz im Jahrfünft 1876/80 auf 20, im Jahrfünft 1881/85 auf 24 und im Jahrfünft 1886/90 sogar auf 51% gehoben. Im letzten Jahrfünft ist aber eine noch merkwürdigere Erscheinung zu beobachten; die Sterbefälle übertrafen in Frankreich die Zahl der Geburten um 1400! Ohne diese zwei Departements — ja sogar nur ohne die städtischen Kommunen derselben — würden demnach im übrigen Frankreich die Sterbefälle die Geburten um mehrere Dutzende von Tausenden übersteigen.

Es bleibt nunmehr noch übrig, die Frage zu beantworten, welchen wirtschaftlichen Charakter denn eigentlich diese beiden Departements Nord und Pas-de-Calais haben, ohne deren grosse Geburtenfrequenz Frankreich eine so beträchtliche Bevölkerungsabnahme aufweisen würde. Eine ausreichende Antwort darauf liefern folgende Berechnungen. Von der Gesamtzahl der in Frankreich gezählten Baumwolle- und Kammwollespindeln entfielen im Jahre 1896 auf unsere beiden Departements, die zusammen nur etwa 2,3% der Gesamtfläche Frankreichs in Anspruch nahmen:

Baumwollespindeln[1]) absolut	Baumwollespindeln[1]) in % der Gesamtzahl	Kammwollespindeln[1]) absolut	Kammwollespindeln[1]) in % der Gesamtzahl
1225000	30%	1534000	66%

[1]) Davon nur ein kleiner Teil auf Pas-de-Calais, der Rest auf das Departement Nord.

Desgleichen lieferten diese beiden Departements im Jahre 1896 ca. 14 % der gesamten Gusseisenproduktion, ca. 26 % der Stahl- und etwa 59 % der gesamten Kohlenproduktion[1]) Frankreichs.

Endlich entfielen auf diese beiden Departements im Jahre 1896 mehr als 21 % aller in der französischen Industrie beschäftigten feststehenden Dampfmotorkräfte.

Es sind demnach die Zentren des französischen Kohlenbergbaus und der französischen Grossindustrie, deren grosser Geburtenfrequenz Frankreich den Umstand verdankt, dass seine Bevölkerung keine Abnahme erleidet.

* * *

Nun könnte man vielleicht noch einwenden, dass die Departements Nord und Pas-de-Calais ihre grosse Geburtenfrequenz weniger der grossindustriellen Arbeiterschaft an und für sich als vielmehr der starken Einwanderung aus dem Auslande zu verdanken haben. Wie unberechtigt ein solcher Einwand wäre, zeigt nachstehende Übersicht:

Departements mit dem grössten Kohlenkonsum[2])	Anzahl der Geburten pro 1000 Frauen im Alter von 15—45 Jahren im Jahresdurchschnitt 1895/96	Prozentsatz der Ausländer in der Bevölkerung im Jahre 1896
Meurthe-et-Moselle	106.0	7,3 %
Nord	119,6	14,3 „
Pas-de-Calais	136,6	2,3 „
Loire	96,4	0,7 „
Saône-et-Loire	92,6	0,2 „
Ardennes	94,9	8,1 „
Seine-Inférieure	121.9	1,1 „
Aisne	105,1	1,7 „
Bouches-du-Rhône	99,4	14,0 „
Frankreich nach Ausschluss dieser 9 Departements	94,1	—

[1]) Davon ca. 11,9 Mill. Tonnen auf das Departement Pas-de-Calais und ca. 5,2 Millionen Tonnen auf das Departement Nord. Von besonderem Interesse ist der Umstand, dass die Departements mit einer bedeutenden Kohlenproduktion in Frankreich wie in England sich durch eine besonders hohe Geburtenfrequenz auszeichnen.

[2]) Vgl. S. 142.

Departements mit dem geringsten Kohlenkonsum a) mit zahlreicher armer bäuerlicher Bevölkerung	Anzahl der Geburten pro 1000 Frauen im Alter von 15—45 Jahren im Jahresdurchschnitt 1895/96	Prozentsatz der Ausländer in der Bevölkerung im Jahre 1896
Corrèze	113,0	0,1 %
B.-Alpes	108,5	2,5 „
H.-Savoie	108,9	3,5 „
Côtes-du-Nord	125,8	0,1 „
Lozère	137,4	—
Corse	108,4	1,1 „
b) mit zahlreicher wohlhabender bäuerlicher Bevölkerung		
Dordogne	93,6	0,2 %
Loir-et-Cher	93,8	0,2 „
Tarn-et-Garonne	78,3	0,4 „
Lot	78,0	0,1 „
H.-Pyrénées	81,8	1,5 „
Gers	69,7	2,3 „

Daraus lässt sich ersehen, dass die Geburtenfrequenz auch in den wenig Ausländer zählenden Departements mit stark vertretener Grossindustrie fast durchweg bedeutend höher war als der Durchschnitt für das übrige Frankreich. Der weitere Vergleich ergiebt, dass die Geburtenfrequenz pro 1000 Frauen im gebärfähigen Alter in den Departements mit zahlreicher wohlhabender Bauernbevölkerung beträchtlich schwächer war, als z. B. in dem industriell hoch entwickelten und nur wenig Ausländer zählenden Departement Seine-Inférieure. Dabei darf zudem nicht vergessen werden, dass ein grosser Teil der Ausländer sich nur vorübergehend im Lande aufhält. Das trifft inbesondere für das Departement Nord zu, von dem Bertillon (Vater) schon in den 70er Jahren berichtet hat, dass ein grosser Teil von den 235000 Belgiern, die dort bei der Volkszählung von 1872 ermittelt wurden, sich in diesem Departement nur vorübergehend aufhält. Darauf muss seiner Ansicht nach auch die relativ geringe Ehefrequenz in diesem Departement zurückgeführt werden.[1])

Das Gleiche wie von der Einwanderung aus dem Auslande kann aber auch von dem Einfluss der Einwanderung aus den ländlichen Departements festgestellt werden. Was zunächst die Departements Nord und Pas-de-Calais anbelangt, so betrug hier

---

[1]) Vgl. Bertillon, Mouvements de la population etc., S. 35 ff.

in den letzten 3 Jahrfünften der Überschuss der Geburten bezw. der Einwanderung:

Zeitperiode [1])	Nord Überschuss der Geburten über die Sterbefälle	 Ein- (+) oder Auswanderung (—)	Pas-de-Calais Überschuss der Geburten über die Sterbefälle	 Ein- (+) oder Auswanderung (—)
1881/86	68 600	— 1 600	29 400	+ 5 100
1886/91	65 000	+ 1 100	35 100	— 14 300
1891/96	62 800	+ 12 800	39 700	— 7 800

In den letzten 15 Jahren war demnach, wenn man die beiden Departements zusammennimmt, die Auswanderung grösser als die Einwanderung.

Das Gleiche lässt sich aber auch hinsichtlich der Mehrzahl anderer Departements mit stark entwickelter Grossindustrie feststellen. Wird nämlich zu diesem Zweck die Zahl der in den Departements mit dem grössten Kohlenkonsum 1896 gezählten Personen französischer Nationalität ermittelt, die in anderen Departements geboren sind, und der Zahl der in jedem dieser Departements geborenen aber in anderen Departements gezählten Personen französischer Nationalität gegenübergestellt, so erhält man nachstehende Resultate:

Departements	Kohlenkonsum pro Kopf der Bevolkerung im Jahresd. 1895/96 kg	Personen franzosischer Nationalität, die in unten bezeichneten Departements geboren, aber in anderen Departements Frankreichs gezahlt wurden.	Personen französischer Nationalität, die in anderen Departements Frankreichs geboren, aber in unten bezeichneten Departements gezählt wurden.
Meurthe-et-Moselle .	7350	90 900	80 100
Nord	3550	184 400	121 300
Pas-de-Calais . . .	2750	143 500	94 600
Loire	2150	80 400	106 500
Saône-et-Loire . .	2100	116 200	72 300
Ardennes	1900	71 900	32 500
Seine-Inférieure . .	1900	102 400	122 800
Aisne	1850	120 100	80 100
Bouches-du-Rhône .	1650	52 200	131 700
		962 000	841 800

Nur die Departements Loire, Seine-Inférieure und Bouches-du-Rhône haben demnach eine stärkere Ein- als Auswanderung

[1]) Damit sind die Zeitabschnitte zwischen je zwei aufeinander folgenden Volkszählungen gemeint.

aufzuweisen, während die übrigen einen Überschuss der Auswanderung nach dem Binnenlande zeigen. Im ganzen haben die 10 Departements mit dem grössten Kohlenkonsum einen Überschuss der Auswanderung von ca. 120000 Personen geliefert. Man kann daher von Frankreich nicht behaupten, dass seine Departements mit entwickelter Grossindustrie ihre Lebenskraft aus den landwirtschaftlichen Departements schöpfen.

* * *

Wir haben im Vorhergehenden gesehen, dass der Bevölkerungszuwachs Frankreichs hauptsächlich aus zwei Quellen fliesst. Die eine dieser Quellen ist die arme ländliche Bevölkerung, die andere bilden die Zentren der französischen Grossindustrie und des französischen Kohlenbergbaus. Ausserdem wurde festgestellt, dass die Bedeutung der ländlichen Departements — in Abnahme, die Bedeutung der grossindustriellen dagegen im Wachsen begriffen ist.

Es bleibt nunmehr noch übrig zu untersuchen, wie sich denn eigentlich die Geburtenfrequenz in den übrigen Departements Frankreichs und im ganzen Lande gestaltet hat. Zur Klarlegung des Einflusses der Berufsgliederung können dabei 4 Wege eingeschlagen werden. Man kann nämlich sämtliche Departements Frankreichs nach 4 nachstehend bezeichneten Merkmalen ordnen:

1. Nach der Grösse des Kohlenkonsums pro Kopf der Bevölkerung;
2. Nach der Anzahl auf den Kopf der Bevölkerung entfallender Pferdekräfte der Dampfmotoren;
3. Nach der Höhe der Kohlenpreise;
4. Nach der relativen Grösse des zu Steuerzwecken ermittelten Mietwertes der industriellen Unternehmungen (Valeur locative des usines).

Werden nun sämtliche Departements Frankreichs nach der Grösse des Kohlenkonsums[1]) im Jahresdurchschnitt 1895/96 geordnet, so findet man, dass das Departement Meurthe-et-Moselle, in welchem ca. $^{3}/_{5}$ der gesamten französischen Gusseisenproduktion hergestellt werden, den Maximalverbrauch mit ca. 7350 kg aufwies, während im Departement Corse der Verbrauch nur ca. 26 kg

[1]) Die Angaben über den approximativen Gesamtkohlenverbrauch der einzelnen Departements sind dem Annuaire Statistique de la France für 1897 und 1898 entnommen.

pro Kopf der Bevölkerung betragen hat. Die grossen Abstände zwischen dem durchschnittlichen Kohlenkonsum in den einzelnen Departements — die an zweiter und dritter Stelle stehenden Departements Nord und Pas-de-Calais wiesen im genannten Zeitabschnitt einen Kohlenkonsum von ca. 3550 bezw. 2750 kg auf — machen eine Gruppierung unmöglich, bei der als Grundlage der Einteilung gleiche Abstände hinsichtlich der Grösse des Kohlenverbrauchs dienen. Denn in diesem Fall würden mehrere Gruppen entstehen, die ein, zwei oder drei Departements umfassen, während zu gleicher Zeit in die übrigen 2 oder 3 Gruppen einige Dutzende von Departements eingereiht werden müssten. Das Gesetz der grossen Zahl würde bei dieser Gruppierung nicht zur Geltung kommen und dementsprechend auch die Gesetzmässigkeit der Erscheinung nicht hervortreten können. Zur Klarlegung der Gesetzmässigkeit musste daher als Grundlage der Gruppeneinteilung ein anderes Merkmal und zwar die Zahl der Frauen im gebärfähigen Alter gewählt werden. Teilt man nach Ausschluss des Departements Seine, das Paris umgiebt und einen ganz speziellen Charakter hat, die übrigen 86 Departements Frankreichs in 5 Gruppen ein mit einer annähernd gleichen Zahl von Frauen im gebärfähigen Alter, so erhält man nachstehende Zahlen:

	Zahl der Geburten im Jahresdurchschnitt 1895/96	Zahl der Frauen im Alter von 15 bis 45 Jahren im J. 1896	Zahl der Geburten pro 1000 Frauen im Alter von 15 bis 45 Jahren
I. Gruppe[1])	175 680	1 568 200	112,0
II. „ [2])	146 840	1 554 600	94,5
III. „ [3])	143 220	1 560 100	91,8
IV. „ [4])	139 850	1 547 800	90,3
V. „ [5])	168 630	1 563 700	107,8
Departement Seine	75 600	941 100	80,5
Frankreich	849 840	8 735 500	97,3
Frankreich nach Ausschluss der I. Gruppe	674 160	7 167 300	94,1

[1]) Die erste Gruppe umfasst die nachstehenden 9 Departements: Meurthe-et-Moselle, Nord, Pas-de-Calais, Loire, Saône-et-Loire, Ardennes, Seine-Infér., Aisne, Bouches-du-Rhône. — Über den wirtschaftlichen Charakter s. insbesondere S. 153.

[2]) 16 Departements. Allier, H.-Marne, Rhône, Gard, Somme, Oise, Seine-et-Oise, Marne, Isère, Rhin, Vosges, Aveyron, Loire-Infér., Seine-et-Marne, Vaucluse, H.-Saône.—

Die 9 Departements, die den grössten Kohlenkonsum — d. h. mit anderen Worten: eine starke Grossindustrie — hatten, wiesen demnach auch die grösste Geburtenfrequenz auf, wobei diese bis zur vierten Gruppe mit der Abnahme des Kohlenkonsums regelmässig sank. Dass hier keine Rede von einer zufälligen Erscheinung sein kann, beweist allein schon die Thatsache, dass mit einer einzigen Ausnahme (Saône-et-Loire)[1]) die zur ersten Gruppe gehörenden Departements eine grössere Geburtenfrequenz hatten als Frankreich nach Ausschluss der ersten Gruppe. Was die fünfte Gruppe betrifft, die Gruppe der Departements mit dem geringsten Kohlenkonsum, so erklärt sich ihre relativ hohe Geburtenfrequenz dadurch, dass sich darunter zahlreiche arme Departements befinden. Scheidet man 8 arme Departements aus,[2]) so ergiebt sich für die wohlhabenden Departements ein Durchschnitt von ca. 93,4 Geburten pro 1000 Frauen im Alter von 15 bis 45 Jahren, eine Zahl die bedeutend hinter dem Durchschnitt für Frankreich zurückbleibt.

Zu noch interessanteren Ergebnissen kommt man durch Ermittelung des Überschusses der Geburten über die Sterbefälle in den beiden Gruppen, die den geringsten Kohlenkonsum aufzuweisen hatten. Bei einer Bevölkerung von 14,3 Millionen hatten die hier in Betracht kommenden 42 Departements mit relativ sehr stark vertretener landwirtschaftlicher Bevölkerung in der Zeit zwischen den Volkszählungen von 1891 und 1896 ein Mehr von ca. 46 000 Sterbefällen geliefert, während die

---

[3]) 19 Departements. Ardèche, Aube, Cher, Nièvre, Eure, Doubs, Tarn, Calvados, Hérault, H.-Loire, Meuse, Loiret, Côte-d'Or, Gironde, Puy-de-Dôme, Landes, Eure-et-Loir, Indre-et-Loire, Ain. —

[4]) 22 Departements. Drôme, H.-Vienne, Charente-Inférieure., Alpes-Mar., Charente, Maine-et-Loire, Jura, Var, H.-Garonne, Yonne, Sarthe, Indre, Lot-et-Garonne, Mayenne, H.-Alpes, Aude, Sèvres, Orne, Savoie, Vienne, Creuse, Ariège. —

[5]) 20 Departements. Corrèze, B.-Pyrénées, Ille-et-Vilaine, Manche, Dordogne, Loir-et-Cher, Vendée, Tarn-et-Garonne, Finistère, Lot, Morbihan, H.-Pyrénées, Cantal, Pyrénées-Or., B.-Alpes, H.-Savoie, Côtes-du-Nord, Lozère, Gers, Corse. — Die Reihenfolge entspricht der Grösse des Kohlenkonsums pro Kopf der Bevölkerung.

[1]) Das Departement Saône-et-Loire ist übrigens in industrieller Hinsicht relativ schwach entwickelt, was schon daraus hervorgeht, das 1891 von seiner Gesamtbevölkerung ca. 55 % von der Landwirtschaft lebten.

[2]) Darunter auch die vorhin bereits erwähnten, zu der Bretagne gehörigen Departements Côtes-du-Nord, Morbihan, Finistère und Ille-et-Vilaine. Die anderen 4 sind: Corrèze, Haute-Savoie, Lozère und Corse.

Departements Nord und Pas-de-Calais, deren grossindustrieller Charakter oben bereits gekennzeichnet wurde, einen Überschuss der Geburten über die Sterbefälle von über 100 000 ergaben, obgleich ihre Bevölkerung nur ca. 2,7 Millionen betrug. Das Resultat gestaltet sich aber für die landwirtschaftliche Bevölkerung noch ungünstiger, wenn man von den angegebenen Zahlen die Bevölkerung und den Geburtenüberschuss der Departements Finistère, Côtes-du-Nord und Morbihan, in denen ein Teil der Bauern sehr arm ist, in Abzug bringt. Bei einer Bevölkerung von etwa 12,4 Millionen, von denen etwa vier Fünftel in ländlichen Kommunen wohnten, wiesen dann die übrigen 39 Departements in dem fraglichen Zeitraum sogar einen Überschuss der Sterbefälle über die Geburtenzahl von ca. 98 000 auf.

Ähnliche Ergebnisse wie die Gruppierung nach der Grösse des Kohlenkonsums liefern die Gruppierungen nach 3 anderen oben bezeichneten Merkmalen. Die entsprechenden Berechnungen ergeben folgende Übersicht:

	Zahl der Geburten pro 1000 Frauen im Alter von 15 bis 45 Jahren im Jahresdurchschnitt 1895/96 bei der Gruppierung nach:		
	a) der Grösse der zur Verwendung gelangenden motorischen Kraft pro Kopf der Bevölkerung	b) der Höhe der Kohlenpreise	c) der Grösse des Mietwertes der industriellen Unternehmungen pro Kopf der Bevölkerung
I. Gruppe . .	112,4 [1])	110,1 [6])	109,6 [11])
II. „ . .	93,7 [2])	94,7 [7])	97,6 [12])
III. „ . .	88,0 [3])	92,0 [8])	92,6 [13])
IV. „ . .	97,7 [4])	96,5 [9])	88,7 [14])
V. „ . .	105,2 [5])	103,4 [10])	108,4 [15])
Dep. Seine . .		80,5	
Frankreich . .		97,3	
Frankreich nach Ausschluss der I. Gruppe . .	94,0	94,6	94,8

[1]) Meurthe-et-Moselle, Rhin, Vosges, Loire, Nord, Pas-de-Calais, Saóne-et-Loire, Seine-Infér., Ardennes, Oise, Eure.

[2]) Bouches-du-Rhône, Seine-et-Marne, H.-Marne, Gard, Somme, Rhône, Allier, Loire-Infér., Aube, Aisne, Doubs, Marne, H.-Saône, Seine-et-Oise, Nièvre.

[3]) Cher, Var, Loiret, Vienne, Landes, Aveyron, Meuse, Vaucluse, Hérault, Yonne, Ain, Calvados, Orne, Maine-et-Loire, Côte-d'Or, Gironde, Indre-et-Loire, Isère.

[4]) Indre, Aude, Tarn, Jura, H.-Garonne, Eure-et-Loir, Ardèche, Vendée, Ille-et-Vilaine, Charente-Infér., Loir-et-Cher, Drôme, Sèvres, Puy-de-Dôme, Sarthe, Charente, Alpes-Maritimes, H.-Loire, Morbihan.

Die Departements mit stark entwickelter Grossindustrie haben demnach — mag man sie nach allen möglichen Merkmalen ordnen — eine beträchtlich höhere Geburtenfrequenz aufzuweisen als der Durchschnitt für das ganze Land. Emile Levasseur ist anderer Ansicht hierüber. In einer im Journal de la Société de Statistique veröffentlichten Abhandlung wird von ihm ausgeführt: „Frankreich hat, wie alle anderen Nationen, eine durchschnittliche Geburtenfrequenz, die ihm eigentümlich ist. Dieser Durchschnitt scheint mehr von den Sitten abzuhängen als von dem wirtschaftlichen Zustand."[1]) Besser hat Bertillon (Vater) die Macht der wirtschaftlichen Struktur der Gesellschaft gewürdigt. „Là, où naît un pain", sagte er, „naît un homme." Bertillon hat ferner auch die grosse Bedeutung des Kohlenreichtums für die Fortentwickelung der Bevölkerung angedeutet. „Nicht die Oberfläche reguliert die Bevölkerungskapazität eines Landes, sondern die Elemente der Produktion, die vom Grund und Boden geliefert werden."[2]) Aber auch Bertillon hat die Bedeutung der modernen Grossindustrie wesent-

---

[5]) Die übrigen 23 Departemens.

[6]) Aveyron, Nord, Pas-de-Calais, Cantal, Creuse, H.-Loire, Loire, Meurthe-et-Moselle, B.-Alpes, Tarn, Gard, Allier, H.-Marne, Nièvre.

[7]) Bouches-du-Rhône, Seine-Infér., Somme, Ardennes, Lot, H.-Saône, Saône-et-Loire, Puy-de-Dôme, Landes, Eure, B.-Pyrénées, Aisne, Rhône, Aube.

[8]) Lot-et-Garonne, Hérault, Oise, Mayenne, Vosges, Marne, Tarn-et-Garonne, Ardèche, Meuse, Loire-Infér., Calvados, Seine-et-Marne, Seine-et-Oise, Vaucluse, H.-Pyrénées, Charente-Inférieure, Gironde.

[9]) Ain, Rhin, Jura, Doubs, Lozère, Dordogne, Eure-et-Loir, Vendée, Sèvres, Côte-d'Or, Maine-et-Loire, Drôme, Gers, Charente, Ariège, Corse, H.-Garonne, Sarthe, Var, Aude, Côtes-du-Nord, H.-Alpes.

[10]) Die übrigen 19 Departements.

[11]) Nord, Meurthe-et-Moselle, Rhin, Bouches-du-Rhône, Aisne, Seine-Infér., Vosges, Ardennes, Eure, Oise, Somme.

[12]) Seine-et-Oise, Pas-de-Calais, Loire, Marne, Aube, Isère, Seine-et-Marne, Doubs, Rhône, H.-Marne, Saône-et-Loire, Vaucluse, H.-Saône, Gard.

[13]) Eure-et-Loir, Jura, Côte-d'Or, Drôme, Allier, Loire-Inférieure, Yonne, Indre-et-Loire, Meuse, Ain, Hérault, Calvados, H.-Garonne, Charente, Ardèche, Tarn, Cher, Loiret, Var, Ariège.

[14]) Gironde, H.-Vienne, Alpes-Mar., Landes, Nièvre, Aveyron, H.-Pyrénées, Tarn-et-Garonne, Vienne, Orne, Maine-et-Loire, Mayenne, Lot-et-Garonne, Puy-de-Dôme, Loir-et-Cher, Aude, Indre, Sarthe, Dordogne, H.-Alpes.

[15]) Die übrigen 21 Departements.

[1]) A. a. O. Jahrgang 1891, S. 116.

[2]) Vgl. Mouvements de la populations etc. S. 42, 202 ff.

lich unterschätzt. Auf S. 45 erklärt er z. B. die Abnahme der Geburtenfrequenz dadurch, dass die Industrie vergeblich (?!) darnach strebe, ihre Produktion dem Bedarf anzupassen: „Die Produktion wächst langsamer als die Nachfrage; daraus resultiert eine bereits erreichte Grenze im Verhältnis der Anzahl der Lebenden und der Produktion, die ihr Leben unterhält."

Viel richtiger aber hat die Bedeutung der Grossindustrie Leroy-Beaulieu beurteilt. „Die Fruchtbarkeit", sagt er, „die sich zur Arbeiterbevölkerung geflüchtet hat, hält den Durchschnitt der Geburtenfrequenz in Frankreich noch ein wenig auf seiner Höhe. Entfernt aber nur die Arbeiter und die Pächter und man wird nicht einmal zwei Kinder pro Haushaltung zählen .... Man erzittert aber auf jeden Fall, wenn man daran denkt, dass mit der Ausbreitung der Gewohnheiten des Kleinbürgertums und der reichen Bauern unter den Pächtern und Arbeitern die Bevölkerung Frankreichs nicht nur zu wachsen aufhören wird, sondern sich sogar rasch vermindern muss."[1])

* * *

Der von uns für das ganze Gebiet Frankreichs nachgewiesene Zusammenhang zwischen der Entwickelung der Grossindustrie und der Geburtenfrequenz ist demnach, wenn auch in unvollständiger Form und mit zahlreichen Widersprüchen, zumeist rein a priori schon von Bertillon (Vater), Leroy-Beaulieu u. a. angedeutet worden. Um die gegebene Schilderung der Zusammenhänge gegen verschiedene mehr oder weniger berechtigte Einwände zu schützen, ist es aber noch nötig, einige Worte über die Ursachen zu verlieren, weshalb solche Departements wie Rhône, Seine etc., die industriell mehr oder weniger entwickelt sind, nichtsdestoweniger eine sehr geringe Geburtenfrequenz aufweisen.

Zu Beginn dieses Jahrhunderts zählte man im Departement Rhône ca. 36,6 Geburten pro 1000 Einwohner, eine Zahl, die den Durchschnitt von Frankreich mit 32,5 Geburten pro 1000 Einwohner beträchtlich übertraf. Auch in der Zeitperiode 1831/40 zählte man noch in diesem Departement 33,1 Geburten gegen ca. 28,9 in Frankreich. Erst in den 60er Jahren begann die

---

[1]) Vgl. P. Leroy-Beaulieu, La question de la population en France. J. de la Soc. de Stat. 1880, S. 119 ff.

Geburtenfrequenz im Departement Rhône sich merklich dem Durchschnitt für Frankreich zu nähern. Man zählte dort um diese Zeit pro 1000 Einwohner 26,9 Geburten gegen ca. 26,7 in Frankreich. In den Jahren 1895/96 überragte dagegen der Durchschnitt für Frankreich mit 22 Geburten bei weitem den Durchschnitt im Departement Rhône, wo man nur 18,7 Geburten pro 1000 Einwohner zählte. Noch grösser gestaltet sich die Differenz bei Berücksichtigung der Frauen im gebärfähigen Alter. Während in Frankreich 1895/96 auf 1000 Frauen im Alter von 15 bis 45 Jahren 97,3 Geburten entfielen, belief sich die entsprechende Zahl im Departement Rhône nur auf 71,4.

Als Hauptursachen dieser auffallenden Erscheinung müssen bezeichnet werden: der handwerksmässige Charakter der im Departement Rhône vorherrschenden Seidenindustrie und die Krise, welche diese Industrie in Frankreich seit einigen Jahrzehnten durchmacht. Interessante Mitteilungen darüber lassen sich schon den Berichten über die Lage der Seidenindustrie in den 70er Jahren entnehmen. Den Angaben im Journal de la Société de Statistique für 1873 zufolge hatte die sogenannte Lyoner Industrie (fabrique lyonnaise) damals ca. 120000 Webstühle in Thätigkeit. Davon entfielen ca. 30000 auf die Stadt Lyon, während die grosse Mehrzahl im Departement Rhône und in den umliegenden Departements arbeiteten. Diese 120000 Webstühle verbrauchten jährlich ca. 2,2 Millionen kg Seide und lieferten Stoffe im Werte von mindestens 460 Mill. Franken. Mehr als $^3/_4$ (für ca. 350 Mill. Franken) der Produktion mussten exportiert werden, da Frankreich selber weniger als $^1/_4$ (ca. 110 Mill. Franken) verbrauchte.[1])

Die rasche Entwickelung der Seidenindustrie im Auslande hatte die Wirkung, die Seidenweber Frankreichs stark zu benachteiligen. Ein offizieller Bericht schildert die Wirkungen der Krise folgendermassen: In grossen Etablissements ist das Personal von 1500—1700 auf 5—6 Hundert Arbeiter zurückgegangen[2]) . . .

---

[1]) Vgl. a. a. O. S. 272 ff. Im Jahrgang 1871/72 (S. 71) der gleichen Zeitschrift wird darüber berichtet: „Die Zahl der Seidenwebstühle ist gegenwärtig in den Dörfern dreimal so gross als in der Stadt. Von 110000 Seidenwebstühlen — mehr als 80000 arbeiten in den Dörfern . . . , — wohin die ausländische Konkurrenz die Fabrikanten trieb, um dort billige Arbeitskräfte zu suchen . . .“

[2]) Es handelt sich hier meist um Verlagsfirmen, die zahlreiche Hausindustrielle beschäftigten.

In der Umgebung Lyons hat die Seidenproduktion eine Wertminderung von 100 Millionen Franken zu verzeichnen. In Lyon wird die Zahl der Arbeiter, die an den Folgen der Krise leiden, auf 100000 geschätzt; davon können mindestens 12000 nur mit Hilfe der Armenpflege existieren. Und all das wurde durch die Konkurrenz Englands, Amerikas, Deutschlands und Österreichs bewirkt, die noch vor wenigen Jahrzehnten fast keine Seidenstoffe produzierten, während sie gegenwärtig mit denkbar besten Maschinen arbeiten. Dass diese Schilderungen des offiziellen Berichtes keineswegs sehr übertrieben sind, lässt sich folgenden Angaben über die Ein- und Ausfuhr Frankreichs an Seidenstoffen entnehmen:

Im Jahresdurchschnitt	Ausfuhr	Einfuhr	Mehrausfuhr
	an Seidenstoffen in Millionen Franken		
1827/36	121,4	2,8	118,6
1837/46	134,7	5,5	129,2
1847/56	274,7	7,5	267,8
1857/66	414,0	7,5	406,5
1867/76	429,6	30,9	398,7
1877/86	251,0	40,9	210,1
1887/96	242,9	54,9	188,0

Seit Mitte der 60er Jahre ist demnach die Mehrausfuhr in Abnahme begriffen; sie hat dabei im letzten Jahrzehnt weniger als die Hälfte der Mehrausfuhr im Jahresdurchschnitt 1857/66 betragen.

Diese Krise wirkte auf die Geburtenfrequenz der von der Seidenweberei lebenden Bevölkerung um so nachteiliger, als die Seidenweberei, wie gesagt, noch in den 70er Jahren zum grossen Teil handwerksmässig betrieben wurde. „Die Zahl der kleinen Firmen", berichtete man 1873, „vermindert sich; der Umsatz wächst; die Lyoner Industrie verliert allmählich die Physiognomie der Kleinindustrie, die ihr im Vergleich zur Baumwolle-, Wolle- und Leinenindustrie einen spezifischen Charakter verlieh."[1]) An Stelle von 120000 Webstühlen, die in den 70er Jahren in der französischen Seidenindustrie beschäftigt waren, arbeiteten im Jahre 1896 etwa 68000,[2]) wovon etwa zwei Fünftel durch mechanische Kraft bewegt wurden. Bemerken wir hierbei noch, dass die Ursachen

[1]) Vgl. J. de la Soc. de Stat. 1873, S. 271 ff.

[2]) Ohne die Webstühle, die bei der Verarbeitung gemischter Stoffe beschäftigt sind. Die Zahl dieser ist aber relativ unbedeutend.

der Verminderung der Geburtenfrequenz im Departement Rhône im 2. und 3. Drittel dieses Jahrhunderts verschiedener Natur sind. In den 40er, 50er und 60er Jahren war es vorwiegend der zunehmende Wohlstand der kleinen Unternehmer der Seidenindustrie, der die Geburtenfrequenz herabdrückte. Heutzutage ist es vorwiegend die zunehmende Unsicherheit der Existenz, die die Arbeiter und die Hausindustriellen zur Verminderung der Geburtenfrequenz veranlasst.

* * *

Die Grundursachen der geringen Geburtenfrequenz in dem Paris umgebenden Departement Seine wurden bereits angedeutet. Es sind dies die starke Vertretung des Mittelstandes und die schwache Entwickelung der Grossindustrie in Paris. Die Enquête der Pariser Handelskammer vom Jahre 1860 hat z. B. festgestellt, dass in Paris kaum 4 Arbeiter auf ein Etablissement trafen. Die überwiegende Mehrzahl waren daher Kleinbetriebe, was übrigens auch daraus hervorgeht, dass die Pariser Industrie damals nur 1189 Dampfmotoren mit 9782 Pferdekräften zählte. Dabei war in verschiedenen Industriezweigen die Sitte stark verbreitet, die Arbeiter in Kost und Logis zu nehmen. Von ca. 38900 Arbeitern der Nahrungsmittelbranche waren z. B. 63% beim Meister einlogiert.[1]) Fast alle Arbeiter in Kost und Logis waren eben ledig, so dass diese Sitte die Geburtenfrequenz von Paris künstlich herabdrücken musste. Ähnliches lässt sich für die neueste Zeit nachweisen. Hinsichtlich des Kohlenkonsums pro Kopf der Bevölkerung steht nämlich das Departement Seine mit ca. 1200 kg an 17. Stelle und hinsichtlich der angewandten Dampfmaschinenkraft — mit ca. 33 Pferdekräften pro 1000 Einwohner — sogar erst an 19. Stelle. Der Kohlenkonsum pro Kopf der Bevölkerung sowie die Verwendung von Dampfkraft sind dort daher etwa 3 mal geringer als im Departement Nord.

Ein anderes in gleicher Richtung wirkendes Moment ist die starke Vertretung der ledigen Personen in der weiblichen Bevölkerung von Paris. Während in ganz Frankreich im Jahre 1891 von 1000 Frauen im Alter von 15 bis 45 Jahren ca. 522 verheiratet waren, belief sich die entsprechende Zahl im Departement Seine nur auf 494. Die Geburtenfrequenz der verheirateten

---

[1]) Vgl. J. de la Soc. de Stat. 1865, S. 317 ff.

Frauen ist aber bedeutend grösser als die der unverheirateten; die starke Vertretung der ledigen Frauen muss daher die Geburtenfrequenz des Departements Seine beträchtlich herabdrücken.

Die gleichen vorwiegend wirtschaftlichen, dann aber auch verschiedene psychologische und sonstige Momente,[1]) welche in den Departements Rhône und Seine wirken, hatten auch die rasche Abnahme der Geburtenfrequenz in den Departements Gironde, Oise, Isère u. a. m. veranlasst.

* * *

Zur besseren Charakteristik der Situation erübrigt es noch, das Verhältnis der von der Landwirtschaft lebenden Bevölkerung zur Gesamtbevölkerung in den einzelnen nach der Grösse des Kohlenkonsums pro Kopf der Bevölkerung gebildeten Gruppen anzugeben. Die entsprechenden Berechnungen ergeben für die auf S. 144 angeführten nach der Grösse des Kohlenkonsums geordneten 5 Gruppen folgende Übersicht:

	Prozentsatz der von der Landwirtschaft lebenden Bevölkerung im Jahre 1891.[2])	Zahl der Geburten pro 1000 Frauen im Alter von 15 bis 45 Jahren
I. Gruppe	30,2 %	112,0
II. "	42,9 "	94,5
III. "	52,5 "	91,8
IV. "	57,4 "	90,3
V. "	63,4 "	107,8

Die Geburtenfrequenz gestaltet sich demnach in den ersten 4 Gruppen um so geringer, je grösser der Anteil der von der Landwirtschaft lebenden Bevölkerung ist. Aber auch die fünfte Gruppe, in der sich zahlreiche arme bäuerliche Departements befinden, hatte eine beträchtlich geringere Geburtenfrequenz als die Departements mit entwickelter Grossindustrie zu verzeichnen, obwohl die von der Landwirtschaft lebende Bevölkerung

[1]) Vgl. insbesondere die Ausführungen über die Unterschiede hinsichtlich der Geburtenfrequenz in den Fabrikstädten und in den Städten mit zahlreich vertretenem Kleinbürgertum, Beamtentum u. s. w. (S. 133 ff). Eine nicht zu unterschätzende Rolle spielt dabei auch die grosstädtische Blasiertheit, die nicht selten grössere Schichten der mit dem Kleinbürgertum im engeren Verkehr stehenden Arbeiter auszeichnet.

[2]) Vgl. Anmerkung 2 auf S. 47.

hier mehr als doppelt so stark vertreten war. Der grossindustrielle Charakter der ersten Gruppe, die die grösste Geburtenfrequenz aufweist, wird besonders klar durch nachstehende Berechnungen illustriert. Auf die hierher gehörenden 9 Departements, die ca. 17,7% der Gesamtbevölkerung und ca. 10,4% der Gesamtfläche Frankreichs in Anspruch nahmen, entfielen im Jahre 1896 ca. 44% aller Dampfpferdekräfte, ca. 60% aller Baumwollespindeln, ca. 66% der gesamten Eisen- und Stahlproduktion, ca. 78% der Kohlenproduktion, ca. 81% der Kammwollespindeln und ca. 83% der Gusseisenproduktion Frankreichs.

Die Bedeutung der Grossindustrie tritt aber noch deutlicher hervor, wenn man den Überschuss der Geburten über die Sterbefälle in den 5 Departements der alten Provinz Bretagne, die früher die Hauptquelle des Bevölkerungszuwachses in Frankreich bildete, mit dem Überschuss der Geburten in den Zentren der französischen Grossindustrie und der französischen Kohlenproduktion — in den Departements Nord und Pas-de-Calais — vergleicht:

Jahrfünft	Überschuss der Geburten über die Sterbefälle in den Departements: Côtes-du-Nord, Finistère, Ille-et-Vilaine, Loire-Inférieure, Morbihan (Bretagne)	Nord und Pas-de-Calais	Verhältnis des Geburtenüberschusses in d. Dep. Nord und Pas-de-Calais zum Geburtenüberschuss in der Bretagne
1861/65	104200	91000	87%
1876/80	108100	108600	100 „
1881/85	86500	111100	128 „
1886/90	71300	102000	143 „
1891/95	57800	103000	178 „

Die Gesamtbevölkerung der Bretagne wurde im Jahre 1861 auf 2908000, im Jahre 1896 auf 3176000 Personen, die der Departements Nord und Pas-de-Calais dagegen war auf 2028000 bezw. 2718000 Personen beziffert. Dabei betrug der Anteil der von der Landwirtschaft lebenden Bevölkerung im Jahre 1891: in den 5 Departements der Bretagne 61%, in Nord- und Pas-de-Calais dagegen nur 27% der Gesamtbevölkerung. Trotz der starken Vertretung der landwirtschaftlichen Bevölkerung ist demnach der Anteil der Bretagne, die noch vor wenigen Jahrzehnten die Hauptquelle des Geburtenüberschusses in Frankreich bildete, immer unbedeutender geworden. Diese Thatsache gewinnt noch mehr an Bedeutung, wenn man erwägt, dass in der Bretagne im Jahre 1891 703000, in den Departements Nord und Pas-de-Calais dagegen nur 612000 Frauen im Alter von 15 bis 45 Jahren vorhanden waren. Der Geburtenüberschuss pro 1000 gebärfähiger Frauen war demnach im Zeitraum 1891/95 in den grossindustriellen Departements mit ca. 167[1]) etwa doppelt so gross als in der Bretagne, wo die entsprechende Verhältniszahl — trotz der starken Vertretung der landwirtschaftlichen Bevölkerung — nur 82 betragen hat. Als Ursache dieser Erscheinung muss die zunehmende Wohlhabenheit der bretonischen Bauern bezeichnet werden. „Noch vor 40 Jahren", schreibt diesbezüglich Eugène Risler, „war die Bretagne ganz von der wirtschaftlichen Entwickelung unseres Jahrhunderts abgeschnitten. Heutzutage eröffnen ihr die Dampfschiffe die Märkte Londons und die Eisenbahnen die Märkte von Paris. Noch 10 oder 20 Jahre — und der Wert des Grund und Bodens wird sich verdoppeln."[2]) Der agrarische Hochschutz der letzten Jahrzehnte der die mittleren und die grossen Bauern auf Kosten der Arbeiterklasse bereichert, hat demnach auch auf diesem Gebiete nur Wirkungen zur Folge gehabt, die den von den Hochschutzzöllnern erwarteten und angekündigten Folgen durchaus entgegengesetzt sind.

---

[1]) Bei Berechnung dieser Zahlen wurde natürlich auch der Bevölkerungszuwachs von 1891 bis 1896 mit in Betracht gezogen.

[2]) Vgl. La crise agricole en France et en Angleterre, Paris 1887, S. 7.

IV.

Im engen Kreis verengert sich der Sinn,
Es wächst der Mensch mit seinen grösseren Zwecken.
Schiller.

Die Ausländerfrage in Frankreich. Die Ursachen der starken Einwanderung. Alliance Nationale pour l'accroissement de la population française und ihre Thätigkeit. Überschuss der Geburten über die Sterbefälle in den ländlichen Gemeinden. Missbräuche auf dem Gebiete des Ammenwesens. Gesetzgebung zum Schutze der in Pflege gegebenen Kinder. Kindersterblichkeit in den Städten und auf dem platten Lande. Bevölkerungszuwachs in den Jahren 1896 bis 1898. Die Arbeiterschutzgesetzgebung und ihre Wirksamkeit. Steuerentlastungen der bäuerlichen Bevölkerung. Steuerlast der landwirtschaftlichen und der industriellen Bevölkerung. Entwickelung des französischen Aussenhandels unter dem Einfluss der liberalen und der hochschutzzöllnerischen Wirtschaftspolitik. Wirtschaftliche Dekadenz und ihr Einfluss auf die Geburtenfrequenz.

Wie stellen sich nun zu der oben konstatierten Thatsache, dass der Bevölkerungszuwachs Frankreichs den ärmeren Schichten der Bauernschaft, sowie hauptsächlich dem ländlichen und grossindustriellen Proletariat zu verdanken ist, die französischen Gelehrten und Politiker?

Bis in die 60 er Jahre war, wie wir sahen, die Verurteilung der hohen Geburtenfrequenz dieser Schichten die vorherrschende Ansicht.[1]) Seit Ende der 60 er Jahre und insbesondere nach dem deutsch-französischen Kriege hat man in Frankreich — von der Not getrieben — allmählich gelernt, etwas vorsichtiger zu urteilen. Die Antipathie ist aber keineswegs verschwunden! Die

---

[1]) Sehr scharf hat sich in dieser Hinsicht Legoyt geäussert. „On constate le même fait en France, où le maximum de la fécondité se trouve dans les départements les moins aisés ou dans ceux qu'ont la plus forte population ouvrière . . . L'indigénce seule est imprévoyante, et les membres les moins laborieux, les moins intelligents des classes ouvrières, n'en fournissent que trop la preuve, à la fois par de funestes habitudes d'intempérance et par la déplorable inconscience (fruit de cette intempérance même) avec laquelle ils ajoutent aux charges d'une famille qu'ils sont bientôt impuissants à soutenir.“ Vgl. J. de la Soc. de Stat. 1867, S. 225 ff.

französischen Schriftsteller, welche Massnahmen zur Erhöhung der Geburtenfrequenz vorschlagen, haben auch heutzutage nur selten die ländlichen und städtischen Proletarier im Auge, deren Geburtenfrequenz ihnen vielmehr zu hoch zu sein scheint. Es sind vielmehr der wohlhabende Teil der Bauernschaft und der Mittelstand, deren Geburtenfrequenz sie erhöht sehen möchten.

Ausserordentlich bezeichnend sind in dieser Hinsicht die Ausführungen Charles Bertheaus. In seinem Werke „Essai sur les lois de la population" (Paris 1892), erklärt er auf S. 365: „Man muss anerkennen, dass wenigstens die Grossindustrie auf die Arbeiter nicht günstig wirkt. Sie sind eben zu sehr auf ihre individuellen Kräfte angewiesen, weshalb sie teils durch die Macht der Verhältnisse und teils durch eigene Schuld in eine elende Lage geraten. Sie bilden daher vom moralischen und ökonomischen Gesichtspunkt aus eine Bevölkerung, die mehr durch ihre Zahl als durch die Qualität eine Bedeutung hat. Auf Grund der Gewohnheiten, die sie aus der sie umgebenden Umwelt entnehmen, bildet sich unter ihnen eine grosse Zahl minderwertiger Elemente. Dieses minderwertige Element ist besonders zahlreich unter ihren Kindern, die schwach und kränklich schon zur Welt kommen, und ausserdem — als Gipfel des Unglücks — noch der nötigen Fürsorge ermangeln; deshalb ist auch ihre Sterblichkeit sehr gross . . . . Diese Kinder leiden aber nicht nur an den Folgen der Laster ihrer Eltern. Sie leiden ferner — was nicht weniger grausam ist — noch unter deren Hilflosigkeit. Diese soziale Wunde des Pauperismus erweitert sich immer mehr. M. Cheysson bemerkte ganz richtig, dass die grossen industriellen Agglomerationen wegen der grossen Kindersterblichkeit der raschen Fortentwickelung der Bevölkerung nachteilig sind." Dementsprechend finden wir denn auch bei Bertheau auf S. 372 ff., statt der Forderung durchgreifender Reformen auf dem Gebiete der Arbeiterschutzgesetzgebung, eine Idealisierung der Kleinindustrie, deren allmähliger Untergang übrigens auch von ihm anerkannt wird.[1]) Wie die meisten anderen französischen Forscher verkennt auch Bertheau, dass gerade die starke Verbreitung der Kleinindustrie, welche u. a. auch die Konkurrenz-

[1]) Im Gegensatz dazu hofft Paul Meuriot, dass die Möglichkeit, die elektrische Kraft auf weite Entfernungen zu übertragen, durch Schaffung zahlreicher kleiner Betriebsstätten Anlass zur Dezentralisation der Produktion geben wird. Vgl. Des agglomerations urbaines, Paris 1898, S. 453.

fähigkeit Frankreichs auf dem Weltmarkte untergräbt, die Hauptursache des Bevölkerungsstillstandes bildet.

Bevor wir uns der Sterblichkeit der französischen Bevölkerung im allgemeinen und der Kindersterblichkeit im besonderen zuwenden, sollen zunächst noch die Massnahmen etwas eingehender besprochen werden, die in Frankreich in neuerer Zeit zum Zwecke der Steigerung des Bevölkerungszuwachses vorgeschlagen bezw. thatsächlich in Angriff genommen wurden.

Bei Durchblätterung der einschlägigen Litteratur begegnet man vielen Dutzenden von Reformvorschlägen aller Art. Erst empfahl man Erleichterung der Formalitäten beim Eheschluss,[1]) direkte oder indirekte Prämien für Kinderzeugung, sanitäre Reformen und weitere gründliche Steuerentlastungen für die Bauern sowie für den Mittelstand. In den Jahren 1885 und 1889 ergingen sogar spezielle Gesetze zu Gunsten von Familien mit sieben oder mehr Kindern. Das erste Gesetz erneuerte ein Napoleonisches Dekret aus dem Jahre XIII:[2]) Die Eltern von sieben Kindern sollen das Recht haben, einen männlichen Sprossen auf Staatskosten erziehen zu lassen. Die von der Kammer für diesen Zweck bewilligten Kredite waren aber gering. Die Zahl der Familien mit sieben Kindern überstieg 232000; und es war unmöglich, entsprechende Summen von der Kammer bewilligt zu erhalten. Deshalb beschränkte man sich 1889 darauf, die Eltern von sieben oder mehr Kindern von der „contribution personelle et mobilière“ zu befreien.[3]) Auch das war früher schon dagewesen. So berichtet Forbonnais von einem Dekret aus dem Jahre 1666, wonach jeder Vater von 10 lebenden, ehelich geborenen Kindern von der „collecte de toute taille, taillon, sel, subside et autres impositions de tutelle, curatelle, logement des gens de guerre“ u. s. w. frei sein sollte.[4])

Da die Gesetze von 1885 und 1889 keine merklichen Wirkungen zur Folge hatten, so sehen wir den Dr. Javal, der

---

[1]) Vgl. Legoyt, J. de la Soc. de Stat. 1867, S. 238. Hinsichtlich der gleichen Forderungen in der neueren Zeit s. S. 30.

[2]) Das Dekret vom Jahre XIII verpflichtete den Staat, die Erziehung des sechsten Kindes armer Eltern aus öffentlichen Mitteln zu bestreiten. Es ward aber selten angewandt und geriet allmählich in Vergessenheit. Man vergl. darüber Legoyt a. a. O., S. 234.

[3]) Vgl. Arthur Chervin a. a. O., S. 50 ff.

[4]) Vgl. Forbonnais, Recherches et considérations sur les finances de France depuis 1595 jusqu'en 1721, Liège 1758, 2. Band, S. 351 ff.

sich für diese Gesetze in der Kammer besonders ins Zeug gelegt hat, erklären, dass es nicht genüge, die Lasten zu erleichtern, die die Familien mit sieben und mehr Kindern bedrücken. „Man muss", sagte er, „eine ganze Reihe von Massnahmen treffen und eine ganze Anzahl von Reformen beschliessen, die die Familien im Verhältnis zur Zahl ihrer Kinder entlasten und die Besteuerung gleichmässiger gestalten."[1])

Die Sorge um Frankreichs Grossmachtstellung hat sogar bis zu Vorschlägen auf partielle Vermögenskonfiskation geführt. So verlangte z. B. J. Bertillon, Chef des statistischen Bureaus der Stadt Paris, der Staat solle, wenn der Erblasser nur ein Kind habe, die Hälfte, bei zwei Kindern ein Drittel der Erbschaft einziehen. In Fällen, wo drei oder mehr Kinder vorhanden seien, sollte dagegen die Erbmasse nicht nur unverkürzt, sondern sogar steuerfrei bleiben. Auch dieser Vorschlag ist aber nur eine Modifizierung eines alten Dekretes von 1789, wonach Familien mit mehr als 3 Kindern Steuererleichterungen geniessen, Familien mit weniger als 3 Kindern Steuerzuschlägen unterworfen sein sollten.[2]) Die Vorschläge J. Bertillons sind neuerdings von der Gesellschaft „Alliance Nationale pour l'accroissement de la population française" übernommen worden, deren Thätigkeit im weiteren näher besprochen wird.

Von anderen Projekten verdient eine besondere Aufmerksamkeit die öfters vorgeschlagene Heranziehung von Ausländern, deren Geburtenfrequenz bekanntlich höher ist und die daher wesentlich zur Verminderung der Geburtenkalamität in Frankreich beitragen. Dieser Weg, die Geburtenfrequenz zu erhöhen, wurde bereits Ende der 60er Jahre von Legoyt warm empfohlen.[3]) Man hat ihn aber erst in neuerer Zeit beschritten, indem man im Jahre 1889 die Naturalisation wesentlich erleichterte. Auch dieser Gedanke ist aber keineswegs neu. Denn die Heranziehung von Ausländern als Mittel zur Erhöhung des Bevölkerungsstandes wurde bereits von Ludwig dem XI. und anderen französischen Königen im grösseren Umfange praktiziert.[4])

---

[1]) Vgl. Van der Smissen, La population etc. 1893. S. 472 ff.

[2]) Vgl. Bertillon, De la dépopulation de la France etc. J. de la Soc. de Stat. 1895, S. 434 ff.

[3]) Vgl. a. a. O. S. 239.

[4]) Vgl. Schöne, Histoire de la population française. S. 112 ff. Schöne glaubt, dass die Wiederaufnahme der Politik Ludwig des XI. das beste Mittel zur Bekämpfung

Will man aber die Heranziehung von Ausländern als ein Mittel gegen die Bevölkerungsabnahme behandeln, so ist es von grösster Wichtigkeit, zunächst festzustellen, welche Berufe denn eigentlich auf die Ausländer die grösste Anziehungskraft ausüben. Die Volkszählung von 1891 giebt auf diese Frage folgende Antwort. Von 100 Ausländern resp. von 100 Personen der Gesamtbevölkerung fanden ihren Unterhalt:

In	Ausländer		Gesamtbevölkerung	
der Landwirtschaft	22,0		47,0	
der Industrie	48,0	71,3	26,0	43,3
dem Transport	3,2		2,8	
dem Handel	16,5		11,5	
den liberalen Berufsarten	3,6		3,0	
der Administration, Armee, als Rentiers etc.	6,7		9,7	
	100,0		100,0	

Die Industrie, der Handel und Verkehr, sowie die liberalen Berufsarten waren es demnach, die den überwiegend grössten Teil der Ausländer zur Einwanderung nach Frankreich veranlasst haben. „Das Verhältnis der Individuen, die von der Landwirtschaft leben“, sagt der offizielle Bericht, „ist unter den Ausländern zweimal schwächer, das Verhältnis der von der Industrie lebenden dagegen zweimal stärker als in der Gesamtbevölkerung. Die Industrie und der Handel sind es im allgemeinen, die hauptsächlich die Ausländer nach Frankreich locken.“[1])

Noch günstiger wird dabei die Stellung der Industrie, wenn man — statt der Gesamtzahl der Ausländer — nur solche, die als Lohnarbeiter thätig waren, berücksichtigt. Von diesen letzteren, die zu der fruchtbarsten Bevölkerungsschicht gehören, waren nämlich in der Landwirtschaft nur 20,8 % beschäftigt, in der Industrie dagegen 65,7 und im Handel und Verkehr 11,9 %.

---

des Bevölkerungsstillstandes sein werde. Sein unbeschränkter Optimismus veranlasst ihn zur folgenden Äusserung: „Si la plupart des considérations précédentes peuvent s'appliquer aux nations européennes, la France seule est en possession d'un élément considérable et inépuisable de population, c'est l'attrait qu'elle exerce sur les étrangers, consacré par une tradition de six siècles qui entraîne par accoutumance les voisins laborieux, et qui convie les autres a y rechercher les agréments de la fortune, ou à s'éclairer de ses lumières.“ A. a. O. S. 414.

[1]) Vgl. Dénombrement des Etrangers en France, Paris 1893, S. XLVIII ff. Von der Gesamtzahl der in Frankreich im Jahre 1891 gezählten Belgier (466000) entfielen auf das grossindustrielle Departement Nord ca. 290000, von der Gesamtzahl der Italiener (286000) auf das Departement Bouches-du-Rhône (Marseille) ca. 82000.

Von anderen Massnahmen, die als Mittel gegen die Bevölkerungsabnahme vorgeschlagen wurden, sind noch zu erwähnen: Die Abschaffung des Gesetzes, das die gerichtliche Nachforschung nach der Vaterschaft verbietet, Abänderung des Erbrechtes und Erschwerung der Abwanderung nach den Städten. Bis zu welchem Wahnwitz die Grübelei nach wirksamen Mitteln bereits geführt hat, zeigt das Beispiel Lombards, eines bekannten Arztes, der in einem sonst sehr ernsthaften Referat auf dem medizinischen Kongress zu Lyon empfahl, den Eheleuten solle untersagt werden, in besonderen Betten zu schlafen — wie es in den wohlhabenden Familien üblich ist. Zur Begründung führte er ein schweizerisches Kantonalgesetz an, das Eheleuten, die sich scheiden lassen wollen, auferlegte, vierundzwanzig Stunden in einem Zimmer zuzubringen, — mit nur einem Glas, einem Messer, einer Gabel, einem Stuhl und einem Bett zu ihrer Verfügung. Man hat die Erfahrung gemacht, erklärte Lombard, dass selbst verjährte Abneigung einem solchen Zwange nicht stich hielt.[1]) Einem lächerlichen Phantom zu Liebe — denn Zusammenschlafen bedeutet doch noch keineswegs Kinderzeugung — sollte demnach eine wichtige hygienische Errungenschaft preisgegeben werden, — wenn nötig, sogar unter Anwendung mittelalterlicher Zwangsmassregeln.

Der bekannte christliche Sozialist Le Play glaubt in seinem Werke „La Reforme sociale en France“ drei Haupthilfsmittel empfehlen zu können. Durch eine Reform der Mittelschulen hofft er die Kinder wieder dem Einfluss der Familie zugänglich zu machen. Diese Massnahme soll von einer Abänderung des Erbrechtes begleitet werden, das nach ihm in seiner derzeitigen Gestalt die französische Nation zur Sterilität verdammte und die Regimenter und Werkstätten entvölkerte. Und endlich soll an dritter Stelle ein Geschichtsunterricht kommen, der den Kindern zeigen solle, dass Frankreich durch die Eroberungssucht Napoleons I. und Ludwigs XIV. erniedrigt wurde, während die Gerechtigkeit Ludwigs XIII. und Ludwigs des Heiligen es grossgemacht habe.[2]) Und an einer anderen Stelle (S. 607) hebt Le Play bei Aufzählung der Übel, deren Einfluss die französische Nation nicht lange zu widerstehen imstande sein werde, besonders die fieber-

---

[1]) Vgl. De la dépopulation en France, Lyon 1873, S. 21 ff.

[2]) A. a. O. Paris 1874, III. Band, S. 718.

hafte Beschleunigung hervor, die man den öffentlichen Arbeiten und der Entwickelung der Manufakturen angedeihen lasse.

Dr. Rodet empfahl auf dem medizinischen Kongress zu Lyon eine ganze Auswahl von Mitteln. Man soll nach ihm die Eltern immer wieder darauf aufmerksam machen, wie unglücklich sie sein werden, wenn ihr einziges Kind sterben sollte. Man soll sie dann darüber belehren, dass das Einkindersystem schlechte Bürger liefert, weil diese Kinder gewöhnlich sehr verwöhnt werden. Man soll ferner den Luxus einschränken, was eine Verminderung der Ausschweifungen zur Folge haben werde. Im weiteren wird von Rodet die Einschränkung des Alkoholmissbrauchs durch Erhöhung der Accise und der Taxen auf Verkaufspatente empfohlen, die Verhinderung des Tabakmissbrauchs sowie die Herabsetzung der aktiven Dienstzeit auf 3 Jahre.[1])

Eine Modifizierung alter Vorschläge finden wir auch bei Dr. Gibert, der den ledigen Personen im Alter von 25 Jahren und darüber alle Lasten aufbürden wollte, die dem Staat, den Departements und den Gemeinden aus der Unterstützung armer und verlassener Kinder erwachsen.[2]) Auch die Witwer und die geschiedenen Personen, die keine Kinder haben, sollten zur Tragung dieser Lasten herangezogen werden.[3])

Als eine wichtige Ursache der Verminderung der Geburtenfrequenz hielt Léonce de Lavergne die rasche Zunahme der Steuerlast.[4]) Im 18. Jahrhundert hat nach vorliegenden Berichten auch thatsächlich die Überlastung des Bauernstandes mit Steuern nicht selten Anlass zur Einschränkung der Kinderzahl gegeben. In seinen Memoiren erzählt z. B. der Marquis d'Argenson, dass in seinem Kirchsprengel, der nur wenig Haushaltungen zählte,

---

[1]) Vgl. Rodet, Des causes de la Depopulation en France, Paris 1873, S. 20, 23 ff.

[2]) Bereits 1704 unterbreitete der Intendant zu La Rochelle, Bégon, dem Finanzminister nachstehenden Vorschlag. „Ich glaube ein Mittel gefunden zu haben, das die Zahl der Soldaten und die Finanzen vergrössern wird, ohne irgendwie ungerecht zu sein .... Dieses Mittel besteht darin, ein Viertel der Löhne, Gehälter, Renten, Pachtschillinge etc. zu erheben, die von den Burschen im Alter von über 25 und Mädchen im Alter von über 20 Jahren bezogen werden." Vgl. Schöne, a. a. O., S. 206.

[3]) Vgl. Gibert, Causes de la Dépopulation française, Annales de Démographie internationale 1877, S. 337 ff.

[4]) Citiert nach Leroy-Beaulieu, La Question de la population en France, J. de la Soc. de Stat. 1880, S. 120.

mehr als 30 Burschen und Mädchen in einem mehr als reifen Alter vorhanden waren, die durch nichts zur Heirat veranlasst werden konnten. Auf alles Zureden erhielt man die Antwort: Es lohne sich nicht, so unglückliche Geschöpfe in die Welt zu setzen, wie sie selbst es seien. Gegenwärtig ist es aber gerade umgekehrt die Wohlhabenheit des Bauernstandes, die unter den eigentümlichen Bedingungen der wirtschaftlichen Entwickelung Frankreichs den Bevölkerungsstillstand zur Folge hat. Diejenigen, die dem Steuersystem eine so entscheidende Rolle auf diesem Gebiete zuschreiben,[1]) scheinen zu übersehen, dass die wohlhabenden Klassen, von denen die Einschränkung der Kinderzahl hauptsächlich ausgeübt wird, infolge des Vorherrschens der indirekten Steuern gerade in Frankreich sehr geschont werden. Die ärmeren Klassen dagegen, die, wie wir bald sehen werden, den grössten Teil der Steuerlast zu tragen haben, weisen, dessenungeachtet eine grosse Kinderzahl auf.

Bertillon (Vater) legt, ähnlich wie Lagneau, Turquan[2]) u. a., einen grossen Wert auf den Erwerb von Kolonieen. „Gebt nur der französischen Bevölkerung Raum, Freiheit, ein gesundes Klima, einen fruchtbaren Boden und die legitime Hoffnung, die Unabhängigkeit und Wohlhabenheit zu erwerben, und ihr werdet sofort sehen, dass unsere erschlaffte Geburtenfrequenz wieder die höchste Kraft erlangen wird. Was braucht man dazu? Kolonieen, die nicht, wie die Mehrzahl der uns verbliebenen, unter der tropischen Sonne liegen, freie Entwickelung, Selbstverwaltung .... Der Tag, an dem eine Regierung die Lehren der Demographie anwenden wird, indem sie ein Land entdeckt und zur Auswanderung geeignet macht, das in einer gemässigten und gesunden Zone liegt, — an diesem Tag wird sie für die Entwickelung unserer erschöpften Geburtenfrequenz das vollziehen, was die Anwendung der Wissenschaft überall für die

[1]) Cheysson beurteilt die Wirkungen des französischen Steuersystems folgendermassen: „Unsere Steuergesetze sind nicht günstig für die Bevölkerungsvermehrung und scheinen eher dazu gemacht zu sein, die Geburtenfrequenz zu bekämpfen als sie zu ermuntern. Die Octrois drücken um so mehr auf eine Haushaltung, je grösser ihre Kinderzahl. Und die direkten Steuern sind unter den Departements nach der Grösse ihrer Bevölkerung verteilt, so dass die Bretagne z. B. ihre hohe Geburtenfrequenz durch Steuerzuschüsse büssen muss.“ Vgl. Cheysson, La Question de la population, J. de la Soc. de Stat. 1883, S. 454ff.

[2]) Vgl. Turquan, Nouveau dictionnaire d'économie politique, Artikel Emigration, S. 800.

Entwickelung des Gewerbes gethan hat. Um Menschen wie Sachen hervorzubringen, giebt es einen Determinismus, den man kennen und seinem Handeln zu Grunde legen muss."[1])

Paul Leroy-Beaulieu, der mit Recht den Mangel an Initiative und Energie, sowie den engen Horizont etc., die der Masse des französischen Bürgertums eigentümlich sind, geisselt, proklamierte im Jahre 1880 als Hilfsmittel den Freihandel.[2]) Seitdem haben der französische Zolltarif im allgemeinen, insbesondere aber die Zölle auf Lebensmittel — mannigfache bedeutende Erhöhungen erfahren. Mag aber die Kritik des Hochschutzzollsystems von anderen Gesichtspunkten aus noch so berechtigt sein, so macht Leroy-Beaulieu sich einer Übertreibung schuldig, wenn er dem Freihandel — an und für sich — die Macht zuschreibt, die Geburtenfrequenz zu erhöhen. Freihandel oder Schutzzoll sind eben keine prinzipiellen Lösungen des Problems. Denn ebenso wie England unter der Herrschaft des Freihandels, hat Deutschland unter der Herrschaft hoher Schutzzölle eine ziemlich stabile Geburtenfrequenz, sowie einen zunehmenden Geburtenüberschuss zu verzeichnen gehabt.

Turquan verlangt Massnahmen zur Begünstigung der Auswanderung. „Wenn Frankreich statt 10 bis 15000 Auswanderer deren jährlich 100000 nach dem Auslande gesandt hätte, so würde das Land, weit entfernt sich zu entvölkern, gewiss eine Erhöhung der Geburtenfrequenz zu verzeichnen haben."[3])

Raoul Frary, dessen Schrift „Le Péril National" seinerzeit Aufsehen machte, schlägt angesichts der Grösse der drohenden Gefahr die Ergreifung ausserordentlicher Massnahmen vor. Man solle allen Familien, die mehr als 3 Kinder haben, für jedes weitere Kind unter 15 Jahren einen jährlichen Zuschuss aus Staatsmitteln zahlen. Im Anschluss daran beklagt er sich bitter darüber, dass die Einführung des obligatorischen Unterrichts in den Volksschulen und die Einschränkung der Kinderarbeit durch die Arbeiterschutzgesetzgebung den Zeitpunkt, von welchem an die Kinder ihren Eltern Beistand leisten könnten, in weite Ferne rückten und daher zur weiteren Einschränkung der Kinderzahl Anlass gäben.[4])

---

[1]) Vgl. Bertillon, Mouvements de la population etc. S. 202 ff.

[2]) A. a. O., S. 120.

[3]) Nouveau dictionnaire d'économie politique, S. 800.

[4]) Vgl. a. a. O., 2. Auflage, Paris 1881, S. 345.

Und Cros erklärt, dass das Anwachsen der Industrie — vom moralischen und physischen Gesichtspunkte aus — das Familienleben zerstöre und dadurch Entvölkerung herbeiführe.[1]) Demgegenüber lässt sich, wie wir sahen,[2]) feststellen, dass die Departements, die die geringste Geburtenfrequenz hatten, gerade zu solchen gehören, in denen die ländliche Bevölkerung im allgemeinen — und die landwirtschaftliche im besonderen — ausserordentlich stark vertreten waren.

Raoul de la Grasserie verlangt, den Vätern einer zahlreichen Familie ein höheres Wahlrecht zu gewähren, für ihre Kinder Militärdienstbefreiungen und Erleichterungen festzusetzen, und von oben herab dafür zu sorgen, dass die Kinder solcher Familien im Staatsdienst, in den Kolonieen oder sonstwo sichere Unterkunft fänden. Man solle ferner, seinem Plan zufolge, Altersprämien für Familienväter schaffen, die mindestens drei Kinder haben. Die Mittel hierzu soll der Staat einer hohen Erbschaftssteuer auf den Nachlass solcher Personen entnehmen, die wenig Kinder hinterliessen.[3])

Vor 3 Jahren wurde eine spezielle Gesellschaft „Alliance Nationale pour l'accroissement de la population française" gegründet, die ein ganzes Programm von Massregeln für den

[1]) Vgl. La Dépopulation en France, S. 408. Zur Hebung der Moral wird von ihm u. a. empfohlen, Ermittelungen über die Unterhaltsmittel der Frauen in den Grosstädten vorzunehmen und alle, die vom Laster leben, abzuschieben.

[2]) Vgl. S. 144, 152 ff.

[3]) Diese Forderungen erinnern an die römischen Gesetze (lex Julia und lex Papia Poppaea), die von Augustus erlassen wurden und die gleichen Ziele verfolgten. Diese Gesetze geboten beiden Geschlechtern die Ehe und Kinderzeugung, indem dem männlichen Geschlecht für das vollendete 25., dem weiblichen für das vollendete 20. Lebensjahr ein gewisses Kinderminimum vorgeschrieben wurde. Auch die überlebenden oder geschiedenen Ehegatten sollten sich innerhalb bestimmter Fristen wieder verheiraten. Den kinderlosen Personen gewährten diese Gesetze Fristen, sich Kinder zu beschaffen. Diejenigen, die nicht die Zahl von Kindern hatten, wie nach dem Gesetz gefordert, gingen der Hälfte des ihnen zugefallenen Erbteils oder Vermächtnisses verlustig. Eheleute, welche kinderlos waren, konnten nur ein Zehnteil ihres Vermögens einander testieren; Dritten gegenüber galt aber auch der überlebende kinderlose Ehegatte als caelebs. Die lex Julia gewährte dem im Testament bedachten Hagestolze eine Frist von 100 Tagen, um ihm Gelegenheit zu geben, noch zu heiraten; war eine Verehelichung nach Ablauf dieser Frist nicht erfolgt, so fiel das Hinterlassene dem Ärar zu. Ausserdem gewährten diese Gesetze den verheirateten und kinderreichen Personen verschiedene politische und sonstige Vorrechte. Näheres darüber s. im Artikel Bevölkerungswesen, Handwörterbuch der Staatswissenschaften, 2. Auflage, 2. Band, S. 706 ff.

gedachten Zweck ausgearbeitet hat. Das von der Gesellschaft verfolgte Ziel geht dahin, die Öffentlichkeit auf die Gefahren aufmerksam zu machen, die der französischen Nation infolge der Entvölkerung drohen, und Massnahmen finanzieller und sonstiger Natur vorzuschlagen, die zur Erhöhung der Geburten frequenz geeignet wären.

Im letzterschienenen Bericht der Gesellschaft wird als Hauptursache des Bevölkerungsstillstandes der Ehrgeiz des Vaters für sein Kind (l'ambition du père pour son enfant) bezeichnet.[1]) Um die Wirkung dieses Momentes abzuschwächen, wird der bereits citierte Vorschlag J. Bertillons — der die Präsidentenstelle in der Gesellschaft bekleidet — empfohlen, die Steuerlast der Familien im Verhältnis zur Kinderzahl zu erleichtern; denn die Erziehung eines Kindes stelle schon an und für sich eine Art Steuerleistung dar. Unter Berufung auf die Ergebnisse der Volkszählung von 1891 wird dann vorgeschlagen, die zwei Millionen Familien, die mehr als 3 Kinder haben, von den direkten Steuern zu befreien und den Ausfall auf die übrigen $8^1/_2$ Millionen Familien sowie auf die ledigen Männer im Alter von 30 Jahren und darüber abzuwälzen. Um auch hierin Gerechtigkeit walten zu lassen, solle der Steuerzuschlag für die ledigen Personen am höchsten sein. J. Bertillon möchte diesen Steuerzuschlag folgendermassen abstufen: für die ledigen Männer im Alter von über 30 Jahren einen Zuschlag von 50 %, für Verheiratete ohne Kinder 40 %, mit einem Kinde 30 und mit 2 Kindern 10 %.[2])

Als Hilfsmassregeln werden dann noch folgende Massnahmen in Aussicht gestellt: a) Man soll Familien mit Kindern, die nur einen Dienstboten haben, von allen Steuerzuschlägen befreien; b) Steuerzuschläge für Familien einführen, die zwar nur 1 Dienstboten aber keine Kinder haben; c) einen besonderen Zuschlag für Familien einführen, in denen die Zahl der Dienstboten die der Kinder übertrifft.[3]) Das gleiche Prinzip solle auch der Besteuerung der Erbschaften zu Grunde gelegt werden.[4])

---

[1]) Alliance Nationale pour l'accroissement de la population française. Programme, statuts et compte-rendu des travaux de l'exercice 1898—1899, S. 5.

[2]) Vgl. Le problème de la dépopulation, Paris 1897, S. 49.

[3]) Ibid. S. 51.

[4]) Vgl. den auf S. 158 citierten Vorschlag J. Bertillons. Im Bericht der Alliance wird diese Forderung folgendermassen formuliert: „Placer au point de vue de

Von demselben Gesichtspunkt ausgehend, verlangt die Gesellschaft ferner, dass den Familienvätern Abkürzungen der Dienstzeit in der Armee gewährt werden, sowie dass die ältesten Söhne aller Familien mit 4 Kindern nur ein Jahr statt 3 Jahre dienen sollen.[1])

Ähnliche Vorteile sollen den Eltern zahlreicher Kinder auf anderen Gebieten der Staats-, Departements- und Kommunalthätigkeit gewährt werden. Man solle Stipendien, sonstige Unterstützungen und sogar gewisse Ämter vorzugsweise den Familien einräumen, die viele Kinder haben. Auch die Wohnungs-, Umzugs- und sonstigen Zuschüsse sollen nach diesem Prinzip verteilt werden. Bei gleichen Verdiensten sollen ferner beim Avancement die Eltern zahlreicher Kinder bevorzugt werden.[2])

Eine andere Gruppe von Massnahmen wird empfohlen, um die Kindersterblichkeit zu vermindern. Die Gesellschaft verlangt, Einführung der unentgeltlichen Gewährung von Nahrung in den Schulen sowie unentgeltliche Verteilung der sterilisierten Milch an arme Eltern, die Säuglinge zu ernähren haben.

Die Ergebnisse der dreijährigen Thätigkeit der Gesellschaft sind äusserst bescheiden. Sie zählt, einschliesslich der inaktiven (membres adhérents) kaum 400 Mitglieder, obwohl der Beitrag sehr unbedeutend ist.[3]) Das Jahresbudget beträgt kaum über 2000 Franken. Unter dem Einfluss der von der Gesellschaft ausgehenden Agitation haben einige Deputierte entsprechende Steuerreformen vorgeschlagen, so z. B. Lacombe und Klotz. Das vor zwei Jahren eingebrachte Amendement Lacombes ging dahin, die Erbschaftssteuer in dem von der Alliance Nationale pour l'accroissement de la population française gewünschten Sinne zu ändern. Das Amendement vereinigte zwar 224 Stimmen auf

l'héritage, les enfants uniques dans la position où ils seraient s'ils avaient des frères." A. a. O. S. 8.

[1]) Gegenwärtig wird diese Abkürzung den ältesten Söhnen aller Familien mit 7 Kindern gewährt. Sie kommt gegenwärtig jährlich 7000 bis 8000 Rekruten zu gute.

[2]) Die zuletzt genannte Massnahme ist bereits von der Präfektur des Departements Seine teilweise verwirklicht worden. Neuerdings hat sich diesem Vorgehen auch die Direktion der Verwaltung der indirekten Steuern angeschlossen, die ihren durch zahlreiche Familien belasteten Beamten eine kleine Gehaltszulage bewilligt hat und ihnen — bei gleichem Verdienst — ein schnelleres Vorrücken verspricht. Hinsichtlich weiterer Versuche auf diesem Gebiet vgl. den letzten Bericht der Gesellschaft, S. 40 ff.

[3]) Die Eltern von mehr als 3 Kindern haben jährlich nur einen Franken, die übrigen 10 Franken zu entrichten.

sich, wurde aber trotz alledem mit beträchtlicher Mehrheit abgelehnt. Neuerdings wird berichtet, dass auch ein Mitglied des Senats, Piot, einen Feldzug in dieser Richtung eröffnen will. Das Ende wird zweifellos das gleiche sein. Der Finanzminister wird dem ehrenwerthen Mitglied des Senats die Versicherung geben, dass sein Vorschlag ihn äussert interessiere. Er möge daher seine Vorschläge der gesetzgebenden Körperschaft unterbreiten, die ......

Als ein besonders wichtiges Ergebnis ihrer Thätigkeit verzeichnet die Gesellschaft die Zustimmungsadressen, die ihr von 59 Bezirksräten (Conseils généraux des départements) zugingen. Diese Zustimmung trägt aber, wie der letzte Bericht selbst konstatiert, fast ausschliesslich einen platonischen Charakter. Nur im Departement Ardennes fasste man den Beschluss, dass gewissen Beamtenkategorieen eine Gehaltszulage von 100 Franken für das dritte und die folgenden Kinder jährlich zu gewähren sei. Im Departement Drôme beschloss man, jährlich 2 goldene Medaillen an Frauen zu verteilen, die die grösste Zahl von lebenden Kindern haben.[1]) In Lyon hat man eine äusserst unbedeutende Reduktion der vorher stark erhöhten Wohnungssteuer beschlossen u. dgl. m.

Äusserst bezeichnend für die ganze Thätigkeit der Gesellschaft ist der Umstand, dass sie mit keinem Worte der Notwendigkeit umfangreicher Reformen auf dem Gebiete der Arbeiterschutzgesetzgebung gedenkt.

* *
*

Wir haben im Vorhergehenden gesehen, dass die meisten französischen Forscher als eine der Hauptursachen des Bevölkerungsstillstandes die Abwanderung vom platten Lande nach den Städten bezeichnen. Eine grosse Bedeutung gewinnen angesichts dessen die Zahlen, die den Überschuss der Geburten über die Sterbefälle angeben, den die ländliche Bevölkerung Frankreichs in den einzelnen Jahrfünften geliefert hat. Dieser Geburtenüberschuss betrug:

---

[1]) Neuerdings hat man beschlossen, statt Medaillen Diplome mit Beilegung einer Gratifikation von 125 Franken zu gewähren. Ähnlich unbedeutende Vergünstigungen gewährt seit einigen Jahren ihren Subalternbeamten die französische Nordbahngesellschaft. Sie bewilligt nämlich eine jährliche Gehaltszulage von 24 Franken für jedes lebende Kind, wenn der Beamte deren mehr als 2 hat.

Im Jahrfünft	Überschuss der Geburten über die Sterbefälle in den Kommunen mit weniger als 2000 Einw.
1861/65	575 900
1876/80	487 500
1881/85	404 100
1886/90	287 500
1891/95	27 500

Der Geburtenüberschuss verminderte sich demnach von Jahrfünft zu Jahrfünft. Vom Anfang der 60er Jahre bis zur Mitte der 90er Jahre hat diese Abnahme ca. 95% betragen, während die Bevölkerung des platten Landes im gleichen Zeitraum kaum um 6% abgenommen hat. Auch wenn die Abwanderung vom platten Lande nur zu der Bevölkerung im Alter von 20 bis 50 Jahren in Beziehung gesetzt wird, die das Hauptkontingent der Auswanderer liefert, ist die Abnahme der ländlichen Bevölkerung mindestens 10 mal geringer als die Verminderung des von ihr gelieferten Geburtenüberschusses.

Diese Thatsache legt zur Genüge dar, dass die Ursache der Abnahme des Geburtenüberschusses, den die Bevölkerung der ländlichen Kommunen Frankreichs bisher geliefert hat, nicht in der Abwanderung, sondern in der Verminderung der Geburtenfrequenz der ländlichen Bevölkerung gesucht werden muss. Sie gewinnt noch mehr an Gewicht, wenn man erwägt, dass die Sterblichkeit der Kinder — insbesondere der unehelichen — die zur Erziehung nach den Dörfern gebracht werden, noch vor wenigen Jahrzehnten geradezu erschreckend gross war. Edmond Desfossé citiert diesbezüglich Berechnungen Jules Simons, Davids u. a., denen zufolge die Sterblichkeit der Kinder, die der Armenpflege anvertraut waren, im Departement Loire ca. 90%, im Departement Seine-Inférieure 87, im Departement Eure 78, im Departement Aube ca. 70% betragen hat. Paris entsandte auf das platte Land jährlich ca. 20 000 Säuglinge, von denen 15 000 starben, während bei einer rationellen Pflege der Verlust kaum 10% hätte betragen dürfen.

Die Missbräuche, die auf diesem Gebiete in Frankreich noch vor wenigen Jahrzehnten mit direkter Begünstigung der Behörden getrieben wurden, sind allgemein bekannt. Dr. Brochard teilt darüber folgendes mit: Er machte den Bürgermeister einer ländlichen Gemeinde, der zugleich Mitglied des Kreisrates war, auf solche Missbräuche aufmerksam. „Ich weiss es sehr gut," antwortete der Bürgermeister, „dass die Kinder dem Sterben geweiht sind; was wollen Sie aber thun? Die Wohlhabenheit meiner Gemeinde hängt davon ab, denn diese Frauen haben keine anderen Existenzmittel. Ohne Säuglinge zur Pflege würden sie einfach der Armenpflege anheimfallen."[1])

Eine eingehende Schilderung der Missbräuche auf diesem Gebiete giebt Brochard in seinem Schriftchen „Des causes de la dépopulation en France et des moyens d'y remédier." (Lyon 1873.) Seinen Angaben zufolge starben im 1. Lebensjahr: von den mit der Muttermilch ernährten Kindern ca. 19 %, von den in Pflege gegebenen dagegen mehr als 50 %. In einigen Teilen des Landes stieg dieser Prozentsatz unter den in Pflege gegebenen Kindern sogar bis auf 90 % (a. a. O. S. 11, 19 ff.). Im ganzen starben in den 60er Jahren jährlich ca. 100000 Kinder nur an den Folgen des Hungers, der schlechten Pflege etc. Im Bezirksrat der Gironde teilte ein Inspektionsbeamter mit, dass die Sterblichkeit unter den Findlingen im Berichtsjahr sehr günstig war, weil sie nur 33 % betrug. Diese Ziffer schien der Versammlung so gering, dass sie der Behörde einen besonderen Dank votierte.

Es genügt in dieser Hinsicht nur noch zu erwähnen, dass gerichtliche Untersuchungen zahlreiche Fälle ans Licht gebracht haben, wo Frauen, die weder selber Kinder nähren konnten, noch eine Kuh besassen, mehrere Säuglinge zur Pflege angenommen hatten. Im Jahre 1865 ward z. B. auf Grund einer Denunziation eine Frau verurteilt, die in kurzer Zeit von 20 ihr anvertrauten Säuglingen 18 ins Jenseits befördert hatte. Ihre Wohnung war der Bevölkerung unter dem Namen „Schlachtkammer der Unschuldigen" (charnier des innocents) bekannt, ohne dass die Lokalbehörden sich darum bekümmerten.

Und über die Sterblichkeit der Pariser Säuglinge berichtete Cheysson noch im Jahre 1883: „Die Sterblichkeit unter den kleinen Parisern ist betrübend gross; sie gehen, wie das Volk sagt, nach den Dörfern, um die Dorffriedhöfe zu pflastern. Wenn alles, was nicht gestorben ist, im zweiten Jahr nach Paris zurückkehrt, so ergiebt sich kaum die Hälfte als Bestand."[2])

Diese früher so erschreckenden Zustände haben in neuester Zeit eine wesentliche Besserung erfahren. Das Gesetz vom Jahre 1874 (loi Roussel), das speziell zum Schutze der Säuglinge

---

[1]) Citiert nach Desfossé, Décroissance de la population en France, S. 31 ff.

[2]) Vgl. La Question de la population, J. de la Soc. de Stat. 1883, S. 452.

erlassen wurde, hat zwar anfangs wenig gewirkt. Nach dem Bericht, den der gegenwärtige Ministerpräsident und der damalige Minister des Innern, Waldeck-Rousseau, im Jahre 1885 erstattete, begann man indes diesem Gegenstand eine immer grössere Aufmerksamkeit zu widmen. Ein ministerielles Zirkular vom 25. August 1896 hat eine weitere Verschärfung der Aufsicht zur Folge gehabt, wobei insbesondere auch die Methode, die zur Berechnung der Säuglingssterblichkeit bisher angewandt wurde, Veränderungen erlitt. Den Berichten über die Wirksamkeit dieser Vorschriften lässt sich entnehmen, dass sie im Jahre 1896 bereits in 82 Departements zur Geltung kamen. Wegen der fakultativen Natur der Vorschriften — sie können nur mit Zustimmung der Departementsräte zur Einführung gelangen — zählte man aber noch 1896 5 Departements: Corse, Hautes-Pyrénées, Haute-Saône, Tarn und Tarn-et-Garonne, die keine Kredite zur Durchführung dieser Gesetze bewilligt haben. Nicht viel besser war übrigens die Lage in den Departements Finistère, Basses-Pyrénées und Vendée, die so geringe Mittel für diesen Zweck zur Verfügung stellten, dass eine wirksame ärztliche Inspektion der Säuglinge nicht erzielt werden konnte.[1])

Eine regelmässige ärztliche Überwachung existierte im Jahre 1896 in 76 Departements, so dass von ca. 180600 in Pflege befindlichen Kindern ca. 78% Vorteil daraus zogen. Den für die Jahre 1894, 1895 und 1896 vorliegenden Berichten zufolge werden in Frankreich ca. 22% der Kinder auf kürzere oder längere Zeit in Pflege gegeben.[2]) Die in Paris geborenen Kinder machten in diesen Jahren ca. 23% aller vom Gesetz beschützten Kinder aus. Die zur Beschützung der Kinder bewilligten Mittel beliefen sich auf ca. 356000 Franken im Jahre 1877 (48 Departements), auf ca. 1329000 im Jahre 1884 (63 Departements) und ca. 1832000 im Jahre 1896 (79 Departements). Die Ausgaben verteilten sich folgendermassen:

---

[1]) Das Departement Finistère bewilligte z. B. für die ärztliche Überwachung von 1185 Kindern einen Kredit von 3726 Franken, Basses-Pyrénées 710 Franken für 422 Kinder, Vendée 583 Franken für 1260 Kinder. Vgl. Journal de la Soc. de Stat. 1898. S. 178 ff.

[2]) Die Departements, in denen dieses Gewerbe am meisten verbreitet ist, sind: Seine-et-Oise, Orne, Loiret, Eure-et-Loir, Ardèche, Yonne, Seine-et-Marne. Sarthe, Loir-et-Cher, Nièvre und Isère. Man zählte dort von 2000 bis 4400 in Pflege gegebene Kinder.

Ärztliche Überwachung	ca. 60 %
Administration	„ 25 „
Gratifikationen etc. für die ihre Pflichten gewissenhaft erfüllenden Pflegefrauen	„ 11 „
Bezirksamtliche Inspektion	„ 5 „

Die gleichen Absichten verfolgt ferner das Gesetz vom 30. November 1892, das schärfere Strafnormen gegen Hebammen festgesetzt hat, die ihr Gewerbe zu unsauberen Zwecken missbrauchen.[1]) Mit Hilfe dieser Gesetze ist ein grosser Teil der oben geschilderten Missbräuche beseitigt worden.[2])

Trotz aller dieser Massnahmen nun, die durch Verminderung der Sterblichkeit den Geburtenüberschuss des platten Landes beträchtlich hätten vergrössern müssen, ist dieser aber, wie wir sahen, dennoch rasch gesunken. Bei Berücksichtigung der Sterbefälle unter den in den Städten geborenen Kindern, die zur Pflege auf das platte Land hinausgeschafft wurden, würde sich die Sachlage natürlich etwas günstiger für die Landbevölkerung gestalten. Man darf dabei aber nicht ausser Acht lassen, dass die Zahl der aufs platte Land hinausgegebenen Kinder in den einzelnen Jahren nur geringen Schwankungen unterworfen ist. Dieser Einfluss konnte daher im letzten Jahrfünft kaum wesentlich stärker ins Gewicht fallen als in den vorhergehenden Jahren.

* * *

Bei dieser Gelegenheit mag noch der Ergebnisse der Bevölkerungsbewegung in den drei Jahren gedacht werden, die seit Vornahme der letzten Volkszählung verflossen sind. Die Jahre 1896 und 1897 waren relativ sehr günstig. Das erste gab, wie wir sahen, einen Geburtenüberschuss von ca. 94000, das zweite einen solchen von ca. 108000. Optimisten — und solcher giebt es in Frankreich stets im Überfluss — glaubten schon den Beginn der Regeneration Frankreichs voraussagen zu können.

---

[1]) Näheres darüber vgl. G. Guery, Mouvements et la diminution de la population agricole, Paris 1895, S. 220 ff.

[2]) Zur Verminderung der Sterblichkeit der Säuglinge sowie deren Mütter tragen auch verschiedene private Gesellschaften bei. Vgl. darüber Dr. Pecker „L'association des dames mauloises. Secours aux femmes en couches", Revue Philantropique du 10 Mai 1898, sowie „La puériculture intra et extra-utérine par l'assistance scientifique et maternelle à domicile", Ibid. 10. Juli 1899. Pinard gab darüber in der Sitzung der französischen Akademie der Medizin vom 2. Mai 1899 ein günstiges Urteil ab.

Der kürzlich im Journal Officiel veröffentlichte Bericht über die Bewegung der Bevölkerung im Jahre 1898 zeigt aber unverkennbar, dass die Pessimisten in diesem Fall durchaus Recht behalten haben. Trotz der günstigen Gestaltung der Konjunktur sowie der günstigen Temperaturverhältnisse ist der Geburtenüberschuss in diesem Jahr auf 33860 gesunken. Die aufmerksame Beobachtung zeigt ferner, dass seit Beginn des Jahrhunderts Frankreich nur dreimal[1]) eine Geburtenzahl aufwies, die unter der Geburtenzahl von 1898 stand. Der Geburtenüberschuss der Jahre 1896/98 muss daher ausschliesslich der ausnahmsweise geringen Sterblichkeit zugeschrieben werden. Das ist schon daraus zu ersehen, dass die durchschnittliche Zahl der Sterbefälle in diesem Zeitraum nur ca. 777000 gegen ca. 841000 im Jahresdurchschnitt 1881/90 betragen hat. Sobald daher die Sterblichkeit unter dem Einfluss ungünstiger wirtschaftlicher Momente oder infolge ungünstiger Temperaturverhältnisse u. dgl. m. wieder steigt, wird Frankreich eine Reihe von Jahren mit einem Mehr von Sterbefällen zu rechnen haben. Sofern gewisse Merkmale eine Prognose gestatten, wird dies vielleicht schon im Jahre 1899 eintreffen, da die hohe Sommertemperatur dieses Jahres wahrscheinlich eine hohe Kindersterblichkeit zur Folge gehabt hat.

Bei diesem Anlass muss noch folgender Erscheinung gedacht werden, die meines Wissens von den französischen Forschern fast völlig übersehen wird. Ich meine die von Jahrfünft zu Jahrfünft steigende Kindersterblichkeit auf dem platten Lande, wie sie durch nachstehende Angaben über das Verhältnis der im 1. Lebensjahr gestorbenen zur Gesamtzahl der in dieser Zeit geborenen Kinder illustriert wird. Man zählte nämlich in den Gemeinden mit weniger als 2000 Einwohnern:

In den Jahrfünften	Geburten (Lebendgeborene)	Sterbefälle im 1. Lebensjahr	Verhaltnis der Sterbefalle im 1. Lebensjahr zur Gesamtzahl der Lebendgeborenen
1876/80	3081700	488100	15,8 %
1881/85	2937700	473300	16,1 „
1886/90	2681400	434100	16,2 „
1891/95	2536500	434100	17,1 „

[1]) Das Kriegsjahr 1871 wies eine Geburtenzahl von nur 826000 auf. Etwas grösser als 1871 war diese Zahl in den Jahren 1890 und 1895, in denen 838000 bezw. 834000 Geburten gezählt wurden.

Trotz der raschen Abnahme der Zahl der Geburten, die gewöhnlich von einer Verminderung der Kindersterblichkeit begleitet wird, kann demnach in den ländlichen Kommunen Frankreichs eine rasche Zunahme der Kindersterblichkeit festgestellt werden. Und all das der Thatsache zum Trotz, dass die schärfere Überwachung der auf das platte Land zur Pflege übergebenen Kinder einen beträchtlichen Teil der von uns geschilderten Missbräuche auf diesem Gebiete beseitigt hat. Dass diese Zunahme der Kindersterblichkeit nicht gut allein den auf das platte Land zur Pflege gegebenen Kindern der städtischen Bevölkerung zur Last gelegt werden darf, wird u. a. durch die Zunahme des Prozentsatzes der Totgeborenen bewiesen. Dieser betrug nämlich in den Kommunen mit weniger als 2000 Einwohnern:

In den Jahrfünften	Zahl der Lebendgeborenen	Zahl der Totgeborenen	Verhältnis der Totgeborenen zu den Lebendgeborenen
1876/80	3081700	124100	4,03 %
1881/85	2937700	119700	4,08 „
1886/90	2681400	111000	4,14 „
1891/95	2536500	107100	4,22 „

Die bedeutende Steigerung des Prozentsatzes der Totgeborenen zeigt deutlich genug, dass die hygienischen Zustände und die Arbeitsbedingungen auf dem platten Lande dringender Reformen bedürfen. Ein Teil dieser Zunahme muss übrigens den bei den französischen Bauern so beliebten künstlichen Fehlgeburten zugeschrieben werden; die Klagen darüber sind uralt. Schon im 16. Jahrhundert hat man in Frankreich scharfe Massnahmen dagegen ergreifen müssen, und ein Dekret Heinrichs II. suchte sogar dieses Übel durch Androhung der Todesstrafe für Frauen zu bekämpfen, die ihre Schwangerschaft verheimlichten oder die Geburt nicht ankündigten.[1])

Man darf ferner nicht vergessen, dass die Zunahme der Sterblichkeit unter den Lebendgeborenen zum Teil vielleicht auf die Rechnung der grösseren Gewissenhaftigkeit der Regierungsorgane gesetzt werden muss, die gegenwärtig wahrscheinlich

---

[1]) „Telle femme sera reputée avoir homicidé son enfant et pour réparation punie de mort et de telle rigueur que la qualité particulière du cas méritera.“ „Nichts war gegen Mitte des 17. Jahrhunderts in den Dörfern so allgemein verbreitet,“ schrieb ferner Bois de Rochefort, „als die Kindestötung.“ Citiert nach Schöne, a. a. O., S. 127, 138 ff.

einen kleineren Prozentsatz der überhaupt geborenen als „totgeboren“ verzeichnen als früher. In diesem Fall würde natürlich die Entlastung der Rubrik der im 1. Lebensjahr gestorbenen Kinder zur noch stärkeren Belastung der Rubrik der Totgeborenen führen. Der Einfluss dieser Fehlerquelle wird behoben, wenn man das Verhältnis des Gesamt der Totgeborenen und im 1. Lebensjahr Gestorbenen zur Gesamtzahl der Geburten ermittelt. Dieses betrug:

Im Jahrfünft	
1876/80	19,1 %
1881/85	19,4 „
1886/90	19,5 „
1891/95	20,5 „

Demgegenüber scheint die Kindersterblichkeit in den Gemeinden mit mehr als 2000 Einwohnern eine wenn auch kleine Besserung aufzuweisen. Das Verhältnis der im 1. Lebensjahr gestorbenen Kinder zur Gesamtzahl der Lebendgeborenen bezw. das Verhältnis der Totgeborenen sowie der im 1. Lebensjahr Gestorbenen zur Gesamtzahl der Geburten betrugen nämlich:[1])

Im Jahrfünft	Verhältnis der im 1. Lebensjahr Gestorbenen zur Gesamtzahl der Lebendgeborenen		Verhältnis der Totgeborenen sowie im 1. Lebensjahr Gestorbenen zur Gesamtzahl der Geburten	
	Departement Seine einschl. Paris	andere Kommunen mit mehr als 2000 Einw.	Departement Seine einschl. Paris	andere Kommunen mit mehr als 2000 Einw.
1876/80	17,2 %	18,3 %	22,6 %	22,5 %
1881/85	16,8 „	17,9 „	22,5 „	22,1 „
1886/90	15,7 „	17,7 „	21,0 „	22,1 „
1891/95	14,7 „	17,5 „	19,9 „	22,0 „

Die hier zu Tage tretende kleine Besserung kann übrigens ganz oder teilweise fiktiv sein. Dies wäre z. B. der Fall, wenn die Zahl der aufs platte Land in Pflege gegebenen Kinder in der letzten Zeitperiode beträchtlich grösser wäre als in den früheren. Darüber liegen aber keine zuverlässigen Angaben vor. Es ist daher besser, will man diese Fehlerquelle eliminieren, sich mit den Zahlen für ganz Frankreich zu begnügen. Man erhält dann folgende Übersicht:

---

[1]) Die absoluten Zahlen sind im Anhang, Tabelle III angeführt. Daraus lässt sich entnehmen, dass der Prozentsatz der Totgeborenen im Departement Seine in Abnahme begriffen zu sein scheint, während die übrigen Kommunen mit mehr als 2000 Einw. eine Zunahme aufweisen.

Im Jahrfünft	Gesamtzahl der Lebendgeborenen	Gesamtzahl der im 1. Lebensjahr Gestorbenen	%	Gesamtzahl der Geburten	Gesamtzahl der Totgeborenen sowie im 1. Lebensjahr Gestorbenen	%
1876/80	4705300	781700	16,6	4922300	998700	20,3
1881/85	4672900	779700	16,7	4894100	1000800	20,5
1886/90	4413500	733400	16,6	4635200	955100	20,6
1891/95	4286500	730900	17,0	4496900	941300	20,9

Frankreich weist demnach — trotz einer raschen Abnahme der absoluten Zahl der Geburten — einen immer steigenden Prozentsatz der Totgeborenen und im 1. Lebensjahre Gestorbenen auf.

* * *

Es bleibt nunmehr übrig, die Massnahmen zu besprechen, die als wirksames Mittel zur Erhöhung der Geburtenfrequenz des Bauern- und des Mittelstandes entweder gar nicht oder nur ganz schüchtern und andeutungsweise[1]) erwähnt werden, welche aber auf Grund der von uns besprochenen Thatsachen sich von selbst als hervorragend wichtig aufdrängen.

Vorher sei jedoch noch mit einigen Worten der Lage der französischen Industriearbeiter um die Mitte dieses Jahrhunderts Erwähnung gethan. Sehr charakteristisch sind in dieser Hinsicht die Schilderungen des Akademikers Villermé. Die Arbeitszeit, berichtete er an die Akademie des Sciences Morales et Politiques, ist sehr lang. Sie dauert für alle Arbeiter in Baumwolle- und Wollemanufakturen täglich 15 bis 15½ Stunden — nach Abzug der Pausen durchschnittlich 13 Stunden. Die auf Anordnung des Ministers für Handel, Industrie etc. veröffentlichte Enquête des Jahres 1834 hat festgestellt, dass in Roubaix die gewöhnliche Arbeitszeit einschliesslich der Pausen ca. 14½ Stunden dauerte. Die Kinder, darunter sogar solche im Alter von 6 Jahren und viele im Alter von 8 Jahren, hatten dieselbe Arbeitszeit wie die Erwachsenen. In Rouen dauerte die effektive Arbeitszeit 13½ Stunden und für die Stadt Saint-Quintin stellte die amtliche Enquête fest, dass die effektive Arbeitszeit dort für alle Alters-

[1]) Vgl. u. a. Cheysson, La Question de la population en France, J. de la Soc. de Stat. 1883, 457 ff.

klassen und beide Geschlechter 13 Stunden täglich betrug. Ähnliche Zustände herrschten in Elbeuf, Abbeville und Louviers. In Sedan betrug die Arbeitszeit 15 Stunden. Und in dem Bericht der Société Industrielle zu Mülhausen in Elsass vom 27. Februar 1827 wird mitgeteilt, dass die Arbeitszeit der Kinder wie der Erwachsenen täglich gewöhnlich 13 bis 14 Stunden betrage. In einem späteren Bericht derselben Gesellschaft vom 31. Mai 1837 findet man folgende Mitteilungen: „Es giebt Spinnereien in Frankreich, welche ihre Arbeiter 17 Stunden täglich zurückbehalten. Die Pausen betragen dabei für Frühstück eine halbe und für Mittagessen 1 Stunde, so dass 15½ Stunden als effektive Arbeitszeit übrig bleiben.“[1])

Um seine Akademiekollegen durch einen Vergleich auf die enorme Länge dieser Arbeitszeit der Kinder hinzuweisen, erinnert sie Villermé daran, dass sogar die Reglements für Galeerensträflinge die tägliche Arbeitszeit auf 10 Stunden beschränkten. Dagegen mussten die „freien“ Arbeiter, darunter Kinder von 6 und 8 Jahren, 13 bis 15½ Stunden täglich arbeiten!

Diese Zustände waren in Frankreich aber nicht nur in den 30er, sondern auch in den 40er, zum Teil sogar in den 50er Jahren an der Tagesordnung. Die Enquête der Pariser Handelskammer vom Jahre 1860 teilt z. B. mit, dass von 101 200 in Paris gezählten Etablissements ca. 37 200 ihre Arbeiter länger als 12 Stunden und ca. 19 100 eine unbegrenzte Zeit zurückbehielten. In Paris war aber die Arbeitszeit um 1 bis 2 Stunden kürzer als in der Provinz.

Seitdem ist zwar eine ganze Menge von Dekreten und Gesetzen erlassen worden, die grosse Mehrzahl derselben blieb aber toter Buchstabe, weil man zu viele Ausnahmen gestattete. Diese zahlreichen Ausnahmen einerseits und die mangelhafte Inspektion andererseits haben denn auch die Wirksamkeit der

---

[1]) Vergl. Rapport à l'Académie des Sciences Morales et Politiques sur l'état physique et moral des ouvriers, S. 387 ff. Auf S. 400 fügt Villermé diesen Schilderungen noch folgende Ergebnisse der offiziellen Enquête vom Jahre 1837 hinzu: Die effektive Arbeitsdauer der Kinder betrug 12 bis 14 Stunden. Mit Einschluss der Pausen mussten sie demnach 14 bis 16 Stunden in den Fabriken verbringen. Die Fabrikarbeit der Kinder begann mit 6 Jahren in einigen Teilen der Departements: Isère, Nord (Roubaix), Haut-Rhin (Mulhouse), Seine-Inférieure (Rouen), Bas-Rhin (Strassbourg) und mit 7 Jahren in den Departements: Ain, Aisne, Marne, Indre, Maine-et-Loire, Vosges. In anderen Teilen Frankreichs traten die Kinder gewöhnlich im 8. oder 9. Lebensjahr in die Fabriken ein.

französischen Arbeiterschutzgesetzgebung geradezu gelähmt. Man darf sich eben nicht durch schöne Bestimmungen täuschen lassen, wie sie in Menge in verschiedenen französischen Arbeiterschutzgesetzen anzutreffen sind. Sehr bezeichnend ist in dieser Hinsicht ein an die Präfekten gerichtetes Cirkular des gegenwärtigen Ministers für Handel, Gewerbe, Post- und Telegraphenwesen, Millerand, das sich mit der Zusammensetzung der Kommissionen für die Fragen des Arbeiterschutzes beschäftigt. Das Gesetz vom 2. November 1892, das die Arbeit der Kinder und weiblichen Personen in den industriellen Unternehmungen regelt, schreibt nämlich den Departementsräten die Bildung besonderer Kommissionen vor, die die Ausführung der Arbeiterschutzgesetse zu kontrollieren und darüber dem Handelsminister zu berichten haben. Bisher haben jedoch diese Kommissionen, wie das ministerielle Cirkular konstatiert, mit wenigen rühmlichen Ausnahmen so gut wie nichts von sich hören lassen und die meisten haben sich seit ihrer Bildung überhaupt nicht einmal versammelt.[1])

Die Missachtung dieser Vorschrift des Gesetzes vom Jahre 1892 steht übrigens keineswegs vereinzelt da. Die wichtigsten Bestimmungen, wie z. B. die vorgeschriebene Einführung der 10stündigen Arbeitsdauer für Frauen und Kinder, werden von den Fabrikanten — trotz mehrfacher Mahnungen seitens der Ressortminister — systematisch ignoriert. Nach mehr als 7jährigem Warten hat man sich jetzt endlich entschlossen, das Gesetz umzuarbeiten. Die Arbeitszeit der Kinder und Frauen wurde dabei vorübergehend wieder auf 11 Stunden erhöht, um sie mit der Arbeitszeit der Männer in Übereinstimmung zu bringen, und dadurch die Durchführung des ohne dies angeblich „unausführbaren“ Gesetzes von 1892 zu ermöglichen. In 2 Jahren soll die Arbeitszeit der Männer, Frauen und Kinder in den Unternehmungen, in welchen alle diese Kategorien zusammenarbeiten, sofern natürlich keine neue Hinausschiebungen erfolgen, auf $10\frac{1}{2}$ Stunden und nach weiteren 2 Jahren auf 10 Stunden beschränkt werden.

Es darf jedoch, mag die französische Fabrikarbeiterschutz-

[1]) Die Ursache dieser betrübenden Lauheit sieht der neue Handelsminister darin, dass diese Kommissionen bisher fast ausschliesslich aus höheren Beamten und grossen Fabrikanten gebildet waren. Sein Cirkular empfiehlt daher den Departementsräten, neben den Vertretern der Arbeitgeber eine gleiche Zahl von Vertretern der Arbeiterorganisationen zu berufen.

gesetzgebung noch so mangelhaft sein, nicht übersehen werden, dass unter dem Einfluss der grossen Nachfrage nach Arbeitshänden infolge des langsamen Bevölkerungszuwachses und ferner als Folge der allmähligen Entwickelung der Arbeiterorganisationen u. d. m. die Lage der Fabrikarbeiter in manchen Teilen des Landes sich in nicht wenigen Fällen beträchtlich gebessert hat. Dieser partiellen Besserung wirkten aber die rasche Zunahme der indirekten Steuern und die für manche Gewerbe eingetretene Ausbreitung der Heimarbeit entgegen.

Ebenso wie in England und Deutschland beginnt die letztere auch in Frankreich die Aufmerksamkeit immer grösserer Kreise auf sich zu lenken. Die Dringlichkeit der Reformen auf diesem Gebiete wird durch folgende Schilderungen der Arbeitsbedingungen der Pariser Heimarbeiter beleuchtet, die von dem äusserst gemässigten Schriftsteller, Herrn d'Haussonville, gegeben wird.

In der Weissnäherei, die sehr viele Frauen beschäftigt, berichtet d'Haussonville, erhalten die Näherinnen der Exportfirmen selten einen Tagelohn von mehr als 1 Franken 75 Centimes. Bei Herstellung gewisser Artikel verdienen diese Arbeiterinnen bei einer ununterbrochenen Arbeit vom grauen Morgen bis spät in den Abend hinein nur 1 Fr. 25 Ctm. Auch diese äusserst bescheidene Einnahme ist ihnen übrigens keineswegs immer sicher gestellt. Denn die tote Saison dauert manchmal mehrere Monate, so dass die durchschnittliche Tageseinnahme gewisser Arbeiterinnen, wenn man das ganze Jahr in Betracht zieht, eigentlich 80 bis 90 Ctm. beträgt. Die Betrachtung dieser Löhne, fügt d'Haussonville diesen Schilderungen hinzu, könnte die Meinung erwecken, als ob man kaum eine noch schlechtere Bezahlung finden könnte. Thatsächlich giebt es aber noch manche Arbeiten mit viel schlechterer Entlohnung, wie z. B. die Sacknäherei, in der gewöhnlich Weissnäherinnen Verwendung finden, deren Augen durch Alter und Lampenlicht geschwächt sind. Für ein Dutzend Säcke wird hier ein Lohn von 15 Ctm. bezahlt. Bei einer 15 bis 16stündigen Arbeit kann man dabei etwa 6 Dutzend fertigstellen, was — ohne Abzug der Krankheitstage, der Arbeitslosigkeit etc. — einem Höchstverdienst von

---

[1]) Bereits die von der Pariser Handelskammer im Jahre 1860 veranstaltete Enquête hat ein starkes Überwiegen der Frauenarbeit im Bekleidungsgewerbe festgestellt. Die Enquête ermittelte damals in diesem Gewerbe 27000 Männer, 47400 Frauen und 3900 Kinder. Vgl. J. de la Soc. de Stat. 1865, S. 313.

etwa 90 Ctm. entspricht. Aus diesen Angaben geht hervor schliesst d'Haussonville seine Betrachtungen, dass die grosse Mehrzahl[1]) der Pariser Arbeiterinnen weit hinter der Jahreseinnahme von 850 Franken zurückbleibt, die das Minimum bildet, um in Paris ohne direkte Not auszukommen.[2])

Im letzten Jahrzehnt hat sich die Lage der Heimarbeiter, sowie eines Teiles der Fabrikarbeiter unter dem Einfluss der im I. Kapitel besprochenen Erhöhungen der Zölle auf die wichtigsten Lebensmittel, der beträchtlichen Steigerung der Wohnungspreise in den Städten u. d. m. eher verschlechtert als gebessert. Es genügt in dieser Hinsicht auf die auf S. 80, 86 ff. nachgewiesene Abnahme des Brot- und Fleischverbrauches hinzuweisen.

Zu gleicher Zeit aber, wo grosse Schichten der französischen Arbeiterklasse kaum vorwärts kamen, sind in der Lage der französischen Bauernschaft zum Teil infolge der während der Revolution erfolgten Konfiskation der Emigranten- und der Klostergüter, zum Teil wegen der Verbesserung der Transportmittel, zum Teil als Folge bedeutender Steuerentlastungen beträchtliche Verbesserungen eingetreten. Obwohl das Reineinkommen (revenu net imposable) aus den mit Häusern nicht bebauten Grundstücken sich von ca. 1906 Millionen Franken im Jahre 1851 auf ca. 2582 Millionen Franken im Jahre 1891 gehoben hat, ist der in die Staatskasse fliessende Steuerbetrag von ca. 121,6 auf ca. 103,3 Millionen Franken, d. h. um ca. 15 % gesunken. Die Besitzer dieser — vorwiegend zu landwirtschaftlichen Zwecken dienenden — Grundstücke zahlten demnach in die Staatskasse im Jahre 1851 ca. 6,4, im Jahre 1891 dagegen nur ca. 4 % ihres, in letzter Zeit übrigens nur zu rücksichtsvoll, ermittelten Reineinkommens. Demgegenüber lässt sich den Mitteilungen aus der älteren Zeit entnehmen, dass der gesamte vom Grund und Boden in die Staatskasse fliessende Steuerbetrag im Jahre 1791

[1]) Die oben citierte Enquête der Pariser Handelskammer vom Jahre 1860 hat festgestellt, dass von 106 300 Frauen, über deren Lohnhöhe Angaben vorlagen, ca. 17 200 — die Mehrzahl sehr jung — einen Tagelohn von 50 bis 75 Ctm. erhielten. 88 300 erhielten einen Tagelohn von 1 Fr. 50 Ctm. bis zu 4 Franken, wobei der Durchschnittslohn ca. 2 Fr. 14 Ctm. betragen hat. Dieser Durchschnittslohn zeigt, dass die grosse Mehrzahl der in dieser Gruppe befindlichen Arbeiterinnen einen Tagelohn von weniger als 2 Franken erhalten hat. Nur 767 Frauen — fast ausschliesslich Zuschneiderinnen, Direktricen etc. — erhielten einen Lohn von mehr als 4 Franken.

[2]) Vgl. d'Haussonville, Misère et Remèdes. Paris 1886, S. 267 ff.

ca. 16,7 und im Jahre 1821 ca. 9,8 % des Reineinkommens (revenu foncier net des propriétés bâties et non bâties) betragen hat.[1]) Da die städtischen Grundstücke im 18. und zu Beginn des 19. Jahrhunderts relativ wenig in Betracht kamen, so musste der überwiegend grösste Teil von den 240 bezw. 155 Millionen Franken, die als Grund- und Bodensteuer in diesen Jahren erhoben wurden, von der ländlichen Bevölkerung getragen werden.[2])

Noch interessanter sind die folgenden Vergleiche der Gesamtsteuerlast, die die landwirtschaftliche Bevölkerung 1790 und 1882 zu tragen hatte. 1790 schätzten nämlich Lavoisier, Bertin und Dupont de Nemours das der Steuer unterliegende Reineinkommen auf 1440 Millionen und die Steuerlast auf 720 bis 832 Millionen. Im Jahre 1882 stieg demgegenüber das Reineinkommen auf 2646 Millionen, während die Steuerlast nur auf 587 bis 959 Millionen geschätzt wurde.[3])

---

[1]) Für die Zeit vor 1851 giebt es keine getrennten Angaben über die von den mit Häusern bebauten oder von den landwirtschaftlichen Grundstücken erhobenen Steuerbeträge. Das rasche Sinken des Anteils, den der Staat vom Reineinkommen aus Grund und Boden (propriétés bâties et non bâties) zu verschiedenen Zeiten bezog, wird durch folgende Zahlen illustriert:

Jahr	Besteuertes Reineinkommen (Revenu net imposable) Franken	Verhältnis der erhobenen Steuerbeträge zum besteuerten Reineinkommen
1791	1 440 000 000	16,7 %
1821	1 581 000 000	9,8 „
1851	2 643 000 000	6,1 „
1862	3 216 000 000	5,1 „
1874	4 049 000 000	4,2 „
1891	4 667 000 000	3,6 „

Vgl. darüber: Taux de l'impôt en principal à diverses époques. Ministère des Finances. Annuaire de l'administration des contributions directes. Paris 1897, S. 58.

[2]) Forbonnais hat dieses Moment als eine der Ursachen der Verminderung der Geburtenfrequenz im XVIII. Jahrhundert bezeichnet. „Pour ne pas courir risque de se tromper, supposons dans le Royaume quatre millions de feux de quatre personnes chacun; autrefois on les comptoit sur le pied de cinq: mais depuis que la corruption des mœurs etc., l'influence d'un luxe qui n'a point l'aisance générale pour principe, a rendu le célibat un état plus heureux dans les villes, depuis que le mariage est devenu une surcharge dans les campagnes, il paroit qu'on ne peut évaluer les feux à plus de quatre personnes chez les pauvres artisans, les journaliers de campagne et les petits fermiers." Vgl. Recherches et considérations sur les finances, Liège 1758, III. Band, S. 177 ff. Noch 1851 hat der Steuerertrag von „propriétés bâties" nur ca. 38,7 Millionen Franken betragen, gegen ca. 121,6 Millionen von „propriétés non bâties".

[3]) Vgl. Journal de la Soc. de Stat. 1890, S. 204 ff.

Insbesondere zeichnen sich die letzten zwei Jahrzehnte durch zahllose Massnahmen aus, die auf eine Erhöhung des Wohlstandes der Bauernschaft hinzielen. Abgesehen von den hohen Schutzzöllen auf landwirtschaftliche Produkte haben die französischen Regierungen noch beträchtliche Steuerreduktionen zu Gunsten der Grundbesitzer vorgenommen. So z. B. durch das Gesetz vom 21. Juli 1897, das den jährlichen Steuerertrag von den landwirtschaftlichen Grundstücken um 25 Millionen Franken herabgesetzt hat. Nominell sollte diese Entlastung dem Kleingrundbesitz zu Gute kommen, thatsächlich aber wird der Nutzen davon zum grossen Teil vom mittleren und grossen Grundbesitz genossen. Des weiteren wurde durch das Gesetz vom 17. Juli 1897 der Absatz landwirtschaftlicher Produkte durch Schaffung eines billigen Tarifes für Postsendungen begünstigt, die landwirtschaftliche Produkte enthalten. 4 Jahre vorher hat man ähnliche Reduktionen für die auf Eisenbahnen transportierten landwirtschaftlichen Produkte (Gesetze vom 2. Juni und 26. Dezember 1893) verfügt. Des ferneren wurden durch die Gesetze vom 24. Juli 1888 und 2. Mai 1889 grosse Mittel zum Ausbau von Vicinalstrassen bewilligt. Im Anschluss daran wurde eine ganze Reihe von sog. sanitären Massnahmen getroffen, um durch übertriebene Strenge die Einfuhr des ausländischen Viehes u. d. m. zu erschweren. Ausserdem wurden seit 1882 mehr als 61 Millionen Franken ausgegeben, um die landwirtschaftlichen Grundstücke vor Überschwemmungen zu schützen. Zu gleichem Zwecke sollen übrigens noch weitere 105 Millionen schon in den nächsten Jahren zur Verwendung kommen.[1]) Zu gleichem Zwecke wurde die Erneuerung des Privilegs der Bank von Frankreich im Jahre 1897 benutzt. Man erlangte einen unverzinslichen Vorschuss von 40 Millionen Franken und einen Jahresbeitrag von 2 Millionen, um den landwirtschaftlichen Darlehenskassen einen Betriebsfond zuzuführen. Auch wurde in diesem Jahre eine bedeutende staatliche Subvention an die Genossenschaften für Vieh- und Hagelversicherung gewährt.[2]) Dazu kommen natürlich noch die

---

1) Näheres über diese und andere zu Gunsten der Landwirtschaft ergriffene Massnahmen findet man im Anhang zur Enquête décennale de 1892, S. 429—437.

2) Wir übergehen hier absichtlich Massnahmen, wie die Errichtung zahlreicher praktischer landwirtschaftlicher Schulen (seit 1882 hat man deren 39 begründet), spezieller Schulen für Gärtnerei und Käsebereitung (seit 1882 wurden 12 creiert), die Gründung des Instituts der landwirtschaftlichen Professoren (1897 zähte man derer 160) u. s. w.

jahrzehntelang gezahlten Zucker- und die sonstigen offenen und versteckten Prämien. Und alle diese Massnahmen, die dem Staate jährlich Hunderte von Millionen kosteten, wurden zur selben Zeit getroffen, wo die industrielle Arbeiterklasse durch Steigerung der indirekten Steuern immer mehr belastet wurde,[1]) während die zu ihrem Schutz erlassenen ziemlich kläglichen Gesetze nur auf dem Papier existierten.

Stellt man die langsamen Fortschritte der Sozialgesetzgebung, die Rückwirkungen der Heimarbeit auf andere Schichten der Arbeiterklasse, die immer zunehmende Belastung der Arbeiterklasse durch hohe Zölle auf die wichtigsten Lebensmittel sowie die dadurch bewirkte Einschränkung ihres Verbrauchs der raschen Besserung der materiellen Lage der französischen Bauernschaft gegenüber, so wird man leicht eine der Hauptursachen des Bevölkerungsstillstandes erkennen. Die Landwirtschaft kann eben, wie wir sahen, nur einer eng begrenzten[2]) Anzahl von Menschen Arbeitsgelegenheit liefern. Die Lage der industriellen Arbeiter war aber, besonders in der ersten Hälfte unseres Jahrhunderts, so elend und unsicher, dass die in ihrer Mehrzahl wohlhabenden französischen Bauern es als eine Standesherabsetzung und Schmach betrachteten, ihre Söhne und Töchter als Industriearbeiter beschäftigt zu sehen.

U. a. hat diese Auffassung auch der Akademiker Lagneau vertreten, ohne jedoch die richtigen Konsequenzen daraus zu ziehen. „Die Geburtenfrequenz", fasst Lagneau seine Beobachtungen zusammen, „sinkt überall, wo die Eltern befürchten können, für ihre Kinder keine Beschäftigung zu finden, die diesen eine mindestens ebenso glückliche Existenz verschaffen könnte, wie

---

[1]) Interessante Angaben darüber macht Neymarck in der Abhandlung „Les impôts et la richesse publique de 1869 a 1897". Die Einnahmen Frankreichs aus nachstehend genannten Quellen betrugen in Millionen Franken:

	1869	1876	1897	Zunahme von 1869 bis 1897	Bevölkerung	Bevölkerungszuwachs
Getränke .	250	399	459	**84** %	1869 ca. 38,4 Mill.	**0,5** %
Tabak . .	255	322	581	**49** „	1897 ca. 38,6 „	
Zölle . .	145	290	410	**183** „		

Noch bedeutender war die prozentuelle Zunahme bei einer Reihe anderer Steuerquellen, deren absoluter Betrag aber allerdings geringer war. Vgl. Journal de la Soc. de Stat. 1898, S. 4 ff.

[2]) Vgl. S. 106 ff.

ihre eigene. Wenn in reichen und fruchtbaren agricolen Ländern der Arbeit nur wenige lohnende Absatzgebiete offen stehen, wenn die Nachfrage nach Arbeitshänden gering ist . . ., wenn die Rebenkultur eine Bodenparzellierung zur Folge gehabt hat, die nicht mehr weiter fortschreiten kann, ohne die individuellen Einnahmen der Weinbauern zu vermindern, dann wird die Geburtenfrequenz proportionell den zur Verfügung stehenden Beschäftigungen eingeschränkt, die eine ausreichende Sicherstellung für die erzeugten Kinder darbieten." [1]) Ähnlich äussert sich Baudrillart hinsichtlich der Normandie, wo der Wohlstand grosser Schichten der bäuerlichen Bevölkerung noch vor wenigen Jahrzehnten auf der hausindustriell betriebenen Spitzenfabrikation ruhte. Es ist noch nicht lange her, erzählt er, da schätzte man die Zahl der in der Spitzenfabrikation von Caen und Bayeux beschäftigten Frauen auf ca. 70000. „Ein beträchtlicher Teil davon arbeitete freilich in den von Klöstern geleiteten Unternehmungen. Wir sprechen hier aber nur von jenen, die bei sich zu Hause arbeiteten. Man fürchtete sich in diesen Familien weniger vor einer grossen Kinderzahl, weil die Kinder schon frühzeitig eine Arbeit fanden." [2])

Diesem Mangel an lohnender und sicherer Beschäftigung ist auch die fast von allen Forschern so sehr hervorgehobene angebliche Charaktereigenschaft der wohlhabenden französischen Bauernschaft und des französischen Mittelstandes zuzuschreiben, ihre Söhne im Staats- und Gemeindedienst unterbringen zu wollen. Eine interessante Beleuchtung erhält diese Erscheinung durch nachstehende Äusserungen des Direktors der öffentlichen Armenpflege von Paris. „Die Zahl der Einwohner wächst in Paris nicht infolge des Geburtenüberschusses, sondern wegen der Einwanderung. Nun hat aber die Statistik bewiesen, dass von 100 Fremden, die nach Paris kommen, 90 arm sind und daher von vornherein verurteilt sind, mit dem Anrücken des höheren Alters in den Pariser Spitälern und Hospizen zu scheitern." [3]) Diese Aussicht kann natürlich die wohlhabende französische Bauernschaft keineswegs zur Vermehrung ihrer Kinderzahl ermuntern!!

---

[1]) Vgl. Lagneau, Du depeuplement etc. Paris 1883, S. 29 ff.

[2]) Vgl. Baudrillart, Les populations agricoles de la France. Normandie. Paris 1880, S. 145 ff.

[3]) Vgl. Lagneau, De l'immigration en France, S. 26.

Bei dieser Gelegenheit muss noch ein anderes wichtiges Moment erwähnt werden. Die Geburtenfrequenz hat, wie früher schon bemerkt, gerade in der Zeit vom Beginn des neunzehnten Jahrhunderts bis in die 50er Jahre eine rapide Abnahme zu verzeichnen. Das Verhältnis legitimer Geburten zur Zahl der geschlossenen Ehen sank von ca. 4,24 im Jahresdurchschnitt 1800/1805 auf ca. 3,04 im Jahresdurchschnitt 1856/60. Das war aber gerade die Zeit, wo die Lage eines grossen Teiles der Arbeiterschaft infolge der Revolutionierung der Technik, der starken Belastung mit Steuern etc. etc. immer unsicherer wurde, während die Lage der Bauern sich fortwährend und erheblich besserte.

Dieser Periode des rapiden Sinkens der Geburtenfrequenz folgte eine zweite, in der das Verhältnis legitimer Geburten zur Zahl der in den betreffenden Jahren geschlossenen Ehen[1] nur geringe Schwankungen aufwies. Es betrug nämlich nach Ausschluss der durch den unglücklichen Krieg von 1870/71 beeinflussten Jahre 1870/73:[2])

Im Jahresdurchschnitt	
1856/60	3,04
1861/65	3,07
1866/69	3,02
1874/80	3,05

Die hier geschilderte Periode war aber auch die Zeit, in der die industrielle Entwickelung Frankreichs unter dem Einfluss der liberaleren Handelspolitik, die seit Beginn der 60er Jahre inauguriert wurde, einen für die französischen Verhältnisse geradezu fabelhaften Aufschwung zeigte. Die Ein- und Ausfuhr (commerce spécial) betrug nämlich:

Im Jahresdurchschnitt	Import	Export	zusammen	Durchschnittliche jährliche Zunahme des Aussenhandels gegen das vorhergehende Jahrzehnt (Millionen Franken)
	Millionen Franken			
1827/36	480	521	1001	
1837/46	776	713	1489	+ 49
1847/56	1077	1224	2301	+ 81

[1]) Vgl. Anmerkung auf S. 34.

[2]) Die Zahl der Eheschliessungen, die im vorhergehenden Jahrzehnt zwischen 299 und 305 Tausend schwankte, belief sich — trotz des Verlustes von Elsass-Lothringen — im Jahre 1872 auf 352 und im Jahre 1873 auf 321 Tausend. Demgegenüber betrug die Zahl der Eheschliessungen in den Kriegsjahren 1870 und 1871 nur 223 bezw. 262 Tausend.

Im Jahresdurchschnitt	Import	Export	zusammen	Durchschnittliche jährliche Zunahme des Aussenhandels gegen das vorhergehende Jahrfünft (Millionen Franken)
	Millionen Franken			
1857/61	1883	2044	3927	
1862/66	2518	2816	5334	+ 281
1867/69	3161	2897	6058	+ 145
1872/76	3632	3740	7372	+ 243
1877/81	4467	3339	7806	+ 87[1]
1882/86	4453	3355	7808	0
1887/91	4331	3504	7835	+ 5
1892/96	3881	3310	7191	— 129

Der auswärtige Handel Frankreichs war demnach im Zeitraum vom Beginn der 60er bis zum Ende der 70er Jahre in rascher Entwickelung begriffen, wie das deutlich aus den Angaben über die jährliche Zunahme des gesamten Aussenhandels Frankreichs hervorgeht. Ähnliches kann von der Entwickelung der französischen Schiffahrt berichtet werden. Der Tonnengehalt der in die französischen Häfen eingelaufenen und von dort ausgelaufenen Schiffe betrug nämlich:

Im Jahresdurchschnitt	Eingelaufen	Ausgelaufen
1860/61	4 475 000	2 765 000
1880/81	11 925 000	7 350 000
Zunahme absolut	7 450 000	4 585 000
Jährlicher Zuwachs in %	**8,4 %**	**8,3 %**

Im Jahresdurchschnitt	Eingelaufen	Ausgelaufen
1880/81	11 925 000	7 350 000
1895/96	13 650 000	9 770 000
Zunahme absolut	1 725 000	2 420 000
Jährlicher Zuwachs in %	**1,0 %**	**2,2 %**

Die Zunahme war demnach in der ersten Zeitperiode absolut wie relativ bei weitem grösser als in der zweiten.

Das Gleiche lässt sich auch hinsichtlich der verschiedenen Zweige des inneren Verbrauchs und der inländischen Produktion feststellen, deren Entwickelung die unerlässliche Vorbedingung der dauernden Steigerung des auswärtigen Handels darstellt. Der Kohlenverbrauch Frankreichs stieg z. B. — trotz des inzwischen erfolgten Verlustes der industriell hoch entwickelten Provinzen Elsass-Lothringen — von ca. 15,8 Millionen Tonnen

[1]) Die relativ langsame Zunahme des auswärtigen Handels wird in dieser Periode wesentlich durch die Krise erklärt, die in der zweiten Hälfte der 70er Jahre die alte wie die neue Welt heimgesucht hat.

im Jahresdurchschnitt 1861/62 auf ca. 27,1 Millionen Tonnen in den Jahren 1879/80, d. h. jährlich um etwa 4% und die Gusseisenproduktion von ca. 1029000 auf ca. 1560000 Tonnen, d. h. jährlich um ca. 3%. Zu gleicher Zeit nahm das Eisenbahnnetz Frankreichs ausserordentlich rasch zu.[1]) Die Länge der dem Transport zugänglichen Strecken stieg von ca. 10000 Kilometer im Jahre 1861 auf ca. 23100 Kilometer im Jahre 1880. Ausserdem waren in diesem Zeitraum stets mehrere Tausend Kilometer im Bau begriffen. Unter dem Einfluss dieser Ausbreitung des Eisenbahnnetzes stieg denn auch die Menge der transportierten Frachtgüter von ca. 3800 Millionen Tonnenkilometer im Jahre 1861 auf ca. 10400 Millionen Tonnenkilometer im Jahre 1880. Demgegenüber belief sich die entsprechende Zahl im Jahre 1895 nur auf ca. 12900 Millionen Tonnenkilometer, was deutlich genug auf die bedeutende Verlangsamung der wirtschaftlichen Entwickelung Frankreichs in den letzten Jahrzehnten hinweist.

Die durch die beschleunigte wirtschaftliche Entwickelung der 60er und 70er Jahre bewirkte rasche Steigerung der Nachfrage nach Arbeitshänden hat eine beträchtliche Besserung der Arbeitslöhne und der sonstigen Arbeitsbedingungen grosser Schichten der Arbeiterklasse zur Folge gehabt, die indirekt in der von uns für diese Periode im zweiten Kapitel festgestellten Zunahme des Fleisch- und Brotverbrauchs zum Ausdruck kam. Dementsprechend lässt sich denn auch für die Zeit von 1801 bis 1881 neben der nachgewiesenen relativ stabilen Geburtenfrequenz[2]) noch eine ausserordentlich rasche Zunahme der Ein-

---

[1]) Die Bedeutung der Eisenbahnen als Mittel zur Erhöhung der Bovölkerungsdichte wurde bereits von Viktor Turquan in seiner Abhandlung „Répartition géographique et densité de la population en France" (J. de la Soc. de Stat. 1886, S. 271) hervorgehoben. Turquan stellte nämlich fest, dass die dicht bevölkerten Punkte nicht immer der Richtung der Seine, sondern sehr oft der Richtung der Eisenbahnlinien folgen. Dabei darf natürlich nicht übersehen werden, dass die Eisenbahnlinien nicht selten absichtlich so konstruiert werden, dass sie dicht bevölkerte Punkte berühren. An gleicher Stelle (S. 265) berührt Turquan auch die Ursachen der grossen Bevölkerungsdichte der Departements Nord und Pas-de-Calais und bemerkt dabei: „Il n'y a rien étonnant à ce qu'elle se comporte de la même façon que de l'autre côté de la frontière, la culture et l'industrie y sont les mêmes, il y règne la même activité, la même prospérité."

[2]) Auch die absolute Zahl der Geburten blieb im Zeitraum 1874/80 mit ca. 944000 ziemlich gleich der Geburtenzahl im Jahresdurchschnitt 1862/69 (natürlich nach Ausschluss von Elsass-Lothringen!!).

wanderung nachweisen. Die Zahl der in Frankreich gezählten Ausländer belief sich nämlich im Jahre 1861 auf ca. 506000, im Jahre 1881 dagegen bereits auf ca. 1001000 Personen. Sie nahm demnach jährlich um ca. 25000 = ca. 5% zu, während der jährliche Zuwachs von 1881 bis 1896 kaum 2000 Personen betrug. Seit 1886 hat die Zahl der Ausländer sogar beträchtlich abgenommen, was übrigens zum Teil durch Zunahme der Naturalisationen zu erklären ist.[1])

* * *

Vom Beginn der 80er Jahre an wurde in Frankreich die Hochschutzzollära inauguriert. Der auswärtige Handel geriet zunächst ins Stocken, dann zeigte er sogar eine direkte Abnahme der Ein- wie der Ausfuhr. Der Fleischkonsum der städtischen Bevölkerung begann rasch zu sinken. Ihm folgte die Abnahme des Weizenverbrauchs. Hand in Hand damit ging die allmählige Entlastung der ländlichen Bevölkerung und die rasche Zunahme der die industriellen Klassen bedrückenden Steuerlast. Der französische Agrarpolitiker Coste, der der Landwirtschaft äusserst wohlwollend gegenüber steht, hat diesbezüglich im Jahre 1891 folgende Berechnungen aufgestellt. In 17 fast rein landwirtschaft-

---

[1]) Die 1889 eingeführte Erleichterung der Naturalisation wurde durch die Wirkung des Gesetzes vom 8. August 1893, das zum Schutz der nationalen Arbeit erlassen wurde und gewissen Kategorieen von Ausländern den Aufenthalt in Frankreich erschwerte, ziemlich paralysiert. Vgl. u. A. auch die Ausführungen auf S. 17, 159ff. Der neueste Bericht über die nachgesuchte und bewilligte Naturalisation, der im Journal Officiel vom 24. Februar 1900 veröffentlicht ist, berechnet die Gesamtzahl der Naturalisationen im Zeitraum 1890 bis 1899 auf ca. 91800. Ausserordentlich interessant sind die Angaben des letzten offiziellen Berichtes hinsichtlich des Berufes der 1899 naturalisierten Personen. Man zählte darunter:

17	Grundeigentümer und Rentiers	= ca. 1 %
94	Angehörige der liberalen Berufsarten	= „ 5 „
416	Industrielle, Kaufleute, Handelsangestellte etc.	= „ 24 „
730	industrielle Arbeiter	= „ 40 „
103	landwirtschaftliche Arbeiter	= „ 6 „
270	Tagelöhner	= „ 15 „
166	Personen ohne Beruf oder mit verschiedenen Berufen (darunter 52 Fischer)	= „ 9 „

Es sind demnach auch hier die Industrie und der Handel und nicht die Landwirtschaft, die die grösste Anziehungskraft auf den Zufluss der Ausländer ausüben.

lichen Departements Frankreichs, in denen mehr als $^2/_3$ der Bevölkerung in der Landwirtschaft beschäftigt waren, trafen jährlich auf den Kopf der Bevölkerung ca. 34 Franken an Staatssteuern. Diese Belastung stieg mit der Zunahme der industriellen Bevölkerung von Stufe zu Stufe und betrug in den 8 Departements, in welchen mehr als $^2/_3$ der Bevölkerung in der Industrie beschäftigt waren, ca. 97 Franken pro Kopf, also etwa das Dreifache. In Paris betrug die Belastung sogar etwa das Achtfache. Die gesamte Steuerlast der Landwirtschaft treibenden Bevölkerung berechnete Coste auf ca. 910 Millionen Franken, die Steuerlast der industriellen und städtischen auf ca. 2650 Millionen, d. h. das Dreifache.[1]) Seit 1891 sind die indirekten Steuern in Frankreich noch stärker in Anspruch genommen worden. Nebenbei hat man auch die Fleisch- und Getreidezölle wieder erhöht,[2]) so dass die Steuerlast der industriellen Bevölkerung eine weitere erhebliche Steigerung erfahren hat. Als Folge ergab sich denn auch eine weitere Verminderung des Verhältnisses der Zahl der legitimen Geburten[2]) zur Zahl der Eheschliessungen. Dieses Verhältnis belief sich nämlich:

Im Jahresdurchschnitt	1881/85	auf	3,03
„ „	1886/90	„	2,94
„ „	1891/95	„	2,74
„ „	1896/98	„	2,70

Der oben gekennzeichnete wirtschaftliche Rückgang, der durch die industrielle und agrarische Hochschutzpolitik und deren Folgeerscheinung — die Zollkriege[3]) — geradezu provoziert wurde,

---

[1]) Vgl. Coste, Etude statistique etc. Paris 1891, S. 7 ff. Über den kleinen Teil der Steuern, deren Verteilung auf einzelne Departements grossen Schwierigkeiten begegnet, Vgl. ibid., S. 8 ff.

[2]) Vgl. S. 34, 184 ff.

[3]) Die Wirkungen des Zollkrieges mit Italien lassen sich aus nachstehenden Daten ersehen. Es betrug:

Im Jahresdurchschnitt	Die Einfuhr Italiens nach Frankreich	Die Ausfuhr Frankreichs nach Italien
1881/85	371 Mill. Franken	187 Mill. Franken
1886/90	211 „ „	160 „ „
1891/95	129 „ „	124 „ „

hat demnach — zusammen mit der einseitigen inneren Wirtschaftspolitik — ein weiteres rasches Sinken der Geburtenfrequenz verursacht.

Ähnlich wirkte die Inaugurierung des Hochschutzzollsystems auf die Gestaltung der Handelsbeziehungen Frankreichs mit der Schweiz. Die Ein- bezw. die Ausfuhr betrugen nämlich:

Im Jahresdurchschnitt	Die Einfuhr aus der Schweiz	Die Ausfuhr in die Schweiz
1881/85	120 Mill. Franken	226 Mill. Franken
1886/90	103 „ „	222 „ „
1891/95	81 „ „	186 „ „

V.

Ernst ist der Anblick der Notwendigkeit.
Schiller.

Die Rolle der Mittelklassen in der modernen Geschichte Frankreichs. Die Staatsschuld Frankreichs früher und jetzt. Die Lage der französischen Bauernschaft im 16., 17. und 18. Jahrhundert. Das Staatsbudget Frankreichs am Ende des 18. Jahrhunderts und in der Gegenwart. Die Grossindustrie und ihre Wirkungen. Der Staatskredit früher und jetzt. Die Prophezeiungen und die Wirklichkeit. Mittel zur Lösung des Bevölkerungsproblems in Frankreich. Veränderungen der Geburtenfrequenz seit Mitte der 70er Jahre. Rückblick.

Man pflegt gewöhnlich zu behaupten — und solche Äusserungen kann man in der englischen, französischen, deutschen und russischen Litteratur zahlreich vertreten finden, — dass die Existenz und das Gedeihen des Staates durch die Existenz und das Gedeihen eines zahlreichen Bauern- und Handwerkerstandes bedingt sei.

Nun ist aber Frankreich ein solcher Staat, da ja dort die zahlreiche wohlhabende Bauernschaft und der Handwerkerstand bei dem herrschenden allgemeinen Stimmrecht das Land thatsächlich regieren.[1]) Es ist deshalb interessant zu verfolgen, wie weit man unter der Herrschaft dieser Mittelschichten in Frankreich in den letzten Jahrzehnten gekommen ist.

Es ist zunächst unwiderleglich festgestellt, dass Napoleon III. nur mit Unterstützung des Bauern- und des Mittelstandes

---

[1]) „Mais il est vrai que la France excelle surtout, dans l'agriculture comme aussi dans les autres branches de l'activité, par le développement remarquable de la petite classe moyenne. Le peuple français ne pousse peut-être pas aussi loin que les Anglais l'initiative économique; mais c'est une partie plus considérable de la Nation qui possède, même sous le rapport matériel, les conditions favorables à une vie civilisée, constituant **la veritable force de pays** et donnant un caractère incomparable à son génie national." Vgl. Classes rurales, Supplément du Nouveau Dictionnaire d'Economie politique, S. 240.

zur Präsidentschaft gelangen und den Staatsstreich ausführen konnte, da die Arbeiterbevölkerung der grossindustriellen Centren, — mit wenigen Ausnahmen — damals wie jetzt, der Republik ergeben war.

Die schliesslichen Folgen seiner abenteuerlichen äusseren Politik waren für Frankreich: Sedan, Verlust von Elsass-Lothringen und riesiges Anwachsen der Staatsschuld. Muss doch Frankreich allein für die an Deutschland bezahlte Kontribution von 5 Milliarden im Durchschnitt jährlich mehr als 170 Millionen Franken an Zinsen zahlen.

Von der Furcht getrieben, den Mittelstand und die wohlhabende Bauernschaft unzufrieden zu machen, haben ferner die französischen Regierungen jahrzehntelang die Staats- und Gemeindeschulden höher verzinst als es nach der Lage des Geldmarktes notwendig war. Folgen: eine furchtbare Überlastung des Budgets und eine wahnsinnige Finanzwirtschaft, wie sie aus nachstehenden Angaben über den Betrag der französischen Staatsschuld hervorgehen. Diese belief sich

im Jahre	1869	auf ca.	13,0	Milliarden[1])
„ „	1871	„ „	17,9	„
„ „	1872	„ „	20,5	„
„ „	1876	„ „	23,6	„
„ „	1881	„ „	25,3	„
„ „	1886	„ „	28,7	„
„ „	1891	„ „	30,5	„

Im Verlauf von 15 Jahren — von 1876 bis 1891 — hat man demnach 7 Milliarden neuer Schulden gemacht, so dass der gesamte zur Verzinsung notwendige Betrag jährlich die Summe von ca. 1200 Millionen erreicht hat und mehr als $^1/_3$ des gesamten Staatsbudgets Frankreichs in Anspruch nimmt. Nicht umsonst schrieb vor einigen Jahren der bekannte französische Statistiker und Finanzschriftsteller Alfred de Foville, heute Direktor der französischen Münze: „Wenn ich Vergleiche zwischen Frankreich und England anstelle, so sehe ich in England Ministerien unter Zustimmung des ganzen Landes, ja, selbst ihrer Gegner, an der Verbesserung des Staatsmechanismus arbeiten. Man

---

[1]) Vgl. Fouquet, Statistique de la dette publique de la France, J. de la Soc. de Stat. 1893, S. 315.

decentralisiert, man entlastet und man reduziert dort den Hauptstock und die Zinsen der Staatsschuld. Wie ganz anders bei uns! Fünf Ministerien lösten einander im Laufe von achtzehn Monaten ab, jedes hatte ein anderes, neues Programm; aber keins hat sein Programm zu verwirklichen vermocht. Unsere Steuern erdrücken uns, und doch ist keine Rede davon, sie zu verringern. Im Gegenteil: man vermehrt sie. Unser Budget übertrifft die Budgets aller anderen Staaten und unsere Staatsschulden sind die grössten, die irgend ein Land hat. Sie belaufen sich bereits auf dreissig Milliarden; und dabei fährt man fort, sie unter verschiedenen Vorwänden jährlich um eine halbe Milliarde zu erhöhen.“ Diese eigentümliche Finanzwirtschaft wird vielleicht am besten durch die seltsame Thatsache beleuchtet, dass überhaupt niemand den genauen Betrag der französischen Staatsschuld kennt. Alle Bemühungen einer Reihe von Finanzministern, über eine approximative Schätzung hinauszugelangen, erwiesen sich als vergeblich. Das hat der jetzige Finanzminister Caillaux in einem — übrigens äusserst optimistischen — Finanzexposé eben erst selbst zugestanden.

Mittelstand und Bauernschaft sind es ferner, welche die Einführung der progressiven Einkommensteuer, die gründliche Reform der Erbschaftssteuer, die Erleichterung der Last der indirekten Steuern, sowie sonstige Massnahmen, die geeignet wären, das Finanzsystem Frankreichs zu modernisieren, stets hintertrieben haben und noch hintertreiben.

Gerade der Mittelstand und die wohlhabende Bauernschaft sind ferner diejenigen Bevölkerungsschichten, die, wie wir sahen, ihre Kinderzahl einschränken, und so auf den Verlust der politischen und wirtschaftlichen Grossmachtstellung Frankreichs hinarbeiten. Nicht umsonst hat der Minister des Äussern, Herr Delcassé, in seiner kürzlich in der Kammer gehaltenen Rede bei Beantwortung der Angriffe der Vertreter der Bauernschaft und des Mittelstandes — den Nationalisten entgegengehalten, dass Frankreich keinen Grund habe, nach neuen Kolonieen zu jagen, wenn dessen eigene Bevölkerung abzunehmen drohe.

Derselbe Mittelstand und die Bauern waren auch stets die Hauptstütze aller Reaktion, die sich gegen Reformen auf dem Gebiete des Arbeiterschutzes richtete, Reformen, die um so dringlicher waren, weil die fast unbeschränkte Ausbeutungsfreiheit der Arbeitskraft, die noch vor kurzem in Frankreich bestand, die ohnedies wegen des schwachen Bevölkerungszuwachses stagnierende Wehrkraft des Landes noch mehr schwächte. Denn mangels ihrer ist die Arbeiterklasse rasch degeneriert.[1])

Wie wenig Sympathie diese Kreise auch jetzt noch der Arbeiterschutzgesetzgebung entgegenbringen, ist leicht daraus zu ersehen, dass die Rechte der Kammer dem gegenwärtigen Ministerpräsidenten Waldeck-Rousseau bei jeder Gelegenheit bittere Vorwürfe wegen Aufnahme der Herren Millerand und Baudin in das Ministerium macht, obwohl die Thätigkeit beider bisher fast ausschliesslich darin bestand, unter weitgehendster Rücksichtnahme auf die Interessen der Arbeitgeber den bestehenden Arbeiterschutzvorschriften Achtung zu verschaffen.

Und der gleiche enge Gesichtskreis, der gegenwärtig übrigens die spezifische Eigenschaft des grössten Teiles der Bauernschaft und des Handwerkerstandes fast in allen Ländern bildet, tritt uns auf allen anderen Gebieten des politischen und wirtschaftlichen Lebens Frankreichs entgegen, sofern dabei die wirklichen oder die vermeintlichen Interessen dieser Schichten irgendwie in Frage kommen. Es sei in dieser Hinsicht nur auf die von der nationalistischen Presse kürzlich inszenierte sinnlose Hetze gegen England sowie auf die zahlreichen Zollkriege hingewiesen, deren Wirkungen im vorhergehenden Kapitel erörtert wurden.

Wenn also ein moderner Staat auf die Dauer nicht erfolgreich mit Hilfe von Bevölkerungsklassen regiert werden kann, deren Ideale in der Aufrechterhaltung veralteter Wirtschaftsformen bestehen, so ist es von Interesse festzustellen, dass auch die vorausgegangenen Jahrhunderte, als die Landwirtschaft noch die Hauptbeschäftigung der Nation bildete, keineswegs den Namen der „guten alten Zeit" verdienen.

„Man sieht", schreibt z. B. Leymarie in seinem Werke Histoire des paysans en France (S. 617) „im XVI. Jahrhundert, wie im XIII., immer die gleichen Excesse der Soldateska, immer die gleichen Erpressungen, die gleichen Beleidigungen, die gleichen Gewaltthätigkeiten, denen die Bauern ausgesetzt waren. Die Burgherren hatten noch ihre verschanzten Schlösser, die Städte waren umzingelt durch hohe Mauern . . . . . Die Dörfer allein waren gegen die schlecht genährten und undisciplinierten Heere wehrlos . . . . Und so kam es, dass trotz der Vorschriften,

[1]) Vgl. insbesondere Dumont, Dépopulation et Civilisation, S. 81.

die benötigten Lebensmittel zu bezahlen, diejenigen, die sie lieferten — und das waren fast immer Bauern — sehr selten das Geld dafür erhielten.“ [1])

Am Ende des 17. Jahrhunderts schrieb der berühmte Erzbischof Fénelon an den König Ludwig den XIV.: „Ihre Völker, die von Ihnen wie eigene Kinder geliebt werden sollten, und die bisher Ihnen so ergeben waren, sterben vor Hunger; die Städte und die Dörfer entvölkern sich; alle Geschäfte stocken und können die Arbeiter nicht mehr ernähren . . . . . Ganz Frankreich ist nichts anderes als ein grosses, verwüstetes Krankenhaus ohne Nahrungsmittel.“ Bouville, Intendant von Limoges, berichtete annähernd um die gleiche Zeit dem König, dass jeden Tag eine so grosse Zahl von Menschen sterbe, dass es bald Kirchsprengel geben werde, wo man kaum $^1/_3$ der früheren Einwohnerzahl finde.“ „Es ist sehr schmerzlich“, fügte er hinzu, „die Leute sterben zu sehen, ohne in der Lage zu sein, ihnen zu helfen.“ Und aus der Normandie berichtete man, „dass das Elend und die Armut über allem stehen, was man sich nur vorstellen könne. Eine Menge von Menschen sterben dort vor Hunger, und der Rest schmachtet dahin und wird von dem gleichen Schicksal erreicht, wenn man ihnen nicht helfen werde. Es ist sehr zu befürchten, dass das Volk, das gegenwärtig meist vor Hunger stirbt und sich nur mit Kräutern ernährt, das unreife Getreide abmähen und es so verderben werde. Glauben sie, bitte, nicht“, schliesst auch dieser Bericht, „dass ich übertreibe oder mich ohne Grund beunruhige.“ [2])

Über die Zustände zu Beginn des XVIII. Jahrhunderts berichtete der berühmte Feldherr Vauban, dass ein Zehntel des Volkes vom Bettel lebe, weitere fünf Zehntel anderen kein Almosen geben können, weil sie selbst fast in der gleichen Lage sind, und dass weitere drei Zehntel wenig wohlhabend und mit Schulden belastet sind.[3])

Im Laufe des 18. Jahrhunderts verschlimmerte sich die Lage der Bauernschaft infolge der rasch zunehmenden Steuerlast noch mehr.[4]) Es genügt in dieser Hinsicht auf die Berechnungen

---

[1]) Ähnliche Schilderungen liefert Moheau, Recherches et Considérations sur la population de la France, Paris 1778, S. 264 ff.

[2]) Vgl. Schöne, Histoire de la population française, S. 167 ff.

[3]) Vgl. Vauban, Dixme Royale, Paris 1707, S. 4 ff.

[4]) Vgl. insbesondere die Schilderungen Tolosans, Mémoire sur le commerce de la France etc., Paris 1789, S. 21 ff.

Lavoisiers, Dupont de Nemours u. a. hinzuweisen, denen zufolge die Landwirtschaft treibende Bevölkerung etwa 50 bis 60 % des Reineinkommens als Steuern zu entrichten hatte.[1])

Kein Wunder, dass unter diesen Umständen die Finanzen Frankreichs sich in wenig glänzendem Zustand befanden. Als 1789 Necker eine Anleihe von 30 Millionen ausschrieb, konnte er diese Summe nicht zusammenbringen. Eine bald darauf ausgeschriebene neue Anleihe von 80 Millionen schlug auch fehl; sie lieferte kaum 23 Millionen.[2]) Vührer schildert die Finanzlage Frankreichs, als Necker aufs Neue das Finanzportefeuille übernahm, folgendermassen: „Man kann sagen, dass die Geschichte des Finanzwesens Frankreichs — die Geschichte seines Elends ist, und man kann hinzufügen, dass die Geschichte seiner Staatsschuld — die seiner Bankerotterklärungen ist . . . Als der Kardinal de Brienne fiel, waren die Kassen der Schatzkammer im vollen Sinne des Wortes leer. Man fand dort im ganzen nur 500000 Franken, davon nur ein Teil in bar, der Rest in Werten, deren Realisierbarkeit zweifelhaft war. Die im Voraus erhobenen Steuern für die folgenden Jahre waren bereits verbraucht; die öffentlichen Werte waren so tief gesunken, dass eine Anleihe undurchführbar war. Alle privaten Spekulationen, sowie alle Handelsgeschäfte wurden plötzlich unterbrochen durch den Beschluss die Barzahlungen einzustellen.“[3])

Von grossem Interesse ist es ferner die wichtigsten Einnahmequellen Frankreichs im Jahre 1789 und 1889 einander gegenüberzustellen. Sie lassen sich in folgende Gruppen zusammenfassen:

1789

Direkte Steuern	363 209 000	Franken
Indirekte Steuern . . .	240 795 000	„
Zölle	53 145 000	„
Post	17 310 000	„
Sonstige Einnahmen . .	16 904 000	„
	691 363 000	Franken.

[1]) Vgl. auch S. 180. Ähnliche Zustände sind heutzutage noch in vielen Gegenden Russlands anzutreffen.

[2]) Vgl. Neymarck, Un centenaire économique 1789—1889. Journal de la Soc. de Stat. 1889, S. 86.

[3]) Vgl. Histoire de la dette publique en France, S. 320 ff.

1889

Direkte Steuern	444 860 000	Franken
Indirekte Steuern	1 843 380 000	"
Einnahmen aus Monopolen etc.	584 830 000	"
Staatsdomänen etc.	44 390 000	"
Sonstige Einnahmen	94 530 000	"
	3 011 990 000	Franken.

Für die Zwischenzeit hat Nikolas (Les Budgets de la France etc. S. 14 ff.) für die verschiedenen Staatsregime Frankreichs folgende durchschnittliche Einnahmen und Ausgaben berechnet:

	Einnahmen	Ausgaben
Konsulat und Kaiserreich (Jahr IX bis 1814)	972 Millionen	1003 Millionen
Restauration (1815 bis 1829)	1028 "	1020 "
Louis Philippe 1830 bis 1847	1221 "	1277 "
Republik von 1848 bis 1851	1498 "	1588 "
Zweites Kaiserreich	2059 "	2090 "

Das wenn auch relativ sehr langsame Aufkommen der Grossindustrie hat demnach in Frankreich die gleichen Wirkungen hervorgebracht wie in anderen Ländern, indem es den Staatskredit und die dem Staat zur Verfügung stehenden Einnahmequellen ausserordentlich steigerte. So konnte Frankreich in den letzten Jahren allein für sein Heer und die Marine jährlich etwa 900 Millionen ausgeben, d. h. fast $1\frac{1}{2}$ mal mehr, als den ganzen Betrag des Staatsbudgets des Jahres 1789.[1]) Nach den Berechnungen Alfred Neymarcks[2]) hat nämlich Frankreich von 1869 bis 1897 etwa 25 Milliarden für Heer und Marine ausgegeben. Im gleichen Zeitraum betrugen die Gesamtausgaben nicht weniger als 95 Milliarden.

Die hervorragende finanzielle Bedeutung der Industrie und der Städte lässt sich übrigens auch für frühere Jahrhunderte nachweisen. Der Steuerbetrag belief sich nämlich 1783 pro Kopf der Bevölkerung in den Provinzen (généralités):[3])

---

[1]) Vgl. S. 195. Über die entsprechenden Daten hinsichtlich Englands vgl. Berufsgliederung und Reichtum, Stuttgart 1897, S. 149 ff.

[2]) Vgl. Les impôts et la richesse publique de 1869 à 1897, J. de la Soc. de Stat. 1898, S. 4 ff.

[3]) Näheres darüber vgl. A. Monteil, Histoire financière de la France, S. 280 ff.

		livres	sols
La Bretagne	auf	12	10
Châlons	„	26	16
Orléans	„	28	4
Amiens	„	28	10
Rouen	„	29	16
Lyon	„	30	—

Die in industrieller Hinsicht relativ hoch entwickelten Teile des Landes Amiens, Rouen und Lyon lieferten demnach pro Kopf der Bevölkerung einen $2\frac{1}{2}$ mal grösseren Steuerbetrag als die Bretagne, deren Bevölkerung damals, wie in der neueren Zeit, vorwiegend in der Landwirtschaft Beschäftigung fand. Für die neueste Zeit wird das Gleiche durch nachstehende Angaben über die Erträge der direkten[1]) Steuern in Paris und im übrigen Frankreich erwiesen. Der aus dieser Quelle auf den Kopf der Bevölkerung entfallende Steuerbetrag belief sich nämlich im Jahre 1891 in Paris auf ca. 25,6 Franken gegen ca. 8,4 Franken im übrigen Frankreich.

Der Vergleich des Budgets von 1789 mit dem von 1889 ergiebt aber noch eine andere Schlussfolgerung. Mag die Gruppierungsart noch so verschieden sein, die mitgeteilten Ziffern zeigen doch unwiderleglich, dass die Einnahmen Frankreichs in immer grösserem Umfange aus indirekten Steuern fliessen. Wie sehr dabei die industrielle Arbeiterklasse in Mitleidenschaft gezogen wird, wurde bereits auf S. 182, 188 ff. nachgewiesen.[2]) Es erübrigt noch, die Thatsache in Erinnerung zu bringen, dass gegenwärtig die industrielle und städtische Bevölkerung etwa $\frac{3}{4}$ der gesamten Staatseinnahmen liefert.

Noch klarer treten aber die Wirkungen der wirtschaftlichen

[1]) Damit sind gemeint: Grund- und Bodensteuer (propriétés bâties et non bâties), Thür- und Fenstersteuer, persönliche Mobiliarsteuer und Steuer von Patenten.

[2]) Ein besonderes Interesse beansprucht dabei das Anwachsen der Octrois in Paris. Die entsprechenden Einnahmen betrugen:

Im	Jahre	1801	ca.	10,9	Mill.	Franken
„	„	1821	„	26,0	„	„
„	„	1841	„	31,2	„	„
„	„	1861	„	77,3	„	„
„	„	1881	„	148,6	„	„
„	„	1897	„	156,7	„	„

Die Bevölkerung von Paris nahm demnach um das 4 bis 5 fache, die Einnahmen aus den Octrois dagegen um etwa das 15 fache zu.

Umwälzungen, deren Zeuge das letzte Jahrhundert war, aus folgenden Berechnungen hervor, die gelegentlich der Weltausstellung von 1889 angestellt wurden. In Bezug auf nachstehend verzeichnete Zweige der französischen Volkswirtschaft lassen sich im Verlauf des letzten Jahrhunderts folgende Verschiebungen feststellen. Es betrugen:

	Ende des 18. Jahrhunderts	Ende der 80er Jahre des 19. Jahrhunderts
Kommerzielle Diskontierungen	500 Millionen Franken	8,7 Milliarden Franken
Nationaleinkommen	3—5 Milliarden „	30 bis 35 „ „
Sparkasseneinlagen	Nichts	2½ „ „
Bewegliche Werte	200—300 Millionen (??!) „	70 bis 80 „ „
Einkommen vom Grund und Boden	1440 „ „	2650 Millionen „
Kohlenproduktion	240000 Tonnen	19,9 „ Tonnen
Kohlenkonsum	450000 „	29,6 „ „
Eisenerzgewinnung	50000 „	767000 Tonnen
Gesamter auswärtiger Handel	1019 Millionen Franken	9361 Millionen Franken
Weizenernte (1815)	40 „ hl	108 Mill. hl (1881—88)

Zu gleicher Zeit stieg der geschätzte Wert des Nationalreichtums Frankreichs von ca. 38 Milliarden (Lavoisier für 1789) am Ende des 18. Jahrhunderts auf ca. 200 bis 250 Milliarden in der Gegenwart.[1])

Bei dieser Gelegenheit ist es von Interesse, der Ansichten zu gedenken, die hinsichtlich der Wirkungen der modernen Entwickelung von hohen Autoritäten der älteren Zeit geäussert wurden. Adam Smith fand den damaligen Betrag der englischen Staatsschuld, den er für den 1. Januar 1775 auf ca. 129,5 Millionen Pfund Sterling schätzte, als sehr hoch. Kaum ¼ Jahrhundert später, am 1. Januar 1798 war aber die englische Staatsschuld bereits auf ca. 468,5 Millionen Pfund Sterling gestiegen. Diese kolossalen Summen verblüfften, berichtet Fournier de Flaix, die Publizisten und Staatsmänner des damaligen Frankreichs. Die wirtschaftliche Lage Frankreichs gestattete ihnen nicht irgend welche Vergleiche mit England: „Frankreich", sagte Crétet, „hat keinen Kredit und nicht einmal eine Hoffnung darauf." Als Aus-

[1]) Vgl. L'accroissement de la richesse depuis 1789 en France, en Angleterre et en d'autres Etats, J. de la Soc. de Stat. 1885, S. 473 sowie, Emmanuel Besson, J. de la Soc. de Stat. 1899, S. 161,

gleich hielten sie eine furchtbare Katastrophe unausbleiblich für England, zumal die hohe Verschuldung weitere Anleihen unmöglich mache. Am 1. Januar 1817 belief sich aber die Staatsschuld Englands auf 817 Millionen Pfund Sterling; sie nahm demnach im Laufe von 2 Jahrzehnten um ca. 400 Millionen Pfund Sterling oder ca. 10 Milliarden Franken zu.[1])

Die Entwickelung der Grossindustrie hat demnach den Nationalreichtum in ungeahntem Masse gesteigert. Ihre rasche Entwickelung war ferner zugleich die Ursache der raschen Zunahme der Bevölkerung in England, während die starke Verbreitung der handwerksmässigen Produktion im Zusammenhang mit der einseitigen Wirtschaftspolitik Frankreichs den Bevölkerungsstillstand in diesem Lande verursacht haben.

Und nun vergleiche man damit die Schlussausführungen Mirabeaus in dem Werke „L'Ami des Hommes", die eine Umschreibung des berühmten Ausspruchs von Sully — L'Agriculture est la mamelle du pays — bilden und in den agrarischen Pamphleten der Gegenwart in Tausenden von Variationen wiederholt werden. „Der wahre Reichtum ist die Bevölkerung; die Bevölkerung hängt von den Subsistenzmitteln ab, die Subsistenzmittel liefert der Grund und Boden, die Produktion des Grund und Bodens bestimmt die Landwirtschaft, woraus folgt, dass alles Andere: Handel, Gold, Wissenschaft, Kunst nur dann zu einem dauernden und unabhängigen Glück führen, wenn sie die Landwirtschaft beleben, fördern und aufklären, — Landwirtschaft, die erste, die nützlichste, die unschuldigste und die kostbarste Kunst."

Hören wir nach dem Schüler der Physiokraten einen modernen Agrarier, den Grafen de Luçay: „Die Agrikultur ist der älteste und der wichtigste Zweig der nationalen Wirtschaft; sie wird zu gleicher Zeit am meisten hingeopfert nicht nur auf dem inländischen Markt, sondern auch gegenüber der ausländischen Produktion ... Denn die gegenwärtige höchste Not der Landwirtschaft — naturnotwendige Folge der ungleichen Behandlung, die ihr die Steuer- und Zollgesetzgebung angedeihen lassen — scheint mir die bedeutsamste der Gefahren zu sein,

---

[1]) Vgl. L'accroissement de la richesse depuis 1789 en France, en Angleterre etc., S. 469.

die die Zukunft, ja sogar selbst die Existenz des Vaterlandes bedrohen."[1])

Es sind aber, wie wir sahen, gerade die wohlhabenden französischen Bauern, deren geringer Geburtenfrequenz Frankreich den Bevölkerungsstillstand verdankt.

Will man daher das Bevölkerungsproblem in Frankreich mit einigen Worten chakterisieren, so lässt es sich folgendermassen formulieren:

Der Bevölkerungsstillstand kennzeichnet den Widerspruch zwischen der, der Modernisierung zustrebenden Produktionsweise und der auf Erhaltung überkommener Formen gerichteten Wirtschafts- und Sozialpolitik Frankreichs.

Alle diese Thatsachen legen zur Genüge dar, dass es für Frankreich nur einen Ausweg giebt, um die Erhöhung der äusserst niedrigen Geburtenfrequenz zu bewirken. Dieser Ausweg ist: Begünstigung der Entwickelung der Grossindustrie durch gleichzeitige Vornahme umfangreicher und durchgreifender Reformen auf den Gebieten: des Arbeiterschutzes, der sozialen Hygiene, der Verkehrs-, Zoll-, Handels- und Finanzpolitik.

Diesen Momenten: der raschen Entwickelung der Grossindustrie und der sich relativ hebenden Lage der industriellen Arbeiterklasse haben England und Deutschland ihren raschen Bevölkerungszuwachs zu verdanken. Die gleichen Massnahmen sind auch in Frankreich geeignet, die ländliche Bevölkerung und den städtischen Mittelstand- — und diese beiden Schichten bilden ja in Frankreich den grössten Teil der Bevölkerung — zur Erhöhung ihrer Kinderzahl wirklich zu veranlassen. Denn die rasche Entwickelung der Grossindustrie würde zunächst durch Schaffung einer grossen Nachfrage nach Ingenieuren, Werkmeistern, Transport-, Verkehrs- und sonstigen Anstalten den wohlhabenden Bauern und dem Mittelstande grosse Erwerbsgebiete für ihre Kinder verschaffen.

Die sich daraus ergebende grosse Nachfrage nach industriellen Arbeitern — besonders wenn dabei gleichzeitig umfangreiche soziale Reformen durchgeführt würden — würde die arme bäuerliche Bevölkerung und das ländliche Proletariat keineswegs zur

[1]) Vgl. Melanges de Finances etc. Clermont 1889, Vorwort. Ähnliche Urteile sind zu finden in den citierten Schriften von Tounissoux, Fauvelle, Bablot-Maitre etc.

Einschränkung ihrer Kinderzahl veranlassen! Betrachten diese Kreise doch schon heutzutage den Übergang zur Industrie als eine wesentliche Besserung ihrer wirtschaftlichen Lage.

Und endlich werden die umfangreichen und durchgreifenden sozialen Reformen, insbesondere weitgehende Verkürzung der Arbeitszeit, weitgehende Beschränkung der Kinder- und Frauenarbeit, gründliche Wohnungsreform, Besserung der Lage der Heimarbeiter, Reform des Zoll- und Steuerwesens im Sinne der Entlastung der Arbeiterklasse u. s. w. die erschreckende Sterblichkeit des industriellen Proletariats in Frankreich vermindern. Hat doch schon Bertillon Vater berechnet, dass die 20 Departements Frankreichs, die eine überdurchschnittliche Sterblichkeit aufwiesen, allein bei Berücksichtigung der Altersklassen bis zum 50. Lebensjahr und Reduktion ihrer Sterblichkeit bis zur Durchschnittssterblichkeit, einen jährlichen Bevölkerungszuwachs von ca. 50000 Personen ergeben würden.[1])

Mit dem Vorstehenden wäre auch gründlich dem Übelstande abgeholfen, an dem gegenwärtig kein Kulturstaat in einem so erschreckenden Umfange leidet, wie Frankreich. Es ist dies die unerhört hohe Sterblichkeit in den französischen Städten, wie sie aus folgenden Daten für die Jahre 1893/95 hervorgeht:

	Gesamtzahl der Geburten in den Jahren 1893/95	Gesamtzahl der Sterbefälle in den Jahren 1893/95
Paris	172000	153900[2])
Andere Städte mit mehr als 100000 Einw.	158900	162000
Städte mit 30 bis 100000 Einw.	163900	172300
„ „ 20 „ 30000 „	80800	86600

Ähnliches lässt sich auch für die Städte von 10 bis 20 und von weniger als 10000 Einwohnern nachweisen. Im Jahre 1893, für welches darüber Nachrichten vorliegen, übertraf hier z. B. die Zahl der Sterbefälle die der Geburten um ca. 3700.

* * *

[1]) Über den elenden Zustand der Arbeiterviertel mancher Städte Frankreichs in neuester Zeit vgl. u. a. Schöne, Histoire de la population française, S. 135.

[2]) Vgl. Annuaire statistique de la France 1896 bis 1898. Ein beträchtlicher Teil der in Paris geborenen Kinder wird an in der Provinz wohnende Ammen zur Ernährnng überwiesen. 1894 zählte man in Paris ca. 17200, 1895 ca. 17195 solcher Kinder. Infolgedessen fällt ein Teil der Sterbefälle der Pariser Bevölkerung der Provinz zur Last. Ähnliches gilt, natürlich im geringeren Umfange, für Marseille, Lyon, Bordeaux und andere Grosstädte. Vgl. darüber, T. Loua, Les résultats statistiques etc. J. de la Soc. de Stat. 1884, S. 192ff.

Es bleibt noch übrig, einige Bemerkungen über die voraussichtliche Gestaltung des Bevölkerungszuwachses in Frankreich in den nächsten Jahrzehnten hinzuzufügen.

Anderthalb Jahrzehnte des tollsten Hochschutzes liegen hinter uns. Verfolgt man nun, um seinen Einfluss kennen zu lernen, die Gestaltung der Geburtenfrequenz in den Departements, in denen bereits um die Mitte der 70er Jahre auf 1000 Frauen im Alter von 15 bis 45 Jahren jährlich weniger als 100 Geburten trafen, so erhält man nachstehende Übersicht:

Departements	Auf 1000 Frauen im Alter von 15 bis 45 J. trafen Geburten im Jahresdurchschnitt			Abnahme der Geburtenfrequenz von 1876/77 bis 1895/96 %	Von der Gesamtbevölkerung lebten von der Landwirtschaft im J. 1891 %
	1876/77	1885/86	1895/96		
Orne	78,7	78,5	78,6	—	52,5
H.-Garonne	84,1	86,2	78,2	7,0	52,0
Lot-et-Garonne	85,0	72,5	66,3	**22,0**	**62,0**
Gers	86,5	71,6	69,7	**19,5**	**71,5**
Maine-et-Loire	93,9	87,4	80,8	13,9	52,9
Sarthe	94,1	96,9	92,6	1,6	55,0
Côte-d'Or	94,4	91,3	84,1	10,9	46,0
Tarn-et-Garonne	95,2	83,6	78,3	**17,7**	**61,5**
Charente-Infér.	95,5	94,6	83,8	12,2	55,5
Yonne	98,5	89,0	82,5	**16,3**	**57,0**
Lot	99,2	98,3	78,0	**21,4**	**77,0**
Zusammen	91,0	87,0	80,3	11,8	56,9

Das Departement Orne ausgenommen haben demnach die übrigen 10 Departements ein Sinken der Geburtenfrequenz zu verzeichnen. Dabei lassen sich mehrere ausserordentlich interessante Erscheinungen feststellen. Werden diese 11 Departements nach dem Verhältnis der landwirtschaftlichen Arbeiter zur Zahl der selbständigen Landwirte (patrons) geordnet und in zwei annähernd gleich grosse Gruppen zusammengefasst, so ergeben sich folgende Zahlen:

	Geburtenzahl pro 1000 Frauen im Alter von 15 bis 45 Jahren im Jahresdurchschnitt			Auf 1000 selbstständige Landwirte trafen im Jahre 1891 landwirtschaftliche Arbeiter	Von der Gesamtbev. lebten von der Landwirtschaft
	1876/77	1885/86	1895/96		
I. Gruppe[1])	90,3	85,2	76,6	430	61,5
Durchschnittliche jährliche Abnahme der Geburtenfrequenz		0,6 %	1,0 %		

[1]) Diese Gruppe umfasst die Departements: Charente-Inférieure, Tarn-et-Garonne, Lot, Lot-et-Garonne, Gers, Haute-Garonne mit einer Gesamtbevölkerung von ca. 1 872 000 Personen, darunter **411 000** Frauen im Alter von 15 bis 45 Jahren.

	Geburtenzahl pro 1000 Frauen im Alter von 15 bis 45 Jahren im Jahresdurchschnitt 1876/77	1885/86	1895/96	Auf 1000 selbständige Landwirte trafen im Jahre 1891 landwirtschaftliche Arbeiter	Von der Gesamtbev. lebten von der Landwirtschaft
II. Gruppe[1])	91,8	88,7	83,9	790	52,5
durchschn. jährliche Abnahme der Geburtenfrequenz	0,4 %	0,6 %			

Die erste Gruppe, in der das ländliche Proletariat relativ schwach vertreten war, wies demnach in den einzelnen Zeitabschnitten, wie im ganzen Zeitraum von 1876/77 bis 1895/96 ein bedeutend schnelleres Sinken der Geburtenfrequenz auf, als die zweite Gruppe, in der das ländliche Proletariat zahlreicher war. Dabei hatte die zweite Gruppe zu allen Zeitpunkten — ebenso 1876/77 wie 1885/86 oder 1895/96 — eine grössere Geburtenzahl aufzuweisen als die erste Gruppe, obwohl in dieser die von der Landwirtschaft lebende Bevölkerung ca. 61,5 % der Gesamtbevölkerung ausmachte gegen ca. 52,5 % in der zweiten Gruppe. Im ganzen übertraf die Geburtenfrequenz der zweiten Gruppe in den Jahren 1895/96 die der ersten um ca. 10 %. Und ebenso betrug die Abnahme von 1876/77 bis 1895/96 in der zweiten Gruppe nur ca. 8,6 %, während sie in der ersten mit ca. 15,2 % beinah doppelt so gross war.

Es sind demnach vorzugsweise die selbständigen Landwirte, deren Geburtenfrequenz nicht nur die geringste ist, sondern dazu auch die grösste Abnahme zeigt. Nun soll aber gerade in den letzten Jahren — teils unter dem Einfluss der Agrarkrisis, teils unter dem Einfluss der gesamten Richtung der inneren Wirtschaftspolitik Frankreichs — die Zahl der selbständigen Landwirte in Zunahme begriffen sein. Die Agrarenquête von 1892 berechnet z. B. die Zahl der in der Landwirtschaft beschäftigten Personen, die als Eigentümer nur für eigene Rechnung arbeiteten, auf ca. 2 199 000 gegen ca. 2 151 000 im Jahre 1882, während die Zahl der zu gleicher Zeit als Eigentümer und als Pächter, Arbeiter oder dergl. mehr in der Landwirtschaft thätigen Personen von ca. 1 375 000 auf ca. 1 188 000 und der nur als Verwalter, Pächter, Arbeiter, Dienstboten u. d. m. arbeitenden von 3 388 000 auf 3 276 000 gesunken ist.[2]) Daraus

[1]) Yonne, Côte-d'Or, Sarthe, Maine-et-Loire, Orne mit einer Gesamtbevölkerung von ca. 1 980 000 Personen, darunter ca. 421 000 Frauen im Alter von 15 bis 45 Jahren.

[2]) Vgl. Résultats généraux de l'enquête décennale de 1892, S. 395.

ergiebt sich aber, dass, sofern die Nachrichten über die Zunahme der Zahl der selbständigen Landwirte richtig sind, in der Geburtenfrequenz der ländlichen Bevölkerung Frankreichs eine weitere Abnahme zu erwarten ist.

Ebenso interessant ist eine andere Thatsache, die man der vorstehenden Übersicht bei genauerem Studium entnehmen kann. Sie zeigt nämlich, dass die Abnahme der Geburtenfrequenz gerade im letzten Jahrzehnt, das unter dem Zeichen des agrarischen Hochschutzzolles stand, besonders stark war. Die Bereicherung der ohnedies wohlhabenden Bauernschaft auf Kosten der industriellen Arbeiterklasse hat demnach auch hier nur Wirkungen zur Folge gehabt, die den von den Agrariern versprochenen durchaus entgegengesetzt waren.

Die Zunahme der Wohlhabenheit der Bauernschaft und des Mittelstandes unter gleichzeitiger Vernachlässigung der Arbeiterklasse hat allmählich zu einem Bevölkerungsstillstand geführt, der — angesichts der relativ sehr langsamen Abnahme der Sterblichkeit[1]) — aller Wahrscheinlichkeit nach bald schon einer direkten Bevölkerungsabnahme Platz machen wird. Darauf deuten wenigstens nachstehende Angaben über die Veränderungen der Geburtenfrequenz im Laufe der letzten 20 Jahre in den nach dem Kohlenkonsum geordneten Departements Frankreichs. Die Geburtenzahl und deren Abnahme betrugen nämlich:

	Auf 1000 Frauen im Alter von 15 bis 45 Jahren trafen Geburten im Jahresdurchschnitt			Von 100 Personen der Bevölkerung lebten von der Landwirtschaft im Jahre 1891
	1876/77	1895/96	Abnahme	
I. Gruppe	134,1	112,0	16,5 %	30,2 %
II. „	110,8	94,5	14,7 „	42,9 „
III. „	111,0	91,8	17,3 „	52,5 „
IV. „	107,3	90,3	15,8 „	57,4 „
V. „	125,8	107,8	14,3 „[2])	63,4 „
Departement Seine (Paris) .	99,6	80,5	19,2 „[3])	—
Frankreich	115,5	97,3	15,7 „	46,0 „

[1]) Vgl. S. 15 ff.

[2]) Die 8 Departements Corrèze, Ille-et-Vilaine, Finistère, Morbihan, Haute-Savoie, Côtes-d-Nord, Lozère und Corse, in denen die arme bäuerliche Bevölkerung zahlreich ist, hatten eine Abnahme von nur ca. 13,3 %, die übrigen mit zahlreicher wohlhabender bäuerlicher Bevölkerung dagegen eine Abnahme von ca. 16,3 % zu verzeichnen. Näheres darüber vgl. S. 145.

[3]) Die starke Einwanderung vom platten Lande scheint in Paris keine besonders günstigen Wirkungen auf die Geburtenfrequenz auszuüben.

Die Geburtenfrequenz nahm demnach in allen Gruppen fast gleichmässig ab.[1]) Sie ist aber auch jetzt, wie um die Mitte der 70er Jahre, am grössten in der I. Gruppe, in der die Landwirtschaft treibende Bevölkerung am schwächsten, die grossindustrielle Bevölkerung dagegen am stärksten vertreten war.[2]) Von grösstem Interesse ist dabei die Gesetzmässigkeit festzustellen, die sich hinsichtlich der Grösse der Geburtenfrequenz in den einzelnen Gruppen kundgiebt. In den 70er Jahren wie in der Gegenwart sinkt die Geburtenfrequenz von der I. bis zur IV. Gruppe und verzeichnet eine aufsteigende Bewegung nur in der letzten Gruppe, die mehrere Departements mit armer bäuerlicher Bevölkerung enthält.

Mag aber die Geburtenfrequenz Frankreichs auch gegenwärtig schon äusserst gering sein, sie ist doch — im Gegensatz zur Ansicht Levasseurs[3]) und anderer französischer Forscher — noch einer sehr bedeutenden weiteren Verminderung fähig. Es genügt in dieser Hinsicht auf die Departements Gers und Lot-et-Garonne hinzuweisen, wo die Geburtenfrequenz von 1876/77 bis 1895/96 um ca. 19,5 bezw. 22% gesunken ist, obwohl sie schon im Jahresdurchschnitt 1876/77 um mehr als 25% geringer war als die durchschnittliche Geburtenfrequenz in ganz Frankreich. Im Jahresdurchschnitt 1895/96 trafen dort auf 1000 Frauen im Alter von 15 bis 45 Jahren nur 69,7 bezw. 66,3 Geburten, gegen 97,3 in ganz Frankreich.

Von hervorragender Wichtigkeit ist dabei noch festzustellen,

---

[1]) Die gleiche Gesetzmässigkeit tritt zu Tage, wenn man die Departements Frankreichs nach der Grösse der zur Verwendung gelangenden Dampfkraft (s. S. 146) ordnet. Auf 1000 Frauen im Alter von 15 bis 45 Jahren trafen nämlich Geburten:

	Im Jahresdurchschnitt 1876/77	Im Jahresdurchschnitt 1895/96	Abnahme
I. Gruppe	132,6	112,4	15,1 %
II. „	109,1	93,7	14,1 „
III. „	105,2	88,0	16,4 „
IV. „	116,1	97,7	15,9 „
V. „	123,0	105,2	14,5 „

[2]) Bei Beurteilung der Abnahme der Geburtenfrequenz in der ersten Gruppe darf nicht ausser Acht gelassen werden, dass gerade in diesen Departements die Bauernschaft besonders wohlhabend ist und wegen grosser und günstiger Absatzgebiete am wenigsten unter den Wirkungen der Agrarkrisis gelitten hat.

[3]) Vgl. Anmerkung auf S. 34.

dass eine besonders grosse Abnahme der Geburtenzahl gerade diejenigen von den oben aufgeführten elf Departements zu verzeichnen haben, in denen die von der Landwirtschaft lebende Bevölkerung am stärksten vertreten war. Das lässt sich aus nachstehender Übersicht entnehmen:

Departements	Abnahme der Geburtenfrequenz von 1876/77 bis 1895/96	Von der Gesamtbevölkerung lebten von der Landwirtschaft
Yonne	16,3%	57,0%
Tarn-et-Garonne	17,7 „	61,5 „
Gers	19,5 „	71,5 „
Lot	21,4 „	77,0 „
Lot-et-Garonne	22,0 „	62,0 „
Frankreich	**15,7** „	**46,0** „

* * *

Wir haben jetzt den Entwickelungsgang Frankreichs vom Ende des 17. Jahrhunderts ab bis zur Gegenwart verfolgt und dabei gesehen, dass Frankreich im Vergleich zu England und Deutschland in wirtschaftlicher Hinsicht sich nur sehr langsam entwickelt hat.

Zu gleicher Zeit wurde sodann festgestellt, dass die Behauptungen, denen zufolge die Landwirtschaft treibende Bevölkerung die hauptsächlichste und ergiebigste Quelle der Staatsmacht und Staatswohlfahrt, die Ernährerin des Volkes, die Quelle seiner Fortpflanzung u. d. m. sei, für Frankreich nicht zutreffen, obwohl gerade in diesem Lande der Boden überaus fruchtbar ist und die Landwirtschaft treibende Bevölkerung zusammen mit dem ihr in wirtschaftlicher und sozialer Hinsicht verwandten Mittelstande den grössten Teil der Bevölkerung ausmachen.

Eine jede Epoche der gesellschaftlichen Entwickelung hat ihre eigenen Bevölkerungsgesetze, und die Bevölkerungskapazität der Kulturländer in der neueren Zeit wird, wie wir sahen, in erster Linie durch die Höhe der Entwickelung der Grossindustrie bedingt. Nur dort, wo die Grossindustrie den unteren Klassen der Bevölkerung wirtschaftlich und sozial anstrebenswerte Erwerbsstätten für ihre Kinder schafft, haben diese Kreise eine grosse Geburtenfrequenz zu verzeichnen. So insbesondere in England und Deutschland.

Dort dagegen, wo die Grossindustrie wenig entwickelt ist, und wo dazu noch die ganze Wirtschafts-, Finanz- und Sozialpolitik darauf gerichtet ist, die Lage der industriellen Arbeiterschaft im Vergleich zur Lage der übrigen Klassen möglichst wenig beneidenswert zu machen, tritt die Einschränkung der Kinderzahl als eine naturnotwendige Erscheinung auf.

Sind dabei noch mehrere andere, bis zu einem gewissen Umfang in gleicher Richtung wirkende wirtschaftliche, soziale und moralische Faktoren (weitgehende Bodenparzellierung, eigentümliche Behandlung unehelicher Kinder u. dgl. m.[1])) vorhanden, so wird natürlich die Abnahme der Geburtenzahl um so eher und um so schärfer zum Vorschein kommen.

* * *

Es erübrigt noch, einige Worte über die Malthussche Theorie hinzuzufügen. Im vorstehenden wurde gezeigt, dass diese Lehre von den Thatsachen widerlegt worden ist; denn der Reichtum nahm mit der Entwickelung der Grossindustrie in England, Deutschland wie Frankreich bedeutend rascher zu als die Bevölkerung. Was speziell das letzte Land anbelangt, so hat sein Reichtum nach vorliegenden Schätzungen im letzten Jahrhundert um etwa das Vier- bis Fünffache zugenommen, während die Bevölkerung sich nur um ein Viertel vermehrt hat.

Und dennoch muss man, will man an Malthus eine historisch gerechte Kritik üben, die Richtigkeit eines grossen Teiles seiner Beobachtungen anerkennen. Um diesen scheinbaren Widerspruch zu lösen, genügt es, die damaligen Verhältnisse klarzulegen. Als Malthus die erste und besonders die zweite Auflage seiner Schrift veröffentlichte, befand sich England mitten in einer tiefgehenden Umwälzung.

Der Krieg mit den aufständischen nordamerikanischen Kolonieen sowie der Krieg mit dem revolutionären Frankreich einerseits, die rasche Einbürgerung der Spinnmaschine, des mechanischen Webstuhles u. dgl. m. andererseits, hatten nämlich zu einer furchtbaren finanziellen und wirtschaftlichen Krise geführt, infolge deren Hunderttausende von Arbeitern brotlos wurden.

---

[1]) Vgl. S. 112 ff.

Zu dem ungeheuren Anwachsen der Staatsschuld gesellten sich noch gewaltige Armenlasten. Es war für England also annähernd dieselbe Entwickelungsperiode, die später in Frankreich zu den Hungerrevolten in Lyon und in Deutschland zu den Hungeraufständen der schlesischen Weber Veranlassung gab.

Der Fehler, den Malthus vor etwa hundert Jahren bei Aufstellung seiner Theorie beging, war demnach der, dass er seine Beobachtungen einer vorübergehenden Erscheinung, einer Etappe in der wirtschaftlichen Entwickelung, für ein ewig geltendes Bevölkerungsgesetz erklärte.

Anhang I.

Tabelle I.

Departements	Kohlenkonsum pro 1000 Einwohner im Jahresdurchschnitt 1895/96 Tonnen	Reihenfolge der Departements	Zahl der angewandten Pferdekräfte pro 1000 Einwohner im Jahresd. 1895/96	Reihenfolge der Departements	Valeur locative reelle des usines pro Kopf der Bevölk. im J. 1896 Franken	Reihenfolge der Departements
Ain	431	45	18,5	38	4,15	36
Aisne	1838	8	30,1	22	10,37	5
Allier	1584	10	33,5	18	4,34	31
Alpes B.	132	82	4,45	82	2,13	69
Alpes H.	322	60	0,65	87	2,18	66
Alpes-Mar.	405	49	11,9	62	3,22	49
Ardèche	664	27	15,0	52	3,80	41
Ardennes	1919	6	61,3	9	8,92	9
Ariège	262	67	7,3	74	3,50	46
Aube	652	28	30,6	21	7,42	17
Aude	318	61	15,8	47	2,66	62
Aveyron	818	22	22,0	33	3,12	52
Bouches-du-Rhône	1671	9	42,9	12	10,89	4
Calvados	595	34	18,0	39	4,04	38
Cantal	137	80	2,9	85	1,70	79
Charente	393	50	11,9	61	3,81	40
Charente-Infér.	427	48	13,0	55	2,14	68
Cher	647	29	25,7	28	3,67	43
Corrèze	252	68	7,8	72	1,47	84
Corse	26	87	1,3	86	1,39	86
Côte-d'Or	546	39	17,4	42	4,45	29
Côtes-du-Nord	98	84	5,7	77	1,04	87
Creuse	270	66	8,8	68	1,55	82
Dordogne	227	72	4,8	78	2,30	65
Doubs	625	32	29,6	23	6,58	20
Drôme	431	46	12,7	57	4,38	30
Eure	626	31	45,4	11	7,97	10
Eure-et-Loir	465	43	15,1	51	5,10	27
Finistère	183	76	8,5	70	1,61	80
Gard	1557	13	37,2	15	5,13	26
Garonne H.	354	54	15,4	50	3,92	39
Gers	46	86	4,6	81	2,05	74
Gironde	502	40	17,2	43	3,47	47
Hérault	595	35	19,7	36	4,08	37
Ille-et-Vilaine	238	70	13,1	54	1,71	78
Indre	343	57	15,9	46	2,63	63
Indre-et-Loire	459	44	16,6	44	4,30	34
Isère	1059	19	16,5	45	7,32	18
Jura	366	52	15,4	49	4,59	28
Landes	473	42	22,6	32	3,18	50
Loir-et-Cher	213	73	12,7	56	2,73	61
Loire	2132	4	103,6	4	7,54	15
Loire H.	581	36	11,6	63	1,89	76
Loire-Infér.	814	23	32,0	20	4,33	32

Departements	Kohlenkonsum pro 1000 Einwohner im Jahresdurchschnitt 1895/96 Tonnen	Reihenfolge der Departements	Zahl der angewandten Pferdekräfte pro 1000 Einwohner im Jahresd. 1895/96	Reihenfolge der Departements	Valeur locative reelle des usines pro Kopf der Bevölk. im J. 1896 Franken	Reihenfolge der Departements
Loiret	547	38	23,5	30	3,60	44
Lot	151	77	4,7	79	1,91	75
Lot-et-Garonne	341	58	8,6	69	2,75	59
Lozère	51	85	2,9	84	1,45	85
Maine-et-Loire	366	51	17,5	41	2,86	57
Manche	237	71	8,9	67	1,51	83
Marne	1192	18	29,2	24	7,42	16
Marne H.	1577	11	37,2	14	5,93	22
Mayenne	337	59	10,8	65	2,76	58
Meurthe-et-Moselle	7333	1	134,1	1	11,20	2
Meuse	574	37	20,2	34	4,27	35
Morbihan	148	78	10,9	64	1,59	81
Nièvre	644	30	26,3	27	3,14	51
Nord	3552	2	92,8	5	13,50	1
Oise	1407	15	60,6	10	7,92	11
Orne	304	63	17,5	40	2,98	56
Pas-de-Calais	2728	3	78,7	6	7,56	14
Puy-de-Dôme	482	41	11,9	59	2,73	60
Pyrénées B.	241	69	4,6	80	2,06	72
Pyrénées H.	147	79	7,5	73	3,12	53
Pyrénées-Or.	135	81.	6,8	75	2,07	71
Rhin	1050	20	123,4	2	11,17	3
Rhône	1563	12	34,8	17	6,57	21
Saône H.	689	26	29,1	25	5,17	25
Saône-et-Loire	2078	5	73,5	7	5,46	23
Sarthe	347	56	11,9	60	2,45	64
Savoie	296	64	4,2	83	2,10	70
Savoie H.	130	83	6,4	76	2,06	73
Seine	1195	17	33,4	19	10,30	6
Seine-Infér.	1896	7	67,7	8	9,16	7
Seine-et-Marne	811	24	42,3	13	6,97	19
Seine-et-Oise	1397	16	27,9	26	7,65	13
Sèvres	309	62	12,4	58	1,73	77
Somme	1428	14	37,2	16	7,87	12
Tarn	615	33	15,7	48	3,76	42
Tarn-et-Garonne	189	75	8,1	71	3,06	54
Var	356	53	24,2	29	3,54	45
Vaucluse	737	25	20,2	35	5,21	24
Vendée	202	74	13,5	53	2,16	67
Vienne	275	65	23,1	31	2,98	55
Vienne H.	429	47	10,5	66	3,41	48
Vosges	836	21	111,8	3	9,02	8
Yonne	352	55	19,1	37	4,32	33
Frankreich	1021	—	31,5	—	5,54	—

Tabelle II.

Departements	Zahl der Geburten im Jahres-durchschnitt 1876/77	Zahl der Frauen im Alter von 15–45 Jahren im Jahre 1876	Zahl der Geburten im Jahres-durchschnitt 1895/96	Zahl der Frauen im Alter von 15–45 Jahren im Jahre 1896
Ain	8 730	82 640	7 060	74 200
Aisne	13 580	118 270	12 020	114 400
Allier	10 730	90 440	8 490	94 100
Alpes B.	3 590	28 380	2 540	23 400
Alpes H.	3 570	24 510	2 740	22 300
Alpes-Mar.	6 070	44 920	6 290	72 600
Ardèche	11 530	75 470	9 300	71 900
Ardennes	7 840	68 260	6 510	68 600
Ariège	6 250	52 210	4 210	43 600
Aube	4 970	54 530	4 760	52 800
Aude	7 880	58 360	6 110	68 500
Aveyron	13 380	91 060	9 200	81 400
Bouches-du-Rhône	15 650	133 530	16 920	170 200
Calvados	9 080	99 310	8 300	93 500
Cantal	6 030	51 810	5 100	49 100
Charente	8 620	80 280	6 570	69 500
Charente-Infér.	10 080	105 600	8 200	97 800
Cher	9 510	74 360	6 940	75 000
Corrèze	9 830	70 680	7 550	66 800
Corse	8 250	60 950	7 500	69 200
Côte-d'Or	7 510	79 500	6 470	76 900
Côtes-du-Nord	19 320	151 580	16 910	134 400
Creuse	6 760	62 460	5 390	58 300
Dordogne	13 090	112 140	9 560	102 200
Doubs	8 380	65 350	6 870	66 700
Drôme	7 860	69 600	6 330	65 300
Eure	7 180	75 910	6 580	69 800
Eure-et-Loir	6 570	58 580	5 770	57 700
Finistère	23 530	134 340	23 780	160 400
Gard	12 140	98 720	9 440	93 900
Garonne H.	10 260	122 050	7 900	101 000
Gers	5 310	61 370	3 720	53 400
Gironde	15 230	175 660	15 090	201 800
Hérault	11 860	100 330	9 640	108 500
Ille-et-Vilaine	17 470	139 220	14 700	144 400
Indre	7 310	60 570	5 880	61 200
Indre-et-Loire	6 580	71 680	5 950	74 400
Isère	14 960	129 450	11 540	122 100
Jura	7 090	61 130	5 630	56 300
Landes	8 050	72 790	6 360	71 700
Loir-et-Cher	6 620	58 340	5 460	58 200
Loire	17 320	136 630	14 430	149 700
Loire H.	9 240	71 160	7 840	67 800
Loire-Infér.	14 130	143 970	14 320	151 900

Departements	Zahl der Geburten im Jahresdurchschnitt 1876/77	Zahl der Frauen im Alter von 15–45 Jahren im Jahre 1876	Zahl der Geburten im Jahresdurchschnitt 1895/96	Zahl der Frauen im Alter von 15–45 Jahren im Jahre 1896
Loiret	9 380	77 590	7 570	78 900
Lot	6 380	64 300	4 000	51 300
Lot-et-Garonne	5 840	68 690	4 310	65 000
Lozère	4 640	28 700	3 640	26 500
Maine-et-Loire	10 770	114 750	9 370	115 900
Manche	11 850	117 820	10 470	112 900
Marne	10 190	90 820	9 760	95 600
Marne H.	5 690	58 680	4 160	46 200
Mayenne	8 610	77 010	6 820	68 700
Meurthe-et-Moselle	9 880	88 400	10 480	98 900
Meuse	6 480	60 950	5 580	54 800
Morbihan	16 430	116 180	15 500	124 800
Nièvre	8 490	72 960	6 300	67 500
Nord	50 450	316 600	50 970	426 400
Oise	9 020	84 300	8 590	87 900
Orne	7 160	90 950	5 630	71 600
Pas-de-Calais	24 460	169 750	27 220	199 300
Puy-de-Dôme	13 100	126 990	10 140	123 700
Pyrénées B.	11 360	98 870	9 520	96 400
Pyrénées H.	5 560	53 330	3 880	47 400
Pyrénées-Orient.	6 700	44 190	4 990	47 000
Rhin (Belfort)	2 000	14 620	2 130	18 900
Rhône	17 380	180 190	15 540	217 700
Saône H.	7 350	64 440	5 640	56 100
Saône-et-Loire	17 020	132 350	13 900	150 100
Sarthe	9 180	97 500	8 420	90 900
Savoie	7 480	56 300	5 930	54 100
Savoie H.	7 340	55 490	6 090	55 900
Seine	65 840	661 060	75 600	941 100
Seine-Infér.	23 720	178 370	23 230	190 600
Seine-et-Marne	7 920	71 130	7 220	75 100
Seine-et-Oise	12 550	120 400	14 210	153 200
Sèvres	8 480	72 880	6 950	75 100
Somme	12 750	120 740	11 620	116 700
Tarn	9 050	78 640	6 700	72 500
Tarn-et-Garonne	4 390	46 110	3 360	42 900
Var	6 560	62 130	5 770	68 600
Vaucluse	5 990	57 970	4 650	52 000
Vendée	11 830	92 970	10 360	97 100
Vienne	8 300	72 180	6 710	73 900
Vienne H.	10 830	77 330	9 280	82 000
Vosges	10 940	92 320	10 350	91 800
Yonne	7 230	73 480	5 410	65 600
Frankreich	955 500	8 278 500	849 800	8 735 500

Tabelle III.

Kindersterblichkeit im Departement Seine und in den städtischen[1]) Kommunen anderer Departements.

Im Jahrfünft	Departement Seine			Städtische Kommunen in anderen Departements Frankreichs		
	Zahl der Lebend-geborenen	Zahl der im 1. Lebensjahre Gestorbenen	%	Zahl der Lebend-geborenen	Zahl der im 1. Lebensjahre Gestorbenen	%
1876/80	336 500	58 000	17,2	1 287 100	235 600	18,3
1881/85	390 800	65 800	16,8	1 344 400	240 600	17,9
1886/90	383 000	60 100	15,7	1 349 100	239 200	17,7
1891/95	385 400	56 600	14,7	1 364 600	239 200	17,5

Im Jahrfünft	Departement Seine			Städtische Kommunen in anderen Departements Frankreichs		
	Zahl der Tot-geborenen	Zahl der Lebend-geborenen	%	Zahl der Tot-geborenen	Zahl der Lebend-geborenen	%
1876/80	23 330	336 500	6,93	69 470	1 287 100	5,40
1881/85	28 430	390 800	7,27	73 020	1 344 400	5,43
1886/90	25 650	383 000	6,70	75 040	1 349 100	5,56
1891/95	25 290	385 400	6,56	77 980	1 364 600	5,71

[1]) Darunter werden die Kommunen mit mehr als 2000 Einwohnern verstanden.

Tabelle IV.

Fläche unter Weizen, Gerste, Mengkorn, Roggen und Buchweizen.[1])

Departements	Im Jahresdurchschnitt 1881/85	Im Jahresdurchschnitt 1886/90	Zu- oder Abnahme in %	Departements	Im Jahresdurchschnitt 1881/85	Im Jahresdurchschnitt 1886/90	Zu- oder Abnahme in %
	ha	ha			ha	ha	
Ain	130 600	129 700	— 0,7	Lot-et-Garonne	157 900	178 000	+ 12,7
Alpes B.	66 000	62 500	— 5,3	Lozère	68 800	70 100	+ 1,9
Alpes H.	37 900	37 100	— 2,1	Maine-et-Loire	200 200	190 100	— 5,0
Ardèche	106 300	97 600	— 8,2	Manche	203 900	172 100	— 15,6
Ariège	58 500	57 700	— 1,4	Mayenne	180 100	192 900	+ 7,1
Aude	70 700	80 300	+ 13,6	Nièvre	131 500	120 600	— 8,3
Aveyron	133 500	141 300	+ 5,8	Orne	135 500	127 500	— 5,9
Calvados	144 000	154 200	+ 7,1	Puy-de-Dôme	175 300	170 300	— 2,9
Charente	152 700	156 800	+ 2,7	Pyrénées B.	56 000	54 100	— 3,4
Charente-Infér.	175 600	187 500	+ 6,8	Pyrénées H.	45 100	45 600	+ 1,1
Côte-d'Or	172 100	165 900	— 3,6	Pyrénées-Orient	18 400	19 200	+ 4,4
Côtes-du-Nord	209 200	208 400	— 0,4	Saône H.	96 400	88 200	— 8,5
Dordogne	165 200	166 000	+ 0,6	Saône-et-Loire	186 000	186 400	+ 0,2
Drôme	148 900	136 000	— 9,3	Sarthe	177 500	171 200	— 3,6
Garonne H.	153 100	136 400	— 10,9	Savoie	46 400	47 400	+ 2,2
Gers	136 400	139 000	+ 1,9	Savoie H.	49 100	45 200	— 8,0
Isère	181 000	173 400	— 4,2	Sèvres	160 000	136 300	— 14,8
Jura	66 800	59 000	— 11,7	Tarn-et-Garonne	96 700	109 700	+ 13,5
Landes	86 200	85 700	— 0,6	Vaucluse	83 900	77 200	— 8,0
Lot	95 400	108 300	+ 13,5	Yonne	168 700	160 000	— 5,3

[1]) Vgl. die Ausführungen auf S. 92, 130 ff.

Anhang II.

Litteratur.[1]

L'agriculture en révolution. Paris 1883.

L'agriculture et la question du pain. Lyon 1884.

Agriculture. Statistique agricole de la France. Les enquêtes de 1840, 1862, 1882, 1892. Bulletin du ministère de l'Agriculture 1881—1898.

Amelin, A., Les recettes et les dépenses de la République Française de 1870 à 1889. Paris 1889.

Andouard, A., Les progrès de l'Agriculture dans la Loire-Inférieure depuis un siècle. Nantes 1889.

Annuaire de l'administration des contributions directes et du cadastre, publié par le Ministère des Finances 1885—1898.

Annuaire de l'économie politique et de la statistique. Paris 1897.

Annuaire statistique de la France. 1878—1898.

Armengaud, Statistique agricole de la France. Production des céréales de 1821 à 1888. Importations, exportations, consommation. Paris 1889.

Arnould, De la balance du commerce et des relations commerciales extérieures de la France. Paris l'an III de la République.

Atlas statistique. Résultats de l'évaluation du revenu foncier des propriétés bâties. Paris 1891.

Audiffret d'., Etat de la fortune nationale et du crédit public, de 1789 a 1873. Paris 1873.

Bablot, E., La crise agricole, industrielle et commerciale ou moyens de rétablir l'équilibre entre les importations et les exportations. Chalons-sur-Marne 1887.

Baillarger, Enquête sur le goître et le crétinisme. Rapport. Recueil des travaux du comité consultatif d'hygiène publique de France. Paris 1873.

Barral, J. et Sagnier, H., Dictionnaire d'Agriculture. Paris 1886—1892.

Baudrillart, H., Les populations agricoles de la France. La Normandie. Passé et Présent. Enquête faite au nom de l'Académie des Sciences morales et politiques. Paris 1880.

---

[1]) Das nachstehende Verzeichnis soll keineswegs als ein erschöpfender Litteraturnachweis über die behandelte Materie gelten. Es enthält lediglich die Angaben der von dem Verfasser teils ganz, teils partiell zur Sammlung von Material benützten Werke.

Baudrillart, H., Les populations agricoles de la France. Maine, Anjou, Touraine etc. Paris 1888.
Bernard, François, L'agriculture et la population. Journal de l'Agriculture 1888.
Bertheau, Ch., Essai sur les lois de la population. Paris 1892.
Bertillon, J., La statistique humaine. Paris 1880.
Bertillon, J., La natalité en France et les moyens à employer pour la relever. Revue internationale de sociologie, Jan.-Fevr. 1893.
Bertillon, J., De la Dépopulation de la France. Nancy 1896.
Bertillon, J., Le problème de la Dépopulation. Paris 1897.
Bertillon, L. A., La démographie figurée de la France ou étude statistique de la population française. Paris 1874.
Bertillon, L. A. Atlas de démographie figurée de la France 1871—1874.
Bertillon, L. A., La démographie du département Nord, lecture au congrès tenu à Lille. Revue Scientifique 1874.
Bertillon, L. A., Mouvements de la population dans les divers Etats de l'Europe et notamment en France. Annales de démographie internationale 1877.
Besson, E., La progression des valeurs successorales au XIXe siècle. Journal de la Soc. de Stat. 1899.
Blairet, L., La Question agricole devant les Chambres, les moyens de la résoudre. Paris 1888.
Blanchet, J., L'agriculture et les finances. 1890.
Block, M., Des charges de l'agriculture dans les divers pays de l'Europe. Paris 1851.
Block, M., Puissance comparée des divers Etats de l'Europe. Paris 1862.
Block, M., Les finances de la France depuis 1815. Paris 1863.
Block, M., Statistique de la France comparée avec les divers pays de l'Europe. Paris 1875.
Block, M., Le Budget, revenus et dépenses de la France. Paris 1881.
Block, M., L'esprit du budget. Paris 1896.
Boiteau, Paul, Fortune publique et finances de la France. 2 Bände. Paris 1866.
Boudin, J., Statistique de la population de la France et de ses colonies. Paris 1852.
Bourne, St., De l'accroissement de la population dans ses rapports avec les moyens de subsistance. Annales de démographie internationale 1877.
Broch, O. J., La crise agricole en Europe. J. de la Soc. de Stat. 1885.
Brochard, Des causes de la dépopulation en France et des moyens d'y remédier. Mémoire lu au congrès médical de Lyon. Lyon 1873.
Brunot, Ch., Les syndicats et la crise agricole. Paris 1885.
Bulletin de statistique et de la législation comparée 1877—1899.
Byasson, De l'émigration dans la Creuse. Ann. de dém. intern. 1882.

Cambon, V., Des procédés nouveaux de l'agriculture. Lyon 1885.
Chaptal, De l'industrie française. Paris 1819.
Chevallier, E., De l'assistance dans les campagnes. Indigence, Prévoyance, Assistance. Paris 1889.

Cheysson, E., La Question de la population en France et à l'Etranger. J. de la Soc. de St. 1883.

Cilleuls, des A., La population de la France avant 1789. Paris 1885.

Cohen, F., Etude sur les impôts et sur les budgets des principaux Etats de l'Europe. Paris 1865.

Colas, E. A., La France ce qu'elle pourrait être. Paris 1874.

Commerce. Tableaux annuels du commerce extérieur et de la navigation Tableaux décennaux 1827—36, 1837—1846 . . . . . bis 1887—1896.

Coste, A., Etude statistique sur la richesse comparative des départements de la France. Communication faite à la Société de Stat. de Paris le 19 Nov. 1890. Paris 1891.

Coste, A., L'avenir de la richesse agricole en France. Les conditions de son développement. J. de la Soc. de Stat. de Paris 1892.

Couturier, A. F., Coup d'œil historique et statistique sur les Forces militaires des principales puissances de l'Europe. Paris 1858.

Cros, F., La dépopulation en France. Causes-Remèdes au mal. Annales d'hygiène publique et de médicine légale 1877.

Dehés, J., La crise agricole, illusions et remèdes. Dax 1886.

Délisle, L., Etudes sur la condition de la classe agricole et de l'état de l'agriculture en Normandie au moyen-âge. Evreux 1851.

Dénombrement. Résultats statistiques des dénombrements 1841, 1846, 1851, 1856, 1861, 1866, 1872, 1876, 1881, 1886, 1891, 1896.

Dénombrement des Etrangers en France. Paris 1893.

Desbrosses, Bonvallet, Richesses et ressources de la France. 1789.

Desfossé, E., Décroissance de la population en France. Causes-remèdes. Paris 1869.

Dette. Tableau de la dette publique et des misères du Trésor. Paris 1842.

Dictionnaire des Finances publié sous la direction de M. Léon Say. Paris 1889—1894.

Dictionnaire (Nouveau) d'économie politique publié sous la direction de M. Léon Say. Paris 1892.

Dreyfus, F., Les budgets de l'Europe etc. Paris 1882.

Dumont, A., Note sur la natalité aux îles de Noirmoutier etc. Annales de démographie intern. 1883.

Dumont, A., Dépopulation et Civilisation. Paris 1891.

Dumont, A., Histoire de la population dans une commune rurale. Revue Scientifique 1892.

Dumont, A., La dépopulation dans le département de l'Orne. J. de la Soc. de Stat. 1897 und 1898.

Dunant, P., Influence de l'immigration de la population des campagnes dans les villes. Annales de démographie internationale 1877.

Duroselle, E., La crise agricole. Causes, conséquences, remèdes. Paris 1889.

Dutens, J., Essai comparatif sur la formation et la distribution du revenu de la France 1815 et 1835. Paris 1842.

Enquête anglaise sur les Revenus publics des États de l'Europe continentale. Bulletin de statistique et de la législation comparée 1882.
Enquête sur la crise agricole dans le département de l'Aisne. Rapports. procès-verbaux et documents publiés par ordre du conseil de la Société des Agriculteurs de France. Paris 1884.
L'évaluation du revenu foncier des propriétés non bâties de la France faite par l'administration des contributions directes. Paris 1883.
Expilly, Dictionnaire géographique, historique et politique de la France 1762—1770.
Expilly, De la population de la France. Nice 1780.

Faure, Félix, Les budgets contemporains. Budgets de la France depuis vingt ans et des principaux Etats de l'Europe depuis 1870. Paris 1887.
Fauvelle, La France en ruine. Compiègne 1881.
Fernandez, R., La France actuelle. Paris 1888.
Forbonnais, Recherches et considérations sur les finances de France depuis 1595 jusqu'en 1721. Liège 1758.
Fournier de Flaix, E., L'accroissement de la richesse depuis 1789 en France, en Angleterre et en d'autres États. J. de la Soc. de Stat. 1885.
Foville de, A., La transformation des moyens de transport et ses conséquences économiques et sociales. Paris 1880.
Foville de, A., La fortune de la France. Nancy 1883.
Foville de, A., Le morcellement. Paris 1885.
Foville de, A., La France économique. Paris 1888.
Foville de, A., La richesse en France et à l'Étranger J. de la Soc. de Stat. 1893.
Frary, R., Péril National. Paris 1881.
Froumenteau, Secret des Finances de France. 1581.

Garnier, J., Du principe de population. 2e Edition. Paris 1885.
Gibert, Causes de la dépopulation française. Annales de démographie internationale 1877.
Gimel, C., De la nouvelle évaluation du revenu foncier des propriétés non bâties. J. de la Soc. de Stat. 1884.
Giresse, J. L., Essai sur la population. Paris 1867.
Goldstein, J., Berufsgliederung und Reichtum. Stuttgart 1897.
Goldstein, J., Die vermeintlichen und die wirklichen Ursachen des Bevölkerungsstillstandes in Frankreich. München 1898.
Goldstein, J., Die Zukunft Deutschlands im Lichte der agrarischen Beweisführung. München 1898.
Grandeau, L., Le mouvement agricole. Journal des Economistes, Novembre 1898.
Grandeau, L., Le mouvement agricole, Journal des Economistes, Novembre 1899.
Grandjean, J., Mémoire sur la décroissance de la population française, de ses causes et des moyens de reconstruction. 1876.
Grasserie de la, R., Le décroissement de la natalité en France et les moyens d'y remédier. Paris 1897.

Gregoire, C., Essai historique sur l'état de l'agriculture au XVIe siècle. Paris, An XII.
Greliche, E., Remède contre la dépopulation des campagnes. Ambert 1895.
Guéry, G., Economie rurale. Mouvements et diminution de la population agricole en France. Paris 1895.
Guiraud, Des mouvements de population à Montauban depuis le commencement du siècle et particulièrement dans les vingt dernières années. Ann. de dém. intern. 1881.

Herbin, Statistique générale et particulière de la France, Paris 1803.
Haussonville d', Misère et remèdes. Paris 1886.
Husson, Armand, Les consommations de Paris. 2e Edition. Paris 1875.

Imbart-Latour, J., De la crise agricole relative à la vente et à la consommation du bétail en France. Nevers 1888.
L'industrie parisienne d'après l'enquête de la Chambre de commerce en 1860. J. de la Soc. de St. 1865.

Krakzuk, N., France agricole, industrielle et commerciale en chiffres. Paris 1845.
Krantz, Les progrès récents de l'agriculture et de l'industrie. J. de la Soc. de St. 1880.

Lagneau, G., Du dépeuplement, de la décroissance de population de certains départements de France. Extrait du compte-rendu de l'Académie des Sciences morales et politiques. Orléans 1883.
Lagneau, G., De l'immigration en France. Paris 1884.
Lagneau, G., Des mesures propres à rendre moins faible l'accroissement de la population de la France. Extrait du Bulletin de l'Académie de médicine. Paris 1890.
Lavergne de, L., L'agriculture et la population en 1855 et 1856. Paris 1857.
Lavergne de, L., Économie rurale de la France depuis 1789. Paris 1860.
Lavergne de, L., Essai sur l'économie rurale de l'Angleterre, de l'Ecosse et de l'Irlande. 4e édition, Paris 1863.
Lecouteux, E., L'agriculture à grands rendements. Paris 1892.
Legoyt, A., Du progrès des agglomérations urbaines et de l'émigration rurale en Europe et particulièrement en France. Marseille 1870.
Legoyt, A., Statistique des professions en Europe. J. de la Soc. de Stat. 1861—62. — De la prétendue dégénérescence physique de la population française comparée aux autres populations européennes Ibid. 1862. — Du dernier recensement au Canada et du mouvement de la population française dans cette colonie. Ibid. 1862. — Du morcellement de la propriété en Europe. Ibid. 1863. — Du mouvement de la population en France. Ibid. 1864. — Le bétail en France. Ibid. 1864. — Du mouvement de la population dans les villes et les campagnes. Ibid. 1864. — Du mouvement de la population en France en 1861. Ibid. 1864. — Du mouvement de la population en France d'après les recensements de 1836 à 1861. Ibid. 1865. — De l'état actuel de l'agriculture dans

quelques Etats de l'Europe. Ibid. 1866. — Londres, Paris, Berlin et Vienne. Esquisse statistique. Ibid. 1867. — Des conditions d'accroissement de la population française comparée aux autres populations européennes. Ibid. 1867. — Les octrois en France. Ibid 1869. — Du mouvement de la population en France de 1861 à 1865. Ibid. 1870.

Leroy-Beaulieu, P., La question de la population en France. J. de la Soc. de Stat. 1880.

Levasseur, E., Histoire des classes ouvrières en France depuis la conquête de Jules César jusqu'à la Révolution. Paris 1859.

Levasseur, E., Aperçu des résultats généraux de la démographie appliqués à l'économie politique. J. de la Soc. de St. 1883.

Levasseur E., La statistique officielle en France. Nancy 1885.

Levasseur, E., Les populations urbaines en France comparées à celles de l'Etranger. Paris 1887.

Levasseur, E., Note sur la valeur de la production brute agricole de la France. Paris 1891.

Levasseur, E., La population française. Histoire de la population avant 1789 et démographie de la France comparée à celle des autres nations au XIXe siècle. 3 Bände. Paris 1889—1892.

Leymarie, A., Histoire des paysans en France. Paris 1849.

Lombard, H., De la dépopulation en France. Communication faite au congrès médical de Lyon. Lyon 1873.

Loua Toussaint, Statistique de l'industrie française d'après les enquêtes officielles. Journ. de la Soc. de Stat. 1873. — Statistique figurée de la France, Ibid. 1881. — La cartographie du mouvement de la population. Ibid. 1884. — Les résultats statistiques des dénombrements les plus récents. Ibid. 1884. — Les déplacements de population en France etc. Ibid 1885. — Les accroissements de la population en France depuis le commencement du siècle. Ibid. 1886.

Luçay de, H., Mélanges de finances et d'économie politique et rurale. Clermont 1889.

Mabilleau, L., Le mouvement agricole en France. Revue de Paris 1897.

Manguin, Ch., Statistique comparée de l'agriculture française en 1790 et en 1882. J. de la Soc. de Stat. de Paris 1890.

Mauduit, L., La crise agricole et le relèvement des finances par le relèvement de l'agriculture. Paris 1886.

Meuriot, P., Des agglomérations urbaines dans l'Europe contemporaine. Paris 1898.

Mirabeau, L'Ami des Hommes ou traité de la population. Paris 1755.

Mireur, H., Le mouvement comparée de la population à Marseille, en France et dans les Etats d'Europe. 2e Edition. Paris 1889.

Moheau, Recherches et considérations sur la population de la France. Paris 1778.

Monteil, A., Histoire financière de la France depuis les premiers temps de la monarchie jusqu'à nos jours. Paris 1881.

Morand, M., La crise agricole au point de vue économique. Les droits sur les blés. Lyon 1885.

Moreau de Jonnès, Statistique de l'industrie de la France. Paris 1856.
La mortinatalité en France étudiée par départements. Annales de dém. intern. 1879.

Nadaillac de, Affaiblissement de la natalité en France, ses causes et ses conséquences. 2e Edition. Paris 1886.
Nadaillac de, Le Péril National. Paris 1890.
Nadaillac de, Un cri d'alarme. Paris 1894.
Necker, Compte-rendu au roi. Paris 1781.
Necker, De l'administration des finances de la France. Paris 1784.
Neymarck, A., Un centenaire économique 1789—1889. J. de la Soc. de Stat. 1889.
Nicolas, Ch., Les budgets de la France depuis le commencement du XIXe siècle. Paris 1882.
Noël, O., Etude historique sur l'organisation financière de la France. Paris 1881.

Passy, H., De la division des héritages et de l'influence qu'elle exerce sur la distribution des richesses. Mémoires de l'Académie des Sciences morales et politiques. 2e série, Tome II, 1839.
Le Play, La réforme sociale en France déduite de l'observation comparée des peuples européens. Paris 1845.
Peuchet, J. et Chaulaire, P., Description topographique et statistique de la France, contenant, avec la carte de chaque département, l'analyse des objets qui en forment la consistance territoriale, civile et politique. Paris 1807.
Peytral, Chambre des députés. Discours. Séance du 28 février 1885. Discussion des propositions de loi portant modification du tarif général des droits sur les céréales. Séance du 5 mars 1887. Discussion de loi portant modification etc.
Pierre, Eugène, Les nouveaux tarifs de douanes. Paris 1892.
Plessier, Modifications survenues dans l'étendue des cultures du département de Seine-et-Marne de 1806 à 1856. J. de la Soc. de St. 1867.
Pommelles des, Tableau de la population de toutes les provinces de France. Paris 1789.
Poncet de la Grave, Considérations sur le célibat relativement à la politique, à la population et aux bonnes moeurs. Paris, An IX (1801).
Poulet, V., Du mouvement de la population dans plusieurs villages des cantons de Champagney et Giromagny pendant la seconde moitié du XVIIe siècle. Ann. de démogr. internt. 1882.
Puynode, G., Des Lois du travail et de la population. Paris 1860.

Raboul, V., Etude sur la crise agricole. Paris 1898.
Rapport au ministre des Finances sur les résultats de l'évaluation des propriétés bâties. Journal Officiel vom 7. u. 10. Juli 1890.
Réville, A., Les populations agricoles de la France par Henri Baudrillart. Compte-rendu critique. Paris 1894.
Rey, C., L'assurance repopulatrice. Paris 1892.
Risler, E., La Crise agricole en France et en Angleterre. Paris 1887.

Riston, V., Quelques mots sur la crise agricole et l'industrie fromagière en Lorraine. Nancy 1892.
Robert, De l'influence de la Révolution française sur la population. Paris, An XI.
Rodet, A., Des causes de la dépopulation en France et des moyens d'y remédier. Mémoire lu au congrès médical de Lyon. Paris 1873.
Roquigny de, La coopération de production dans l'Agriculture. Paris 1896.
Le Roux, S., Conférences sur la crise agricole dans la région nord-Finistère. Brest 1885.

Sancholle, F., Les finances de la France depuis 1815 jusqu'à nos jours. Paris 1872.
Saugrain, Dénombrement du royaume de France par géneralités, élections, paroisses et feux. Paris 1709.
Savy, C., Etude historique sur les impôts en France jusqu'en 1789. Paris 1867.
Schnitzler, J. H., De la création de la richesse ou des intérêts matériels en France. Paris 1842.
Schöne, L., Histoire de la population française. Paris 1893.
Situation financière des communes. Paris 1878—1897.
Smissen van der, E., La population, les causes de ses progrès et les obstacles qui en arrètent l'essor. 1893.
Smith, Val., Note sur le danger de l'accroissement des villes par la dépopulation des campagnes. Lyon 1858.
Statistique générale de la France 1837—1897.
Stourm, R., Les finances de l'ancien régime et de la Révolution. Paris 1885.
Sudre, A, Le libre-échange et la dépopulation de la France. Paris 1879.

Tallquist, J., Recherches statistiques sur la tendance à une moindre fécondité des mariages. Helsingfors 1886.
Tarde, G., Dépopulation et civilisation. Etudes pénales et sociales. Lyon 1892.
Tardy, F., Mouvement de la population dans l'Ain et les départements voisins. Bourg 1889.
Tellenne, E., Etudes d'économie sociale. Crise agricole. Aix 1885.
Tolosan, Mémoire sur le commerce de la France et des ses colonies. Paris 1789.
Toubeau, A., Le prolétariat agricole en France depuis 1789. Versailles 1882.
Tounissoux, La désertion des campagnes. J. de la Soc. de Stat. 1884.
Tourneur, A., Le Péril National. Vannes 1896.
Truchi de Varennes, La population rurale et la crise agricole. Besançon 1898.
Turquan, V., Répartition géographique et densité de la population en France. J. de la Soc. de Stat. 1886.
Turquan, V., Les migrations intérieures. J. de la Soc. de Stat. de Paris 1896.
Turrel, A., Chambre des députés. Discours sur la crise agricole, séance du 8 mars 1894.

Verhulst, P. F., Recherches mathématiques sur la loi d'accroissement de la population. Académie royale de Bruxelles. Tome XVIII, 1844.

Villermé, Rapport à l'Académie des Sciences morales et politiques sur l'état physique et moral des ouvriers employés dans les fabriques de soie, de coton et de laine. Mémoires de l'Académie. 2e Série, Tome II, 1839.

Villermé et Chateauneuf, Rapport d'un voyage fait dans les cinq départements de la Bretagne, pendant des années 1840 et 1841, d'après les ordres de l'Académie. Mémoires de l'Académie Tome IV, Paris 1844.

Vauban, Projet d'une dixme royale. 1707.

Vührer, A., Histoire de la dette publique en France. Paris 1886.

Vuitry, A., Le désordre des Finances et les excès de la spéculation à la fin du règne de Louis XIV et au commencement du règne de Louis XV. Paris 1885.

Young, Arthur, Voyages en France pendant les années 1787—1790. Paris 1793.

Zolla, D., Etudes d'économie rurale. Paris 1896.

Herrosé & Ziemsen, Gräfenhainichen

FSC
www.fsc.org
MIX
Papier | Fördert gute Waldnutzung
FSC® C083411

Kolibri 360 GmbH
Ferdinand-Jühlke-Straße 7
99095 Erfurt, Deutschland
produktsicherheit@kolibri360.de